U0029411

My Friend ANNA 我的朋友安娜

德國假名媛的幕後真相

the true story of a fake heiress

瑞秋・德洛奇・威廉斯 Rachel DeLoache Williams——著
連緯晏——譯

目錄

第三部

前言

最迷人的，往往也最危險

你讀這本書，是想了解安娜．德爾維（Anna Delvey）的故事。我完全能理解，因為就連我自己也覺得她很迷人——但那是在我們兩人還是朋友的時候。最厲害的惡人是儘管壞透了，卻依然讓你忍不住喜歡。而那正是安娜的能耐。我喜歡她的程度多到我得花六個月的時間，才意識到我摯愛的朋友是個詐欺犯、假名媛。其實，真相一直就在我的眼前。

在外人看來，我跟安娜之間的友誼或許很好理解，可以從新聞報導的故事來揣測我的動機，或是指責我。但是我跟安娜一起的經歷，其實一點都不簡單。我透過本書講述我的故事跟細節，希望大家能更了解實際受到詐騙的真實感受。

歸根究柢，信任他人是一件很自然的事。我並不為此抱歉。擁有這種信任他人的心，並不會讓你變得愚蠢或是天真，反倒是顯得有人性。以我的觀點，不要發展出所謂街頭智慧那類的憤世嫉俗，才是有幸。遇到安娜之前的我，自然會對陌生人抱持懷疑，也會對新朋友抱持不信任，我從不認為自己缺乏自保的常識。可是我怎麼也沒想到安娜會是個騙子。她矇騙了我。雖然在書中讀過、在電影中看過那種詐欺犯的角色，但我壓根也沒想過自己會在現實生活中遇到這種角色。沒人會認為這種事會發生在自己身上。

如果你沒有過這種經歷，那麼我可以告訴你，在認清某個你關心的人，某個你認為你了解的人，其實是一種假象的時候，你的內心會深感不安。這會搗亂你的所有思緒，包括你在腦中記下的每一個場景、說過的每一個字、每一段對話的言下之意。你拆解每一個部份，檢視每一個小細節，然後你會懷疑自己，問這其中有無任何的真實性。

悔恨是一種無益的情緒。事情都已經發生了。所有我們能做的，就是選擇如何面對每一個受騙的時刻，用過去的經驗來決定如何繼續前進。我的心裡沒有悔恨，但是我明白這一切發生的原因。可以從中學到一**些事**。我所說的「一**些事**」是有點含糊的說法，因為我學到的似乎隨著時間，而得到更多。不論是私下還是公開，我已經承受過這種巨大磨難。回顧受騙的各個不同階段過程，我覺得自己不像自己——不是原本的自己。

這就是屬於我的故事。

第一部

My Friend
ANNA

第一章
五月的麻煩

健身教練凱西（Kacy）、攝影師傑西（Jesse），以及當時是安娜朋友的我，三個人受安娜的邀約前往馬拉喀什（Marrakech）。安娜提議支付旅程期間的所有花費，包括我們的機票、馬穆尼亞酒店（La Mamounia）庭院美宿（Riad）的住宿費——包括三間臥室、管家、私人泳池，而且隱密性非常高。這聽起來像夢一樣美好。但我在摩洛哥的最後一整天，二〇一七年五月十八日，星期四，卻是夢魘的開始。

我醒來看到手機裡有三則訊息。第一則是凱西傳來的：瑞秋早安。我想我要在今天離開。凱西因為腸胃嚴重不適，想要回家。另外兩則是傑西的。傑西去網球場錄製安娜私人課程的影片，但到球場之後卻不見安娜蹤影。安娜跟我同住一間房，此刻正睡在我的身旁。

「安娜，妳不是有網球課嗎？」我輕聲喚醒她。

「嗯……沒有，我延期了。」她昏昏沉沉地應了一句，然後翻過身子繼續睡。

我回訊給傑西：安娜說她把網球課延期了。傑西顯然不知情，他似乎不太開心，他回覆：

哦，好，反正我到網球場的時候，私人教練已經到了，但安娜沒來，他接著補充：酒店經理也來球場找她。

我問他：要不要一起去吃早餐？

他回覆：好呀，給我五分鐘。跟妳在客廳會合。

同時，我的注意力回到凱西身上。她說她沒有精神安排回程。我用手機搜尋航班資訊，把下午十二點四十分起飛的航班資訊截圖傳給她，雖然現在已經十點左右，但應該還趕得上。

凱西回覆：如果妳能幫我收拾行李，我應該就能趕上。

我還來不及回覆，就收到傑西的訊息。他說：可以出發了。

快點收拾行李，我告訴凱西。我會打給酒店（叫車），妳訂了嗎（機票）？我覺得妳要在十五分鐘內出發，這樣才趕得上班機。我現在就打給禮賓部，看看他們有沒有辦法。

我用床邊的室內電話打給禮賓部。安娜被我講電話的聲音吵醒，她坐了起來，伸手拿手機。她迅速眨了眨眼，然後用指甲分開她右眼角的長睫毛。

我放下話筒，然後說：「凱西要先走了，我要去幫她收拾行李。」

「為什麼？」安娜問：「妳又不是她的女佣。她不該叫妳幫她收拾。」

「對，可是她生病了，」我提醒安娜。

我很焦急，因為傑西在等我，而凱西要趕快出發到機場。我快速換下睡衣，然後套上一件棉質洋裝。我從床頭櫃上一把抓起我的手機時，我看到安娜又睡著了。

我到客廳跟傑西會合，一見面就告訴他：「嘿，你最好先去，別等我了。我們在餐廳會合。」自助早餐的餐廳就在泳池旁，距我們的庭院美宿步行約五分鐘。早上這一連串的鬧劇似乎惹怒了傑西，他先是在網球場等安娜，現在又在這裡等我。但我急著去幫凱西，所以沒空理他。

「好吧。」他離開時沒好氣地說。

凱西的房間在我的房間對面，在庭院美宿的另一端。我進到她房間時，房內的空氣很悶，有淡淡的椰子味。凱西躺在床上，她這兩天大概都是這樣。我站在她身邊，拿手機打開旅遊網站。凱西緩緩起身，找到錢包之後，遞了信用卡給我，讓我用她的信用卡幫她買機票。這時我發現要接她去機場的車還沒到，我打電話給禮賓部。「她真的必須出發了。」我懇求著，瘋狂地幫她把行李塞成一團。

凱西非常不舒服，做任何動作都很吃力，她緩慢地撿起房內散落的衣服和鞋子。收好行李過了十分鐘，我想去前門看看車子是否到了。一踏進客廳，就有兩名男子站在我面前。他們穿著花紋絲綢的立領夾克，我認出他們是酒店經理。「德爾維小姐在哪裡？」高個子男人嚴厲地問。他們有些面熟，前一天晚上也來找安娜談過，但看起來不太友善。

酒店要收取我們的住宿費用，而安娜提供的轉帳卡有問題。這兩天來，酒店經理禮貌又堅定地向安娜表態，但她仍舊沒有處理。安娜討厭權威、喜歡逃避規範和制度，這有如她的行動守則。酒店當時明確表示「需要一張可以付費的卡片存檔」，安娜卻用強勢的傲慢與憤怒來回應。酒店當然不敢讓她不悅、糾纏她來打擾她的假期！安娜的身份是富二代，總是希望有特殊待遇，但這一次她太過份了。我在摩洛哥之旅之前，就見識過她這種行為，不過我還是喜歡她——那是因為我還沒像這次一樣，直接而深入地參與其中。我跟安娜的友誼始於曼哈頓，而現在我們遠離曼哈頓、位在橫跨北大西洋另一端的馬拉喀什，在這裡，我用一種新的方式看到了安娜的高傲冷漠，這使我失落而不安。

「她在睡覺。」我簡短回答。我們頹廢的假期從此變了調。我很生氣，但不知道該把憤怒指向安娜，還是酒店的人員。那兩個男人突然現身在我們的私人房間，當下我感覺隱私受侵犯，所以把怒氣指向他們，他們也察覺到我的不悅。我快速把情緒擱在一邊，馬上進入行動模式——我今天整個上午都一直這樣做。多虧我在《浮華世界》（*Vanity Fair*）做過複雜的照片編輯，所以化解充滿壓力的情勢，已經是我的第二生存本能。就算壓力很大，我一樣可以好好控制情緒。我大步走過房間、長廊，決定把我們這趟假期的主辦人叫醒。

「安娜。」我催促她：「安娜，酒店的人來找你。妳可不可以起來看他們要什麼？」

「呃。」她應了一聲。

「他們在客廳。」

然後，我飛快離開現場，趕回去幫忙凱西，並跟酒店經理保證安娜會出來見他們。突然之間，我發現自己慌張、不斷催促禮賓部派車趕往機場的行為，已經讓酒店的警戒升級了。他們以為我們要一走了之。我的心跳加速。凱西的病況、安娜的遲不付款——這一週混亂的假期，現在演變成一場完美風暴。

我用凱西房間裡的室內電話。「你好，請問派車了嗎？」電話那頭沉默了片刻。我一股腦地說出這段話：「好了，你們必須要快點派車！我們沒有全部都要走，你們的經理在這裡，我們有一個生病的住客要去機場。」

凱西終於起來走動，她準備好出發了，現在一心只想回家。我走在凱西旁邊，拉著她的行李箱經過酒店經理身旁。凱西急著離開，而且身體不適，我甚至不知道她有沒有注意到酒店經理。他們警惕地看著我們。安娜還沒出來，但凱西的車子終於到了。我把她的行李箱遞給司機，當司機把行李箱放進後車廂時，我和凱西簡短道別。

「妳會替我跟安娜道別？」她問。

「當然。」我回答。她進入後座、關上車門，現在她在去機場的路上，終於趕得上航班了。我鬆了一口氣。我的思緒回到安娜，加深的緊張令人不安。我回到庭院美宿裡。

「我去看她好了沒。」我在酒店經理還來不及開口之前，就先對他們說。

怎麼那麼久還沒好？我沿著昏暗的長廊小跑步到主臥室，發現安娜正在用德語講電話，身上還穿著浴袍，表情嚴肅地在房內踱步。她看著地面，目光左右移動，似乎在接收訊息或等待答覆。通話過程中，她聽的比說的還多。

我打斷她：「安娜，妳得出來了。」她頭也不抬地點點頭，片刻之後，她走出房間。我留在房內。前一天，經理在大廳攔下安娜的時候已經是傍晚，我知道那時她很難聯絡到銀行員。但現在是早上，我相信安娜有辦法找到她要找的人，然後很快控制局面。

我終於有片刻自己的時間，於是上網看行程表。我跟同行的其他人不一樣，在離開紐約之前，我就已經訂好離開摩洛哥的航班，預計直接從馬拉喀什飛往法國，獨自旅行幾天，然後到阿爾勒（Arles）跟同事會合後，再一同前往安妮·萊柏維茲（Annie Leibovitz）的展覽開幕式。我飛往尼斯的航班（在卡薩布蘭卡轉機）就在明天上午的十點五分，距離現在不到二十四小時，所以我先到網站辦理登機手續，以防凱西今天早上的事重演。我打電話給禮賓部，安排明天上午七點半出發到機場的車。全都處理好之後，我思索著今天的行程。

我們計畫參觀知名設計師皮埃爾·貝爾傑（Pierre Bergé）與伊夫·聖羅蘭（Yves Saint Laurent）的私人住宅「綠洲」（Villa Oasis），我們已經在星期二參觀過他們熱愛，且滿是遊客的馬若雷勒花園（Jardin Majorelle）。「綠洲」不開放給一般遊客參觀，除非特別申請，同時捐款一千六百美元給馬若雷勒花園的基金會。這通常不是我會做的事，但付錢的是安娜，所以她說了算。我們原定今天上午十一點離開酒店，而現在已經十點四十五分了。我有點擔心，於是趕緊收拾當天的隨身物品：我的富士X-Pro1相機，以及我用來裝護照、信用卡和收據的米色皮革旅行小包。

我想，只好略過早餐不吃了，但沒有咖啡因我可能會頭痛。所以我傳了訊息給傑西：可以幫我外帶一杯咖啡嗎？

在他回覆之前，我從餐廳一側走進客廳，看到安娜還穿著浴袍，坐在客廳另一頭的金色豪華沙發上。她的手腕交疊在大腿上。兩位酒店經理站在我跟安娜之間的瓷磚地板上，位置跟一個小時前差不多。一片靜默。

安娜的手機放在她前方的茶几上。我覺得很奇怪，既然我已經看到安娜打電話處理了，經理為什麼卻站在原地？更奇怪的是，安娜現在完全沒有用手機。我急著想知道狀況，想從安娜的表情找線索。她看起來既不擔心，卻也不特別平靜，只是一副事不關己的樣子。這正是可怕的地方。酒店經理顯然在等她行動。那麼，她到底在等什麼？

「怎麼回事？」我問安娜：「妳有辦法處理嗎？」

她慵懶地指向手機，說道：「我留言了，他們會回我電話。」

「要等多久？」

「不知道……他們早就保證已經處理好了。」

「妳有其他人可以聯絡嗎？妳的銀行現在應該開門營業了，對吧？」

「我打電話給他們了。他們會處理。」

安娜的冷漠讓我很驚訝，也讓我很生氣。客廳裡的氣氛凝重，她覺得還能再等下去嗎？我有想過她是否蓄意如此，我知道她一直瞧不起酒店經理。回顧她先前在紐約入住霍華德11號酒店（11 Howard）時，酒店要求她開始預付住宿費用，她也是大發脾氣。但此時此刻，安娜看起來卻一點都不生氣。

我也想到另一個可能：如果安娜是按月收到信託基金的錢（基於許多原因，我那時深信不移），那麼她五月或許已經透支了。我們來摩洛哥旅行的前一個週末，也就是五月初，安娜包了一架私人飛機從紐約飛到奧馬哈（Omaha），然後再飛回紐約參加波克夏年度股東大會。我曾經因為雜誌外拍訂過包機，雖然次數不多，但也知道價格。或許安娜沒在旅行前先準備好更多錢——這可以解釋她現在的困境。

我們在紐約的日子，這一種偶發的事件似乎沒太大問題，安娜總是扛得起這種財務上的出錯。我記得三月下旬的某個晚上，我們一起去一間航海主題的曼哈頓夜店「船艦」（The Ship），距離霍華德11號酒店不到一個街區。我們都還沒去過這間店，當天約了幾個霍華德十一號的員工，在他們下班後一同前往。「我要請你們每個人喝一輪！」安娜宣布。酒店員工們興高采烈地接受她的提議，大聲歡呼：「酒錢算安娜的！」她陶醉在別人的喜悅中，她的臉頰變得紅潤、眼神躍動、嘴角擠出了酒窩。

調酒師做好我們的酒之後，拿出刷卡機，上面的金額顯示為一百三十美元。事實上，安娜只有帶她的房卡，其他什麼也沒帶。「妳可以先結帳嗎？我會再還妳。」她小心翼翼地問我。於是我付了酒錢。再說，安娜總是那麼大方，我後來也沒跟她要過這筆錢。

◆

馬穆尼亞酒店的經理聽著我跟安娜談話的同時，也逐漸失去耐心。他們已經耗了一整個上午在我們的庭院美宿裡，前一天晚上也經歷了一樣的磨難。我們昨晚用完餐之後，經理們在大廳攔住了安娜，並跟著她回到庭院美宿，她打電話時就在一旁。我認為應該給安娜一些隱私，所以就先回房間睡覺，我離開客廳時，他們就站在現在的位置：客廳通往門廳的台階上，不著痕跡地擋住我們去大門的路。

「所以，妳決定坐在那裡等嗎？」我問安娜。

「該做的我都做了，現在就是等。我也這樣告訴他們，但他們不想離開，所以囉……」

我的視線掃過酒店經理。他們不打算離開，我心想。經理們雙手交握：一位將手放在背後，一位放在身前，完全沒有要離開的意思。高個子經理怒氣沖沖地轉向我。我突然有種不祥的預感。

「妳有信用卡嗎？」他問。

我望著安娜，強忍住嘔吐感。跳吧！她的表情似乎在說，我會接住妳。頓時，她的舉止從倔強變得溫柔，表情也緩和下來，尤其是她眼睛周圍。「能暫時先用妳的信用卡嗎？」她輕輕哄著我。

我血管中的腎上腺素正在發酵。我拿不定主意，因此望向經理，希望還有轉圜的餘地。高個子經理說：「我們只是要暫時留存，之後才會結算最後的帳單。」

「那時候，我應該就會得到回覆。」安娜補上一句，接著拿起手機。

眼看沒有其他可行的辦法，我屈服於壓力，打開我的旅行小包拿出個人信用卡。一位經理過來取走卡片，再次重申：「只是暫時預刷卡，不會扣款。」要我安心。

整個過程不可能超過十五分鐘，但感覺已經過了千萬年。酒店經理離開時（帶著我的信用卡），我不敢置信地轉向安娜。

「妳有跟妳父母說，妳要來摩洛哥嗎？」我問。

她搖頭，表示沒有。

「妳會處理好，對吧？」

這是肯定句，而不是疑問句。不需要我多說，安娜知道她讓我很不高興。

「對，我會處理。謝謝妳挺身而出。」安娜爽朗地說。

我試圖合理化眼前的事，卻沒有因此安心。目前的僵局已經化解，我在澄清事實後，說服自己一切都會沒事的。經理說只是暫時取走我的信用卡，安娜會在退房時結清所有帳單。我慶幸自己會在她退房之前離開。

不久之後，安娜正在換裝準備出門，而我走出客廳要去找傑西，這時高個子經理卻再度出現。他是拿走我的信用卡的那一位，我直覺認為他是來歸還卡片的。我不記得他遞給我的是簽單夾，還是一個托盤，反正上面有一張看起來像是收據的紙，他要我在紙上簽名。我的胃緊張到抽痛。那張紙有一大區塊都是數字：日期、時間、一些難以理解的編碼，然後在紙的下方，以略大的字體印著「30000.00 MAD」(三萬摩洛哥迪拉姆)。

我愣住了。我心想，收據應該會在收費後才印出來，而不是收費前吧？這是什麼？

「我以為我的卡不會被扣款。」我說。

經理指著單據上一行字：「PREAUTORISATION」(預授權交易)。是法語，是我學過的一種語言，但在這種情況下，我很難理解字詞的意義。

「信用卡預授權需要妳的簽名。」酒店經理說。

天啊！我真希望那時我斷然拒絕，然後轉身離開。簽名在一瞬間結束了。我甚至沒時間寫下我的全名：如果你不認識我，你會以為簽名的人叫做「Rah」。這樣就夠了。

◆

已經過了我們預計出發至「綠洲」的時間，而安娜才剛開始準備。我把安娜留在庭院美宿，自己沿著寬敞的中央大道，經過廣闊的花園，朝酒店主樓走去。我感覺一陣天旋地轉。傑西幫我點好咖啡了嗎？我看了一下手機，找尋他的回覆。

第一則：我幫妳點。

第二則：妳為什麼不自己（跟管家）點？

我嘆了口氣，回他，我不在庭院美宿。他說，沒關係。

我走去跟傑西會合的途中，決定先去一下禮賓部，通知他們會晚點出發。但他們先前遲遲不為凱西派車，讓我不禁懷疑，上午的出遊行程是不是根本沒有安排。

禮賓部人員聽了我的話，身體先是前後調整重心，接著點了點頭，拿起電話。經過短暫通話後，他轉向我說：「您的車子很快就會到了。」

「池畔餐廳」正如其名，就在湖泊大小的泳池旁。這裡有豐盛的自助早餐，包括多種新鮮水果、優格、糕餅，還有當場料理的肉類、起司，以及蛋料理。用餐區都在戶外，我找到傑西坐的地方。

我們在白色遮陽傘下，躲避嚴酷的陽光。我忙著應付體內相應的不適：胃部像是被向下拉扯、隱隱作痛，胸口也不爭氣地顫抖著。我把憂慮埋在刻意營造的愉快表面下。

咖啡涼到可以喝的時候，安娜出現了，她輕盈地走過瓷磚露台，加入我們。

她身上的是我的洋裝，是我最近在樣品特賣會買到的白底藍條紋棉質短洋裝，我還沒穿過。我上次看到它時，還掛在我那一側的衣櫃，而且標籤還在。安娜沒有問過我是否能借來穿。

我突然有種怒氣。如果是我妹妹在小時候做這種事，我一定會大發脾氣。但我現在是成年人，我提醒自己，況且安娜不是我妹妹。那只是一件洋裝。反正再一天我就要離開了。

「很適合妳。」我一邊擠出這句話，一邊擔心她的身材會不會讓洋裝永久變形。

安娜微笑著，擺出裝可愛的做作姿勢。她說：「對啊，我覺得會很上鏡。」

◆

經過這個緊張的上午，我想到即將要去參觀伊夫．聖羅蘭的私人住宅，才稍微放鬆了一些。出去透透氣，這很棒。我們這一週大多在酒店裡閒晃，花那麼多錢，大老遠跑到摩洛哥，結果沒有去四處遊歷，感覺滿蠢的。

司機載著我們出發，十五分鐘後到達馬若雷勒花園的入口。來迎接的導覽員是一位頭髮灰白的俊俏男子。他戴著厚框眼鏡，身穿丹寧布襯衫、綠色卡其褲，駝色皮帶托著他圓潤的肚腩。

我們跟著他，穿越花園的入口，經過許多遊客身邊，來到隱密的第二個入口，走上一條通往「綠洲」的土灰色步道，沿途都是高大的棕櫚樹和耐寒植物。

我們周圍的花園滿是柑橘類植物，還有一些狂野、奇形怪狀的仙人掌——就像是蘇斯博士（DR. Seuss）漫畫裡的那一種。「綠洲」的牆壁是帶有綠松石和群青的桃色調，一旁簇擁著尖葉狀的綠葉植物。我們不時停下來拍照。

安娜總是確保自己是主角。她很會擺姿勢。我跟她不一樣，對鏡頭很害羞，比較愛面子。有一張我們兩人難得同時入鏡的照片，地點在「綠洲」正門的八角星形彩色瓷磚噴泉前面。安娜雙腿交叉，以強調她的女性氣質，一隻手輕放臀部，使身材更加迷人。大大的太陽鏡罩在臉蛋上，掛著從容的微笑。我呢，則有點縮在她身後，穿著寬鬆的連衣裙，直挺挺地對著鏡頭，在刺眼的陽光底下大笑時，我的雙頰鼓起，眼睛瞇著。

進入「綠洲」之前，導覽員告知我們建築物內部禁止攝影。這讓傑西很失望。雖然安娜說過想在摩洛哥之旅拍一部影片（這也是她有巨額開銷的原因），但她看起來並不特別失望。在紐約，她一直致力於安娜．德爾維基金會，那是她正在開發的視覺藝術中心，其中包括了展場空間、餐廳、會員專屬休息室，以及其他服務。安娜想製作一部有關基金會誕生的紀錄片，她很希望體驗被跟拍的感覺。在我看來，安娜更在乎傑西拿著攝影機跟在身旁，而不是實際上拍了什麼。安娜要的，是攝影師在場，營造出一種她引起觀眾的興趣、被拍攝的感覺。傑西同意來摩洛哥擔任攝影，他很重視這項任務。為了讓影片成功，他很注意內容，只有安娜在馬穆尼亞酒店的影像還不夠，他必須盡力捕捉其他鏡頭。由於「綠洲」內禁止攝影，所以他決定錄下參觀期間的對話。我們走進圖騰裝飾的雪松木前門時，傑西開啟了手持麥克風。

明亮的建築物外觀，跟昏暗的入口大廳之間形成強烈對比，令人驚嘆。眼前是一場質感與色彩的饗宴，我看到我這輩子見過最精細複雜的裝飾品：馬賽克瓷磚藝術、手雕的石膏，以及大師級的畫作。我們停頓了一下，好讓眼睛適應這個猶如博物館的展示空間，我們照自己的節奏，循著導覽員的仔細指引，緩步移動著。入口大廳浩瀚的空間感震撼了我，挑高天花板和大理石地板，結合大廳中央的瓷磚噴泉，讓人感覺此處是宗教場所，而非私人住所。

其他房間比較溫馨，雖然較小，卻仍有寬闊的空間，有著高雅的軟枕、手工編織物、漂亮的家具，以及眾多角落的小細節。似乎沒有任何物件是在外面的店買的——至少不是我去過的店。看起來全都是手工製作、手繪，或經過挑選的。「綠洲」顯然是注入多年熱情、專注於細節的成果。

我完全沉浸在「綠洲」神祕輝煌的力量之下，但由於安娜在場，我壓抑了對眼前事物的極大興趣。如果我表現得太在乎，那在安娜面前會顯得很脆弱。我用眼睛記錄「綠洲」的一切，探尋這個我未來在自己的旅行中，跟不同的旅伴再度造訪時，想好好欣賞的景象。

導覽途中，只要是允許攝影的屋頂和露台，我們都停下留影。終點是一間採光明亮的藍色會客室，我們花了一點時間欣賞中央擺放著棋盤的方桌。安娜對西洋棋特別感興趣。她曾經告訴我，她弟弟是棋手，參加過某些錦標賽。她談起弟弟時，似乎顯得比較溫暖、親切而有人性，我認為這種難得的情感流露是因為親情。所以我和安娜在一起時，只要發現關於西洋棋的東西，都會特別告訴她。感覺上，安娜也跟弟弟一樣喜歡西洋棋。

參觀結束後，我們四個人在「綠洲」的戶外涼亭裡，圍著一張有腐蝕痕跡的銀桌，坐在矮凳上。我們喝了幾杯新鮮柳橙汁，從扇貝狀的藍色器皿中，拿了一種摩洛哥「瞪羚腳踝」（kaab el ghazal）的新月形餅乾來享用。

我們跟著導覽員，走出隱蔽的第二個入口處，進入開放大眾參觀的花園。他領著我們走上步道，到達一個我們還沒參觀過的亮藍色建築物，是柏柏爾博物館（Berber Museum）。

博物館書店的前門鑲有木製金屬鉚釘的窗板，看起來蒼白暗淡，與建築物外觀充滿活力的鈷藍色有著強烈對比。導覽員帶我們走進店裡，停留在收銀台前。這是終點站嗎？在禮品店珍重再見？

「妳想要用什麼方式捐款呢？」他問。

我們轉向安娜。她回答：「哦，我以為酒店處理了。依我的了解，可以記帳在我們入住的瑪穆尼亞酒店。」

很顯然，捐款必須在博物館書店現場付清。安娜和傑西轉向我，這讓導覽員和收銀員，以及一位穿著深色制服、儀容整齊的男子也轉向我。我臉頰發燙，拉開旅行小包的拉鍊，在收據堆裡翻找信用卡。不在裡面。我再次翻找，並感到一陣恐慌。我簽完信用卡預授權單之後，酒店經理就把卡片還給我了，不是嗎？我拚命回想今天早上經過的所有地方。我把信用卡掉在庭院美宿裡嗎？還是在禮賓部的櫃台？我有帶去吃早餐，還是不小心放在那裡？

經過三次翻找，我只好接受沒有信用卡的事實，小包裡只有我的個人信用轉帳卡，被小心地夾在護照旁邊。我進退兩難，沉重地把轉帳卡遞給收銀員，因為我知道帳戶裡只有四一〇．〇三美元，絕對會透支。

收銀員試了一次、兩次、再一次，又一次，但交易一再被拒絕。我在摩洛哥沒有使用轉帳卡的紀錄，也沒有知會銀行，所以他們會拒絕任何異常消費。

我們三個人都沒辦法付款。我羞愧至極。現在怎麼辦？

導覽員堅持我們必須返回酒店，拿一張可用的卡片付款。為了確保我們不會一去不回，他會陪同我們回酒店。

我認識安娜這一年左右，發現了她想被認真看待的決心。我們跟著導覽員離開收銀台時，我感覺氣氛在變化——我們從貴賓變成了潛在罪犯，突然之間，我體會到誠信被質疑時那種受傷的感覺。

我覺得自己被誤會了，這種無心之過就像在餐廳吃完飯卻發現沒帶錢包，結果對方不相信你願意付錢。

我們從花園的正門離開，走到街上停車的地方，司機已經在廂型車內等待。我們四個人上了後座。導覽員很安靜，而且越來越不願意跟我們說話。在導覽過程中，我得知他其實是馬若雷勒花園基金會的負責人，也是皮埃爾．貝爾傑和伊夫．聖羅蘭的終生好友。他根本就不該出現在這擁擠的後座，一路顛簸地跟我們回酒店，這非常丟臉。我多次致歉占用他寶貴的時間。他當然有比這更重要的事，特別是該基金會正忙於巴黎聖羅蘭博物館（Musée Yves Saint Laurent）預計年底的開幕。

車子開到離庭院美宿最近的車道，停在馬穆尼亞酒店的一側圍牆邊。才剛停下，我不管大家還坐在車裡，就飛也似地跳出去。此時，面對接踵而來的麻煩，我對安娜不斷增長的憤怒情緒和沮喪，全都被我拚命想控制局面的渴望掩蓋住。我忙著處理問題，沒時間去想為什麼一直發生問題，也沒時間生氣。

庭院美宿的管家阿迪德發現我回來了，幫忙打開前門。我找了一遍，都沒找到信用卡。我又走到客廳、床頭櫃和書桌再找一遍，同時也掃視地板，看看有沒有在地上。該不會收到行李箱了？我打開行李箱，檢查其他卡片的隔層。還是沒有。情急之下，我抓起美國運通公司卡，那是《浮華世界》的母公司——康泰納仕出版集團（Condé Nast）配給我報公帳的信用卡。我把這張卡片塞進小包，跑上軟質碎石步道，奔向酒店主樓。我的心跳很快，大廳的空調很涼爽。

我向櫃台後方的經理打招呼。

「信用卡還在你那嗎？」

他點頭回答我。他有我的卡片！就在這裡。我感覺一陣解脫，又想到在廂型車等待的大家。

「我需要拿回卡片。」我硬是擠出這句話。

經理拒絕了，我很失望。他說，原因是我們的帳單問題還沒解決。信用卡之所以被扣住，是因為負責付款的安娜還沒兌現承諾。

我懇求經理讓我拿回個人信用卡，我解釋說，目前只有我的個人信用卡有正常功能，需要用它來支付馬若雷勒花園基金會的捐款，而且基金會的人也跟著我們一起回來，現在就在車上。我絕望的話語傳進他冷漠的耳中。

我快速思考了一下，拉開小包的拉鍊，拿出公司的美國運通卡。

「先拿這張卡吧，」我用安撫的語氣說：「先把我的個人信用卡還我，我去處理這筆捐款時，你就先扣著這張卡。」

他伸手接過公司卡，但就在他拿走之前，我堅定地說：「你只可以扣這張卡，不可以扣款。」

他點了點頭。

「德爾維小姐在哪裡？」他問。

「她在廂型車上等。」

「我們需要跟她談談。」

他的語氣冷酷，我知道事態不妙。我快步離開主樓大廳，回到車道。

我途中遇到傑西。他生氣地說：「我會先去庭院美宿，真是太荒謬了。」

安娜和導覽員還在廂型車裡。車子的後座滑動門是開著的。

「安娜，他們請妳到櫃台一趟。」我說。

安娜嗤之以鼻，我感覺自己像是疲憊的母親，而她是愛耍脾氣的大小姐。她一句話也沒說，自顧自地下車，留下我一個人跟馬若雷勒花園基金會的負責人獨處。

他們不像某些地方，可以透過卡片上的資訊、或使用無線的裝置就能刷卡，我們必須回去柏柏爾博物館的書店。返回馬若雷勒花園的途中，我們在後座長椅上尷尬地面對面。我試圖跟他聊天，但感覺得出來他並不想。

「真的很抱歉這樣占用你的時間。」我說。隨之而來的沉默，讓我沒有勇氣直視他的眼睛。

回到書店的收銀台，店員馬上刷我個人的美國運通信用卡，這時基金會負責人站在我的身旁。

拒絕交易。

再試了一次。

仍拒絕交易。

我沒有其他可付款的信用卡。站在櫃台後的店員試著撥打卡片背面的電話號碼，但沒有接通。他們會讓我離開嗎？可以延後付款嗎？

還來不及從思緒回到現實，我就被店員和負責人帶離這個美麗的書店，書店有拱形瓷磚天花板、木雕裝飾，彷彿沒有壞事會發生。他們領我走上一條狹窄走道，旁邊堆滿無趣的辦公用品，一側是平淡無奇的矮櫃台。

我獨自站在兩人之間，掌心開始冒汗，手不聽使喚地顫抖著，很難保持鎮定。

「妳有什麼解決方法嗎？」其中一人開口。

我盯著眼前一片貼滿法文職員公告、指南、規章、圖表的牆面。我不記得眼前的細節，只記得當時我思索著自己離原本的生活有多遠。無處可逃。

「我需要打一通國際電話。」我說。

店員拿起室內電話，再撥一次我的個人信用卡背面的電話號碼。電話無法接通，店員說號碼錯誤。我請他讓我來試，我嘗試各種國家／地區代碼，終於聽到電話另一頭的響鈴聲，接著是語音系統的聲音：「美國運通。請讓我知道您需要什麼樣的協助……」

「專員服務。」我沒等語音系統說完，就急著表示需求。語音持續撥放。「專員服務。」我再說一次，並不斷重複這個詞，直到我聽見另一頭傳來非語音系統的聲音。接起電話的男子聽起來很沉穩，是美國南方的口音。這讓我有家鄉的熟悉感。店員和基金會負責人就站在我的兩旁。我向銀行專員解釋情況時，盡可能保持冷靜，同時也表達此時的徬徨無助。

為什麼我的信用卡不能正常使用？他告訴我，在馬穆尼亞酒店用這張卡片刷卡三〇八六五．七九美元時，「負責任貸款」（Responsible Lending）即標記了信用卡帳戶有不正常的消費情形。

我感覺全身的重要器官瞬間停擺，身體像是著了火，竄上我的胸腔。

不是，不是這樣的，我向他保證，那只是暫時預刷卡，不會從我的帳戶扣款。

他一定是聽出語氣中的急迫。他二話不說，直接問我需要多少錢才能安全離開摩洛哥。如果可以的話，我會透過電話給他一個大大的擁抱。他提高了我的消費限額，我掛上電話。

我們離開那個小房間時，我強忍住眼淚，用力吞口水克制情緒。我氣憤難耐，因為獨自來這邊面對窘境，被迫處理安娜搞出來的爛攤子。

再回到書店時，我很驚訝看到安娜和傑西一同走向收銀台。他們肯定是搭酒店的另一輛車過來。他們看到我似乎鬆了口氣，卻看不出有任何擔憂或歉意。反正也不重要了，為時已晚。傷害已經造成：博物館員工再次刷我的卡片，這一次，刷卡交易成功。

我們三人不發一語地走向酒店的車。當下我沒有情緒大爆發，也算是一種奇蹟。

◆

這一切全發生在我們吃午餐之前。我不記得接下來的談話內容，不記得我們為什麼決定前往梅迪納（medina）鬧區，也不記得是誰提議去那裡的餐廳，以及為什麼會找到那間餐廳。我們的司機把車子停在曲折的小路邊，讓我們下車，並同意在原地等待。

這是我們第一次在沒有嚮導陪同下進入露天市場。但我有些暴躁，非常不耐煩。我們穿過狹窄的小巷道，閃避身旁呼嘯而過的摩托車，擺脫死纏爛打、強迫推銷的小販，希望找到當地著名的「史詩美食區」（Places des Épices）。

我們抵達諾馬德餐廳（Nomad），這是一間可以俯瞰香料廣場（Rahba Lakdima）且擁有絕佳視野的天台餐廳，時間接近黃昏，人潮已經退去，餐廳裡幾乎沒有客人。只有我們在露台坐位，跟用餐時段相比安靜許多。我太過激動，無法談論發生的事情。雖然不餓，但我還是忍住想哭的衝動，點了一道蔬菜配小米輕食。我只想趕快回到酒店，然後算清楚我的信用卡到底刷了多少錢。

在返回酒店廂型車的路上，我們迷路了。我們一直繞路，走過一遍又一遍的重複場景，安娜和傑西輪流選擇該往哪條路走。我跟在他們身後，幾乎快撐不住，準備陷入自憐與絕望的崩潰。

就在我們開始恐慌時，安娜設法跟司機聯絡上。司機在一條繁忙的街上找到我們，載我們回酒店。這也是我們最後一次回到馬穆尼亞酒店。

在酒店大門，一如往常，安檢人員用有反光鏡的長桿，檢查車輛底盤是否有危險物品。那天下午，他們似乎刻意放慢安檢的動作。一下車，我大步邁向櫃台，取回我的美國運通公司卡，並質問為什麼他們所謂的「暫時預刷」，已經出現在我的帳上，根據美國運通給我的解釋，酒店已經實際收費，而不是他們再三保證的那樣。「暫時預刷卡」的定義到底是什麼？是「暫時先跟您收費」的委婉說法嗎？

櫃台人員的說法是，等額的信用支出額度會出現在我的帳戶上，但這只是預授權交易，是形式上的，只是暫時的。我無法理解這種邏輯，也不懂字面上含糊的意義。聽了幾分鐘的解釋後，我不論生理或心理都累了。我帶著兩張信用卡，轉身走回庭院美宿。

安娜點了一瓶玫瑰紅葡萄酒，在我們的私人游泳池，悠哉地展現一件她新訂製的洋裝，擺出各種姿勢。洋裝的白色亞麻布很透光，露出底下的黑色丁字褲。安娜一手托著酒杯，一手拿著香菸。我走過她身邊，直接去房間。

我盤腿坐在床上，注意力全集中在我的筆記型電腦。我做了一個Excel表格，列出這一趟旅行中，目前在我帳上的所有費用。從四張單程機票開始。

原本預定從紐約飛往摩洛哥的當天上午，安娜因忙著開會，還沒有預定航班。安娜拜託我先代訂，承諾會在一星期內轉帳機票的費用給我。於是我代墊了機票。（訂單程就好，不用訂回程。安娜說這樣會靈活些，才能玩得盡興。）接著還有餐費、露天市場購買衣服的花費、參觀「綠洲」的捐款。我還沒列入住宿費，因為根據酒店的說法，那筆出現在我帳戶上的費用只是暫時的。

我依安娜的要求，夾帶各項支出細目的截圖，連同我的銀行帳戶資料，用電子郵件發送給她，讓她可以轉帳給我：

嗨，安娜，

總計代墊了九四二四．五二美元

如果妳還需要什麼資料，就跟我說一聲。

我遲疑了一會兒，然後結束這封簡短的電子郵件。

——非常謝謝妳。

我深吸一口氣。發送郵件後，我的情緒緩解了許多：付款的壓力不在我的身上了。現在安娜有我代墊的所有細目，也有我的銀行帳戶資料，隨時可以轉帳給我。這些經歷讓我心很累，有一股能量在體內蠢蠢欲動，就像睡不好、失眠，或是剛經歷完巨大壓力的那種狂躁。我去游池旁找安娜和傑西。我跟安娜說已經發了郵件過去，內容列出了她欠我的金額。她給我一個微笑，眼睛眨也不眨一下。

「我星期一會轉帳一萬美元給妳，確保這些開銷付清。」她向我保證。

我的心情好轉許多。當安娜遞給我一杯葡萄酒時，我感激地接過酒杯。我們喝完整瓶酒，我換了一件洋裝，跟安娜身上穿的那件類似，但我的是黑色的。今天是摩洛哥之旅的最後一晚，我們決定一起去酒店的摩洛哥餐廳（Le Marocain）用餐。

這間摩洛哥傳統風格的餐廳位在酒店主樓旁的花園。我們坐在露台上，旁邊是燭光燈籠環繞的百合池，我們坐的位置，跟第一天抵達摩洛哥晚上用餐時相同。這感覺是結束一段旅程的好方式。等待晚餐時，安娜滑了滑手機，看起來很開心，一副快樂又自我滿足的模樣。空氣中飄蕩著安達盧西亞古典音樂（Andalusian music），有三位音樂家逐桌演奏，所有客人都想享受這種異國的禮遇，聽得陶醉。這趟旅程算是一波三折，但在這最後一晚，我們三人坐在餐廳露台的時候愉快而平靜。我們討論著隔天安娜和傑西的計畫。他們預計前往理查德．布蘭森爵士

（Sir Richard Branson）在高阿斯特拉斯山脈（High Atlas Mountains）的卡斯巴達馬多特古堡酒店（Kasbah Tamadot）。我們前一天才一起去那裡吃過午餐。

晚餐後回到庭院美宿，傑西回自己的房間，安娜在院子裡抽菸，我開始收拾行李。過程很順利：收好衣物與物品、折好、疊好。這讓我重新建立了一種控制感。

「這些應該給妳。」安娜抽完菸回到房裡，胸前抱著一堆衣服：「我覺得我不會再穿了。」她把在梅迪納鬧區買的衣服給我，包括一件紅色連身衣和薄紗黑色連衣裙，但沒有她訂製的兩件洋裝。我隨意塞進行李箱。我不喜歡，也不想要這些衣服，但安娜的眼神中有一種我無法拒絕的壓迫感。我向她道謝，她的臉上堆滿笑容。

我隔天一大早就得出發，但其實我的心早就離開了。行李箱：打包好了。鬧鐘：設定好了。車子：預約了。我在腦中盤點一切事項。如果越有條理，我就會睡得越好。在我收拾期間，安娜的打擾威脅了我的效率。終於收好了，我換上睡衣、洗臉、刷牙，準備上床睡覺，掀開被子，安娜已經背對我睡著了，我輕輕拿起長枕頭，放在特大號床鋪中間，當成一道屏障。我希望在她醒來之前離開。

第二章
紐約、紐約

馬拉喀什距離田納西州諾克斯維爾（Knoxville）非常遙遠。我在諾克斯維爾長大，是家裡三個小孩最大的。我的父母都不是田納西人，但他們都在諾克斯維爾讀研究所，因為這裡的宜居性相當吸引他們，加上跟我的外公、外婆距離不遠（就在山脈另一側，南卡羅來納州斯帕坦堡〔Spartanburg〕）所以他們決定在諾克斯維爾落地生根。

我和兄弟姐妹們，從小就被教導善良的重要，這是尊重、體諒他人的基本條件。善良就是對他人的尊重，不論對象是親戚還是賣奶昔的女店員都一樣。

父母期許我們努力追隨熱情，並給我們勇於追夢的工具。他們大力支持我們，同時也給我們自立的空間。他們希望我們面對更高的挑戰時，是用正面的態度，而不是對於失敗的恐懼，所以從不對我們犯的錯太嚴格。我知道自己很幸運，父母不但給我追夢的支持和信心，也讓我相信每個人的內心都至少有一絲善良的本質。

◆

我對紐約的最初印象，來自於小時候從父親口中聽到的故事。父親在布魯克林（Brooklyn）長大，是道地的布魯克林人。我對此地的想像只是一座黑白城市，正如父親在那裡生活時拍攝的黑白照，包括街道上的乞丐、流浪漢、陌生人，以及他的朋友。我父親是猶太人，在某個層面，他感覺自己有另一個身份，但這對其他家庭成員來說沒有那麼大的意義，我們只會在光明節和聖誕節收到禮物，但對於外面的社交圈來說，這似乎很值得注意。所以，如果我不小心說出太重的東田納西口音，我父親會開玩笑說要罰款二十五美分。他不太虔誠，喜歡大聲說話、說笑，我定義這就是他骨子裡的布魯克林人性格。

我的奶奶瑪麗蓮（Marilyn）住在紐約，我們每年都會去拜訪她大約一次。我們會在光明節去那裡作客，北方寒風刺骨，我會看天候搭配，穿著色彩誇張鮮豔的蓬夾克，配上耳罩和手套，想讓紐約大街上的人感覺到我的歸屬。我害羞地瞥了路過的陌生人，目光交會時保持微笑，就像我們在南方會做的那樣。許多年之後，我才發現紐約人其實酷多了。

在凱尼恩學院（Kenyon College）升大二的暑假，我獲得美國計畫生育聯盟（PPFA）在紐約的實習機會。我搬進奶奶公寓裡的客房，把我為專業形象準備的「工作服」與衣物整齊掛好，收進她為我清空的壁櫥和抽屜，開始在紐約的職場生涯。

美國計畫生育聯盟的實習工作，是我第一次離開諾克斯維爾的大膽決定。我就讀的東田納西高中（East Tennessee high school）設有輔導「小爸媽」就業合併育兒課程的系統，甚至還有一個托育中心讓這些青少年父母的孩子受到妥善照顧，並且輔導青少年升學。雖然有所謂的「守貞教育」，這些小爸媽依然不是少數。

「還是處女的人請舉手。」我修習課程裡的一位老師問。她來自基督教外的組織，被校方請來講授性教育課程。

「好，是第二次處女的人，請舉手。」這表示妳已經失去童貞，但知道自己做錯了，也已經悔改，並且重新擁抱童貞，大概就此守貞到結婚。

大家都四處張望，在座位上動來動去。幾個女孩在交換眼神，另一些女孩揚起眉毛，在椅子上坐得直挺挺，也許她們認為坐姿端正就是純潔的證據。課程為期兩天，包括多媒體簡報，還有幾個互動練習，教導我們婚前性行為一定會讓人心碎、並帶來不可逆的身體傷害，以及降低人的價值。禁欲守貞的重點在於守住「鑽石區」（這是隱形的區域，從脖子開始，延伸至乳房和軀幹中心，包括胯部），留給妳未來的丈夫。妳要守住「鑽石」，直到收到一顆鑽石（結婚戒指）為止。

我認為自己會接受實習機會，其實是我對這種狹隘教育的反抗行為。來紐約工作生活，我可以探索大城市的格局和世界觀。那個夏天給我許多啟發。後來，我變得非常尊敬那些在資金不足的組織裡奮鬥的人，他們衡量成功的標準是「要完成的事情還有多少」。我不想走公共衛生這條路，但紐約倒很適合我。

升大三的暑假，我找到一個在Art + Commerce創意機構的實習機會，這是國際管理集團ＩＭＧ娛樂沒多久前收購的公司。

我大學的男友傑瑞明（Jeremy）想在紐約找餐飲業工作，所以我們一起搬到紐約，和他兩個家鄉好友馬特（Matt）和科里（Corey）合租一間公寓。我們住在聯合廣場（Union Square）北邊一處由工作室改建的兩房公寓。傑瑞明找到了一間繁忙的餐廳，做了內場大約一週就改變主意，他離開紐約，和家人到克羅埃西亞度假，然後就回去洛杉磯了。我被傑瑞明丟在紐約，跟他的好友們同住在公寓裡。

馬特和科里很有魅力，而且熱愛交際。白天，馬特在《康納秀》（*Late Night with Conan O'Brien*）實習，科里在Ａ&Ｆ當接待顧客的赤膊模特兒。到了晚上——我的意思是深夜，他們會去夜店賺外快。那幾個月裡，我像小妹妹一樣跟在他們身邊，這段日子被我稱為「模特與酒瓶」的夏天。

跟他們兩個男生一起出去，我覺得每個人似乎都比我高大、成熟。我沒有花俏的「外出派對」服裝。我就讀的凱尼恩學院在俄亥俄州，在那裡最酷的是潮牌ＡＡ（American Apparel）、寬版背心、靴子和法蘭絨。那個夏天，我在紐約大多穿著在古著店挖到的復古服飾，還有我用棕色花紋布自己縫的短裙。我盡量不讓自信受到穿著影響，但我知道如果有一天我被拒於夜店門外，一定是因為我的娃娃臉還有平價的鞋子。

就算我想被當作圈內人，但每天晚上出去玩也很乏味。我有時候會做個小實驗，用誇張的南方口音跟陌生人交談，看看他們如何故作鎮靜，然後偷偷忍住笑意。如果我放慢說話的速度，對方會更認真聽每一個字。這樣講笑話又更有趣了。唯一的問題是，當我恢復一般說話時，其他人就不感興趣了。我猜，每個人在大學時期多少都試過不同的身份認同，都在尋找自我的人生道路上。

在 Art + Commerce 創意機構的實習經驗，確實讓我增廣見識。除了支援萊柏維茲和史蒂文．梅塞（Steven Meisel）這兩位傳奇時尚攝影師，我還協助內部製作團隊的拍攝。我主要負責一些雜事，整理聯絡人名單、尋找拍攝資源、去買咖啡。我居於幕後，創造出那些我有記憶以來就在雜誌上的美麗照片。過程中，我發現自己對製作的熱情，也愛上了這節奏快速而迷人的攝影世界。

◆

我在大三的春季學期前往巴黎進修，抵達巴黎的那一個月，我才剛滿二十一歲。這是我第一次獨自出國。我的朋友大多選擇去阿姆斯特丹、布宜諾斯艾利斯（Buenos Aires）、開普敦（Cape Town）和齋浦爾（Jaipur），所以我必須另外找室友。透過一些管道，最後找到一位朋友的朋友跟我同住，她跟我在凱尼恩學院的室友是同學。我們住在塞納河左岸的拉丁區（Latin Quarter），離巴黎聖母院非常近。在我們的小公寓，客廳也是臥室，我就睡在客廳的折疊沙發床。進修攝影、高級時裝歷史沿革、繪畫，以及法語的期間，我看見了冬季轉為春季的巴黎。非常夢幻。

當巴黎進修即將到達尾聲，我思考了暑假的計畫，一心想到雜誌的攝影部實習。《浮華世界》是我的夢想。

我在巴黎的公寓裡仔細閱覽雜誌的版權頁，找到一個職稱「資深攝影製作人」的女性名字。然後，我上網找到康泰納仕出版集團的公司信箱格式是「名字_姓氏@condenast.com」。值得一試。

我在開頭寫道「致親愛的麥克勞德女士」。接著描述我在Art + Commerce創意機構的經歷，同時表達我對《浮華世界》的狂熱，最後強調：「只要有機會能到貴出版社的攝影部工作，我一定有壯士斷臂的精神！倘若無法進入攝影部，也非常期待有機會在貴出版社學習新的領域。」

幾個小時後，凱瑟琳．麥克勞德（Kathryn MacLeod）回覆了我的郵件：「妳好，謝謝妳的來信，我很喜歡妳的信。不過我不太參與《浮華世界》的實習招聘，所以我會看看是誰負責，然後推薦妳。還有，我保證妳的手臂會完好無缺。」

當下我覺得這是此生最神奇的事。收到凱瑟琳．麥克勞德親自回覆的郵件，我整個人輕飄飄的。幾天後，我接到一通電話。凱瑟琳的助理萊絲莉（Leslie）來電時，上午的課剛結束，我正好在回家路上，旁邊是龐畢度國家藝術和文化中心（Pompidou Center）。

電話令人措手不及，我停下腳步，在國立現代藝術博物館的廣場陰影處席地而坐。

萊絲莉向我解釋，很可惜全職實習目前沒有缺額。我很失望，但也知道《浮華世界》的實習機會本來就很渺茫。我很慶幸自己嘗試過。後來我在《哈潑時尚》（*Harper's Bazaar*）攝影部獲得實習機會。

大學的最後一個學期期間，我受邀參加凱尼恩學院院長家的晚宴。學校董事會主席就坐在我右邊。當天稍早，他在學院畫廊參觀我的畢業藝術展，於是問我畢業後有什麼計畫。我跟他分享我在紐約實習的經歷，說自己想在紐約朝相同領域發展。

「如果全部出版社給妳選，妳會選哪一家？」他問。

「《浮華世界》。」我毫不猶豫。

「哦，格雷登・卡特（Graydon Carter）是我朋友，」他說：「我很樂意把妳介紹給他。」格雷登是《浮華世界》的主編。這美好到難以置信。他繼續說：「妳搬去紐約的前一週，先發個郵件給我。我會幫妳聯繫，安排見面。」

意想不到的是，這真的發生了。我搬進奶奶瑪麗蓮公寓的客房，也約好會面時間，但就在會面前一天，我突然有不祥的預感：我完全不知道要跟格雷登主編談什麼。我擔心被問：「妳想問些什麼嗎？」結果大腦一片空白、愣住、詞窮。我認為自己需要提問，所以又準備了詳細的問題清單。

當天傍晚，我收到助理的郵件：

親愛的瑞秋，

很遺憾，由於格雷登有無可避免的公務行程，明天到本週結束都無法安排會面。因此，他想詢問妳明天的會面，是否可改由《浮華世界》總編輯克莉絲・加勒特（Chris Garrett）女士代為進行。隨信附上加勒特女士的助理馬克（Mark Guiducci）的聯絡資訊。他很期待與妳會面，並會在原訂明天下午四點的會面時間之前，在公司迎接妳。妳在公司的這段期間，如果格雷登的行程改變，我一定會告訴妳，或許能讓妳和格雷登打聲招呼。

……希望妳能諒解。若有任何問題，請不吝與我聯繫。

非常感謝，

大衛（David）

第二天，跟說好的一樣，馬克在二十二樓歡迎我。他和我想像中的《浮華世界》助理頗為相似，散發著迷人的優雅氣質。從大廳，我在他的帶領下，經過一扇又一扇的玻璃門，接著走進鋪有地毯的走廊。昔日的裱框雜誌照片，沿著走廊掛在兩側牆面上。

「加勒特，瑞秋來面試了。」馬克說，一邊把身子探進辦公室裡。一位動作優雅而快速的女人起身迎接我。

「告訴我，妳為什麼來這裡面試。」我們一坐下，她便開始提問，語調像一九五〇年代的英國電影明星，口條明快。我不自覺輕笑一聲，但當我發現她問得很認真時，趕緊回答：因為在所有時尚雜誌中，《浮華世界》完美融合我對寫作跟攝影的熱情，也因為我的母親總是說「要有的是品味，而不是物品」，這就是我所渴望的。聽完我的回答，她表情變得柔和，然後露出微笑。

「我很樂意讓妳來《浮華世界》實習。」聽見這句話，我的心沉了下去。

「謝謝妳，但我已經做過很多實習，」我告訴她：「我想找的是一份正職工作。」

當時沒有空缺。她向我解釋：「從《浮華世界》離職的人並不多。」

過了兩週，我寄給加勒特女士一封手寫的感謝信，並詢問人資處是否有職缺。就在我幾乎要放棄時，某天下午，我收到兩封電子郵件。第一封的寄件人是凱瑟琳．麥克勞德，是我去年在雜誌版權頁上找到資訊，並且透過郵件聯絡上的資深攝影製作人。第二封是總編輯加勒特所寫，她在信上表示，目前凱瑟琳有一個助理職缺，於是她主動向凱瑟琳推薦我的履歷。加勒特並不知道我先前跟凱瑟琳聯繫過。凱瑟琳在收到加勒特對我的推薦之後，想起我曾經寄信給她。就在隔天，我再度前往面試。當天下午，我便獲得這份工作。

◆

「瑞秋！親愛的，很高興再見到妳。這表示妳面試成功了？」亞當（Adam）在警衛桌後面問。我來面試時就是先到警衛室跟他報到。我點頭微笑。「恭喜。」他說，然後先給我一個擊掌，接著遞給我一張在正式工作證核發之前的臨時工作證。

二十二樓的電梯門打開，大廳後的長廊兩側是密密麻麻的玻璃隔間。我腦中出現一個建議：「要表現得妳以前來過這裡。」這是我的足球教練常在得分、贏球時說的話。我很興奮，但最好保持冷靜，要記得這份工作得來不易，我還要面對很多事。

接下來的幾個月裡，我學到的比想像中更多，而且大多是付出許多代價才學到的教訓。我現在認為，假如你剛開始第一份正職工作，應該要依循一些具體指引，尤其是人文藝術領域的新鮮人。我的建議如下：

1. 別太容易被冒犯。
2. 如果你表現尚可，或是比尚可好一點，那你只能期待沒什麼讚美。沒消息就是好消息。
3. 忘記你的高學歷，一切從零開始。
4. 別以為自己什麼都懂。檢查，再檢查。
5. 絕不在電子郵件裡長篇大論，說重點。
6. 知道每一個行動的原因。
7. 提前計畫。
8. 切勿暴怒，切勿擺臭臉。
9. 用專業的表情與態度面對各種情緒。
10. 無論是生日、特定假日、特殊場合，寫張卡片就可以了。

一年之後，我搬出奶奶的客房，跟一位朋友合租在西村（West Village）克里斯托弗街（Christopher Street），一處狹小、租金過高的兩房公寓。

我的床鋪在房間角落，床頭在窗戶正下方，而床尾在空調出風口的下方。有一段時間，我的手臂、大腿上，莫名出現一個個神祕的蜘蛛咬痕。這些泛紅的圓形傷痕，剛開始會痛，然後變成紅色腫塊。我去看診，做了抗生素的療程，把床單、衣服、房間都徹底清潔，但還是沒有好轉。我被蜘蛛咬了一整年之後，才決定要搬走。我需要一個新開始。我搬進附近一間工作室公寓，租金便宜、空間更大，而且我還能獨享。

當時的我：有一份很棒的工作、獨居、新男友尼克（Nick），以及撿來的流浪貓「布仔」——牠被發現時只有三個月大，躲在西村街道旁的車底下，害怕地喵喵叫著。我的紐約夢終於實現了，之後的四年，我不論是生活或工作都頗為順利。

那段期間，我從助理升職為高級助理，最後成為攝影編輯。凱瑟琳不再是我的直屬上司（我成為攝影編輯後，她已經換了好幾名助理），但她仍然坐在我的旁邊，我們像是一個團隊。

我樂此不疲地安排《浮華世界》拍攝的一切。從尋找拍攝地點、預約外燴給頂尖攝影師和電影明星在拍攝期間享用，一直到清理片場垃圾、運送器材、場景布置的種種細節。這份工作極具挑戰性，雖表面上不是很光鮮亮麗，但當你在現場，在這個時尚雜誌圈中扮演一個小角色，為這個時代最具指標性、影響文化最深入的影像做一點貢獻，會有一種榮耀感。我在辦公室與紐約各處的拍攝地點往返，也到過洛杉磯、巴黎、貝爾法斯特（Belfast）、哈瓦那（Havana）。行程表往往是出發前的最後一刻才確認，所以我學會如何靈活面對各種情況。我充滿幹勁、快樂、忙碌，生活充實。

這個時期，我遇見了安娜。

第三章
安娜・德爾維基金會

安娜出現時，我已經在《浮華世界》工作了六年。從一開始，她就有一種獨特的氣場，一種神祕且難以捉摸的特質。某天晚上，我跟朋友外出遇見她。就是這個夜晚，遮蔽了我看清安娜騙局的機會。雖然安娜讓我感覺不太對勁，但要不是剛好發生一連串事件，我大概早就忘記跟她見過面了——這也將永遠改變我們兩人的生活。

二〇一六年二月的某個星期三，距離我二十八歲生日之後才幾個星期。我剛剛從嚴重的感冒中康復，生病期間我只能關在家裡看《英國烘焙大賽》（*The Great British Bake Off*）——我最近發現這個節目，並且深陷其中。《浮華世界》的年度好萊塢明星特刊已經在報攤上出現，雜誌封面上有十三位女性，包括珍妮佛・勞倫斯（Jennifer Lawrence）、凱特・布蘭琪（Cate Blanchett）、珍・芳達（Jane Fonda），以及薇拉・戴維絲（Viola Davis）等好萊塢明星。

一如往常，我到《浮華世界》總部的辦公室工作，當時位在全美最高建築，世貿中心一號大樓（One World Trade Center）的四十一樓。康泰納仕出版集團在兩年前搬到這裡。整個上午，我都在整理開銷：核對拍攝前與拍攝中的刷卡收據。我記下每張收據，小心地把細項登錄到公司網頁，逐筆輸入對應的專案代號。

午餐時間之後，我完成了財務支出報告，並且掃描收據上傳、提交表單。康泰納仕會在幾週之內核銷，繳交美國運通公司卡的款項。而其餘的工作天，步調緩和許多，主要是用郵件去溝通下一場拍攝的細節。經過這一整天的文書工作之後，我不免有些煩燥，所以在下班時間（五點三十分）想放鬆一下，跟朋友聚聚。我寄信給同事凱特（Cate），問她想不想一起吃晚餐。她說她之後還有別的事，但可以趕快碰面小酌一杯。於是我們前往一間離辦公室不遠，位於布魯克菲爾德廣場（Brookfield Place）的ＰＪ克拉克餐廳（P. J. Clarke's）。凱特只能待四十五分鐘，她離開後，我留在餐廳裡吃飯。

也許是那杯紅酒，或是這工作步調緩和的一週，也可能是我生病復原後的興奮，又或者是當天我穿著特別喜愛的衣服。不管是什麼原因，在那個特別的夜晚，我精力充沛，想找些樂子。凱特離開後，我滑著手機，思考晚餐之後要去哪裡續攤。

我傳訊息給我的朋友艾許莉（Ashley）。艾許莉有一頭金髮，開朗、善良，而且對口紅很有品味。我搬到紐約的第一個夏天就認識她了，當時她跟我一位大學好友在《訪問》（*Interview*）雜誌工作。艾許莉往時尚編輯的領域繼續發展，最後成為自由撰稿人。她會參加時尚派對、活動，以及時裝秀，替《時尚》（*Vogue*）、《別冊》（*AnOther Magazine*）、《W》和《視覺生活》（*V.MAGAZINE*）這類雜誌撰寫時尚主題的文章。跟她相處很有樂趣，當時剛好是時裝週，所以她很可能正在外面，尋找有趣的寫作靈感。

嗨！！我剛看完最後一場時裝秀！她快速回覆我。一起喝一杯？

如我所願。於是我們計畫：我吃完晚餐後，她應該也差不多準備好時裝週需要的報導。我們約晚上八點，在字母城（Alphabet City）的黑市酒吧（Black Market）碰面。

艾許莉準時抵達，先找好位置。而我先回公寓（放公事包、換上高跟的靴子），所以遲到了十五分鐘，我滿懷歉意。

我們喝著雞尾酒，互聊近況，相談甚歡。幾天後，艾許莉將前往倫敦時裝週，然後在巴黎時裝秀展開前先到哈瓦那。

我們喝完雞尾酒、更新近況之後，決定加入艾許莉當晚也外出找樂子的時尚圈朋友，大家一起續攤。我們步行二十分鐘，跟他們在下東區（Lower East Side）一間名為「喜劇收場」（Happy Ending）的地方會合——這是下東區的時髦鬧區，一樓是餐廳，地下室有一間很受歡迎的夜店，旁邊站了一名警衛。

我們找到艾許莉的朋友們，他們剛吃完晚餐，坐在餐廳後面的小包廂。瑪麗埃拉（Mariella）也在場，她是棕色短髮的澳洲人，道地的澳洲口音突顯了她的迷人。我最近才透過艾許莉與她見過面。她曾在精品的公關部門工作。包廂裡還有幾位我不熟的女生：赫斯特國際集團（Hearst）的時尚雜誌高級助理，以及時尚品牌專任公關。

跟這群人混在一起，讓我有進入名流圈的優越感。他們對時尚的了解，以及對名人的認識遠勝於我，不過我懂時尚圈的語言，也聽得懂他們的笑話。他們是公關人員、模特兒、音樂家，以及知名設計師的朋友。我們不論去哪裡，他們都認識門口的警衛。這些酒吧、俱樂部的警衛讓人進去的標準，可能是你的身高、你有沒有錢、穿得好不好看，有時可能只是他剛好心情不錯，或者你認識對的人、說了對的話、穿著對的鞋子。只有通過考驗的人才能入內，這確實很有意思。為什麼這種特定性如此吸引人？因為我們都想參與，渴望得到朋友和陌生人的認可——如果你當時這樣告訴我，我會反彈，還可能會回嘴：「哦，有警衛是很蠢，但如果進得去，那一定比什麼人都收的酒吧好玩。」我說的也沒錯。只是在那一個特別的夜晚，我希望入口的管理更加嚴謹。

桌上的晚餐空盤被收走時，湯米（Tommy）走到我們這桌。「湯米」是我多次聽人提起的名字，他在四十出頭從德國到巴黎，以創意、營銷、辦活動來經營品牌。

我只知道他是舉辦時裝週專屬派對的大咖，地點包括所有你講得出來的熱門場所、俱樂部——像是蒙托克的Surf Lodge酒店，以及唐人街紅極一時的Le Baron酒吧。想在派對中找到他，你可以隨便找人問，然後會聽到：「哦，湯米？他前一分鐘還在這。」湯米總是戴著帽子，我的意思是，他一直都戴著帽子。

多虧湯米，我們才能被安排到樓下到更特別的坐位區。我們入場時這裡才剛開始營業，還沒有太擁擠。人潮慢慢湧入，年輕男女用黑色吸管啜飲伏特加調酒，在乾冰白霧裡找座位。我們朝右後方走，那裡的白霧更濃，人也更多，音樂也更大聲。最後在長椅和小凳子上坐定，一旁有張低矮的圓形紅桌子。

我不記得是什麼先到：我們點的冰桶、一瓶法國灰雁伏特加（Graylag Goose）、一堆酒杯，還是那位安娜．德爾維？我不認識安娜，也不算是完全陌生。我第一次注意到她是在一個月前，她跟艾許莉還有其他我認識的女生在IG被標記在一起。我對她的陌生臉孔有些好奇，所以點擊了她的照片，發現@annadelvey（後來改成@theannadelvey）有超過四萬人追蹤。我瀏覽了她的IG，認為她是社交名媛——相片全是到各地旅行、藝術，還有一些自拍照。安娜在大家陪伴下顯得很自在，臉上帶著微笑，輕鬆地加入我們，成為我們的一員。我當時很高興有機會見到她本人。

安娜身穿黑色緊身洋裝，配上古馳（Gucci）的金色竹節平底黑色T帶涼鞋。她挪身到長凳一側，坐在我左邊的瑪麗埃拉的另一邊。瑪麗埃拉介紹大家時，優雅地用手撫著一頭赤褐色長髮，把頭髮披到肩上。安娜有一張天真無邪的臉、一雙大大的藍眼，加上嘟起的嘴唇。她用一種我無法分辨的口音向我打招呼，聲音出乎意料地高。

基於客套，大伙談論著自己為何認識安娜。安娜曾在巴黎的《紫色時尚》（*Purple*）雜誌實習，在湯米住巴黎時與他成為朋友。這是紐約典型與人初次見面的談話：互相問好、禮貌致意、解釋認識某人的過程、交代自己的工作性質。

「我在《浮華世界》工作。」我告訴安娜。接著是正常的聊天：在攝影部；沒錯，我愛這份工作；我已經在《浮華世界》六年了。安娜認真聽我說話、跟我對話，表現得相當大方。安娜加點了一瓶法國灰雁伏特加並結帳。我看得出來她喜歡我，我很高興認識新朋友。

當晚，瑪麗埃拉邀請我和安娜找一天晚上，一起去離我辦公室不遠、知名的哈利斯牛排館（Harry's）。這是瑪麗埃拉第一次直接邀請我，我那時很開心。因為在那之前，我只有跟艾許莉同行時才會跟她們見到面，因為艾許莉是我在這群人裡最熟的。

牛排館硬派而高檔，有真皮座椅和木板牆。我到達時，安娜已經在接待處等了，幾分鐘後，下班直接趕來的瑪麗埃拉也到了，她的穿著無可挑剔。我們被帶往訂位桌，坐了下來，褪去外套，把手提包放在一邊。我心裡想著，這兩個女生好酷，我有點緊張，很想趕快喝一杯雞尾酒。安娜說她正在幫朋友測試一個手機APP。她就是用這個來訂位，然後也會用來付今天的餐費。我不餓，因為下午我們辦公室訂了披薩，但安娜點了開胃菜、主菜、幾道配菜，還點了一輪咖啡馬丁尼。

氛圍愉悅，雞尾酒也很美妙。夜幕低垂的紐約有一種獨特的魅力，在哈利斯牛排館裡喝著咖啡馬丁尼，我們暢談各自的生活。

瑪麗埃拉開始工作日常的話題，跟我們分享她在這頓飯之前，才剛圓滿結束了一場公關活動。我接著跟她們分享我一天的工作，不過比瑪麗埃拉遜色許多。最後，我們的焦點轉向安娜。她說，她整天都在跟律師開會。

「是什麼原因呢？」我問安娜。

安娜的神情亮了起來，解釋說，她正在全心全意創立自己的基金會，開發一個致力於當代藝術的視覺藝術中心，也稍微提到這涉及她的家庭信託基金。

她計畫租下紐約公園大道南區二十二街一處歷史悠久的教會傳教所（Church Missions House），當成基金會的休憩空間，包含酒吧、藝術畫廊、工作室、餐廳，以及會員制的俱樂部。她每天跟一堆律師和銀行家開會，努力想處理好租約的部份。

聽完安娜的日常，我非常佩服。安娜跟瑪麗埃拉體現了專業的水準，我想向她們看齊。安娜的野心尤其了不起，理論上，她的計畫規模宏大，前景廣闊。而她具催眠魔力的說話方式也令人著迷。她可愛又古怪，不太優雅但也不死板。她隨意綁起頭髮、沒有塗裝，不時會擺弄雙手，不同於我以前見過那些剛進入上流社交圈的女孩，這讓我更喜歡她了。

用餐氣氛熱絡，更多食物上桌，最後終於到了結帳的時刻。安娜把手機遞給餐廳服務生，服務生於是開始研究ＡＰＰ。

「似乎不能用。」服務生說。

「你確定嗎？」安娜問：「可以再試一次嗎？」

服務生把手機帶到另一邊的電腦前，手動輸入ＡＰＰ上顯示的序號，然後回來我們這裡。

「很抱歉，還是無法成功。」服務生把手機還給安娜。為了緩和安娜提議買單卻失敗的尷尬，我和瑪麗埃拉建議用我們的信用卡。雖然我沒吃到幾顆牡蠣，但與新朋友一起度過愉快的夜晚，我很樂意付三分之一的餐費——因為我很享受新朋友的陪伴。當時我並沒有多想。

我每隔幾個星期就會跟艾許莉、安娜、瑪麗埃拉聚一聚。在蘇活區（SoHo）的深夜，以及偶爾的下班後聚會之中，我們的友誼加溫了。我們一起去上東區的奧斯卡・德拉倫塔（Oscar De La Renta）旗艦店，參加瑪麗埃拉籌辦的新書發表會，在那裡跟地產大亨艾比・羅森（Aby Rosen）搭上線。他的房地產公司RFR持有安娜想要租下的建築物。安娜發現他之後，興奮地上前打招呼。我站在房間另一端，不禁讚嘆眼前這位年輕女性的自信，能如此輕易地跟這種大人物搭話。

我們晚上的聚會，通常先是我跟艾許莉找個地方喝飲料。等到快喝完時，就會有一群人加入。一個接一個抵達：瑪麗埃拉、安娜，有時還有其他人，接著再找地方續攤。紐約的夜晚有一種魔力：我們從餐廳換到酒吧，最後再去一、兩個舞池。大部份我們常去的地方現在都停業了，名字也被人遺忘。無論這些場所的主題為何，核心概念都是一樣的，那就是吸引當下的時尚族群。

◆

幾個月過去，安娜開始跟我私下聯繫，而不是透過共同朋友的邀約。安娜想單獨跟我見面——這讓我又驚又喜，於是我們開始偶爾碰面。我們的友誼漸漸變得穩固。我當時跟尼克交往，但他身為萊柏維茲的攝影助理，必須不停出差旅行。我大部份的大學好友都在其他地方，在紐約的大多住布魯克林，而且都有忙碌的全職工作。因此，沒有跟艾許莉他們出去時，我常常獨自一人。

就我所知，雖然安娜是單身，但她一點都不關心感情與男女關係的事。她有時隨口說自己想玩玩，僅此而已。我很好奇她對男人的品味，但她對關係的態度讓我摸不透。她的冷漠增添了神祕感。她似乎是故意獨處，而那種獨立感，正是她的特色之一。

某天下午，我搭計程車前往市中心，路上收到安娜的訊息，要我順道過去她那邊。當時，她住離我的公寓不遠，位於高架公園（High Line）的設計酒店（Standard）。我只列出三項與設計酒店相關的東西：**派對**，這多虧了酒店頂樓的兩家夜店；**暴露性**，所有客房都有一大面落地窗，可以無死角地俯瞰米特帕金區（Meatpacking District）的居民活動；最後是**酒店老闆巴拉茲**（André Balazs）。

我那時不知道安娜原來只對其中一項感興趣：那就是熱情好客的那位百萬富翁。

我在黃昏時到達安娜住的酒店，大廳前方休息區是柔和的深紅色調。我在這裡找到安娜，她坐在一張現代感十足、白色底座上有紅色靠墊的曲線型長凳上。在她旁邊的是一位我沒看過的韓裔美籍男生，一身黑衣，目測大概三十歲。我不記得安娜是否有提到那個男生，或者說是單獨碰面。總之，當我走近時，安娜站起來迎接我，然後介紹這個之前我聽她提過的人：亨特．索依克（Hunter Lee Soik）。

亨特是科技企業家。我聽到大家都稱他是「未來主義者」，不管意思到底是什麼。當時我看不出他們是不是交往中。後來安娜用「前男友」稱呼亨特，但兩人關係始終撲朔迷離。他們不像熱戀中的情侶，安娜告訴我他們同住在酒店的一間房，所以我以為他們在交往。亨特之前住紐約，後來搬到杜拜，只是回紐約短暫停留。亨特一開始讓我感覺有些冷漠、高深莫測，他斜躺在長凳上看安娜跟我閒聊。後來加入談話，詢問我的工作與背景。亨特也說了他的，發現我們都曾經在 Art + Commerce 創意機構工作。他當時是顧問。

亨特跟我聊了起來。比較熟之後，我覺得他風趣而且口條清晰，對很多事情都有涉略。過了一會兒，我們決定去酒店頂樓的其中一家夜店。我只在週末來過，或是來參加派對，所以感覺今天人潮較少。我們坐在靠裡面的位置，依著一面能俯瞰曼哈頓的玻璃牆。

亨特告訴我他在杜拜未來基金會（Dubai Future Foundation）工作，致力於策畫該國的文化和藝術作品。他把自己的工作描述得十分艱鉅，或許有點誇大了。他接著說他住美國的時候，建立了一個叫「影子」（Shadow）的APP，是一種幫助「夢想家」記得夢境的工具。「影子」的功能就像鬧鐘，但鈴聲非常溫和，還可以讓你錄製夢境內容，在醒來之後記得更多。

「影子」使用了一種演算法，從使用者錄製的內容篩出關鍵字，匿名上傳到「夢想家」的全球數據庫，讓使用者可以追蹤身邊「夢想家」的夢境。亨特在Kickstarter上發起募資。我十分欣賞他的行動力。

因此，亨特不僅幫助一個國家塑造未來的社會與文化，還發明了一個APP。我後來上網查，發現他的「影子」概念已經上遍《紐約客》（*The New Yorker*）、《連線》（*Wired*）、《大西洋》（*The Atlantic*）、《富比士》（*Forbes*）、《快公司》（*Fast Company*）、《商業內幕》（*Business Insider*）和《Vice雜誌》，他還曾經在TED演講。

就我所知，無論安娜跟亨特是不是情侶，他們兩人的組合，已經具備了國際性的權勢特質。觀察互動，我看得出他們相處的痕跡。大部份交流都是非言語的：不經意地交換默契的眼神、點頭、假笑。他們有一段神祕的互動歷史，我對此所知甚少。

我很快就發現，安娜是透過亨特介紹才跟她現在的許多熟人搭上線，包括一位時裝設計師、社交平台Vine的一位創始人，以及瑪麗埃拉。顯然，亨特在某些圈子裡有人脈。那次見面不久後，亨特就回杜拜了，安娜則繼續跟他們共同認識的人聯絡。

其中一位是慈善家米拉（Meera）。她是離婚的五十多歲女性，前夫是一家頂尖金融服務公司的前副主席。在六月的某個星期六，安娜帶我搭上大都會北方鐵路（Metro-North）的車，去拜訪米拉在哈德遜河海德公園（Hyde Park）的莊園。那時米拉辦了午餐宴會，安娜收到宴會邀請，邀我一同前往。

赴約當天早上，我提早抵達中央車站（Grand Central Terminal）。由於遲遲不見安娜蹤影，為了方便起見，我索性加入排隊人潮，買了兩張來回車票。

列車出發的前五分鐘，我焦急地站在月台上等待。安娜說她已經到車站，但月台上仍不見她的身影。

終於在發車前的最後幾秒，我看見安娜。她正朝著我的方向小跑步，穿著黑色合身連衣裙，戴著墨鏡，手上掛著黑色皮夾克、拎著巴黎世家（Balenciaga）托特包，還有一個裝滿八卦雜誌的購物袋，準備在途中閱讀。搭上火車後，我們找到兩個相鄰空位。

大概過了兩個小時，我們抵達波基浦西站（Poughkeepsie），然後搭計程車到海德公園的一處地址。那是一座極具品味的古老莊園豪宅。米拉前來熱情歡迎，給我們空中飛吻。

「非常感謝邀請我們。」安娜走進莊園時開心地說。米拉帶我們到廚房，員工正忙著準備午宴餐點。米拉給了廚房人員一些指示，接著示意要安娜和我走往與廚房相鄰的客廳。她邊走邊說：「認識一下其他人吧。」客廳是鄉村風格，一個拱形木質天花板的開放空間。客廳外的陽台，可以飽覽莊園的腹地、網球場、遠處的卡茲奇山（Catskills）以及哈德遜河。

一群打扮隨意的年輕人在華麗的沙發上聊天，他們的年齡與我跟安娜相仿。我們出現時，他們停止交談，將注意力轉移過來。我發現他們觀察安娜的時間比我多，這並不罕見，安娜的出現總是帶來這種反應。

我聽了一些對話，推斷這是關於聯合世界書院（United World Colleges）的聚會場合，我推測安娜不是校友，卻受到米拉的邀請。我環顧客廳，發現每個人似乎彼此認識。我記得自己當時心想——雖然緊張，但應該試著與新朋友交談，這樣才是禮貌的表現（我成長過程的一部份），而且可能很有趣。

午宴是自助式的，鼓勵大家離座交流。我拿了義大利麵沙拉和烤蔬菜，想等安娜也拿好食物，再一起加入其他賓客。但我很快就發現安娜另有打算。除了跟米拉和我，她對任何人都沒興趣。她把我帶到餐桌角落，把餐盤擱在餐桌上，走進廚房。

「有玫瑰紅葡萄酒嗎？」安娜詢問上餐的服務生，緊接著說：「我只要一杯。」我只好跟進了。我們回到了放餐盤的餐桌。我對我們表現出的冷漠不太自在，所以有點緊張，儘管有些無禮，但我還是跟安娜待在一起——因為她邀請我來，而且她也不認識其他人。當米拉在我們旁邊坐下時，我鬆了一口氣。

米拉跟安娜聊天，關心她的基金會近況。一如往常，這個話題讓安娜特別激動。那時，我已經習慣聽到她跟不同人講這件事：包括公園大道南區的歷史建築（這是完美地點），以及她不斷與銀行家、律師們開會，努力敲定租約。他們談話時，我基本上像是隱形人，但默默觀察的角色非常適合我。

吃完飯，我們短暫加入其他賓客，接著安娜提議一起到莊園的泳池看看。她又拿了一杯葡萄酒，我們走到戶外，經過一條通往白色長方形圍欄大門的小徑。

泳池邊有個媽媽，看著她的小女兒游泳，仔細且饒富興味地注意女兒的一舉一動。那女孩翻轉、雙腳露出水面、倒立、腳掌貼在另一條腿上。我在一旁，感覺到母女之間的能量對比，也意識到自己是安娜的瘋狂與衝動之間的某種緩衝。

在泳池旁，安娜一邊喝酒一邊玩Snapchat，她伸長手臂自拍，欣賞不同濾鏡下的自己。我加入安娜，在她身邊微笑，然後看她用iPhone剛拍好的照片，加上了粉紅色的鼻子和可愛的狗耳朵。接著，米拉帶了一席賓客進入泳池區，熱情地進行導覽。

我建議安娜停止自拍並加入導覽。只有安娜拿著酒杯。很明顯看得出她在喝酒，或者，其實只有我知道她還在喝？我是不是太敏感了？我在乎別人看我（跟我們）的眼光。我知道自己是這種人，但每次面對安娜的任性時，我都覺得要學習她的自信，或者至少別想太多。

參觀完莊園後，賓客們準備離開。剛好有人從紐約租車自駕前來，他們提議順道載我跟安娜回紐約。我們接受了，取消回程的車票。三個人擠在後座，安娜坐在後座中間。

車子上路沒多久，安娜問他們有沒有車用音源線，因為她想用iPhone放音樂。我驚訝她竟然如此大膽（還是自信？），搭便車還提出這種要求。安娜詢問之前，也不太跟他們交談。她播放的曲風，跟沿途的景色、以及身旁溫柔的陌生人格格不入，但畢竟是碧昂絲的音樂，所以也沒人反對。車內漸漸變得平靜，然後到達紐約，一路上沒有人交談，就只有音樂聲。

那天是我在二〇一六年跟安娜相處的最後幾天。整個夏天，我忙於旅行。我到喬治亞州、馬里蘭州、賓州，和新罕布夏州參加婚禮。我和家人去了南卡羅來納州，和尼克一起去蒙托克（Montauk），週末去拜訪我的大學好友。由於工作需要，我去巴黎替歌手布魯斯・斯普林斯汀（Bruce Springsteen）拍攝，再到洛杉磯做更多拍攝，接著到加拿大協助多倫多國際電影節（Toronto Film Festival）的棚拍工作室。

到了秋天，我忙碌的行程緩和下來，而安娜已經出境美國。安娜說過，她是持旅遊授權電子系統簽證（ESTA）入境美國，每次停留不能超過三個月。安娜解釋自己是德國籍，所以簽證到期後，就要返回德國的科隆市（Cologne）。

同年十月，《浮華世界》在舊金山舉辦年度「新權勢名人峰會」（New Establishment Summit），安娜原本就計畫要參與這場年度盛事。我甚至替她聯繫《浮華世界》的特別活動組副主管，安排她購買門票，價格為六千美元。安娜知道這一筆費用，但似乎不太在意。

就在「新權勢名人峰會」開始的前幾天，安娜傳訊息給我，說她不克參加，因為她最近有一位家族的摯友過世，母親要求她留在德國參加告別式。當時我全心投入工作，所以安娜取消參與活動，無論對我的心情、計畫都沒有太大影響。

第四章
最可靠的朋友

二〇一七年二月，也就是我第一次遇見安娜的一年後，她再次造訪紐約。她不在美國時，很少有她的消息，她偶爾才用國際號碼傳訊息，說等不及回紐約，跟大家好好聚一聚。安娜在一個星期日抵達紐約，住進離我的公寓不遠的霍華德11號酒店，當天就邀請我吃午餐。

她想嘗試一家新開的、好評如潮的高檔法國餐廳Le coucou，跟她住的霍華德11號酒店是同一棟。安娜知道，這個地方可以讓她備受關注。我說：「我早就想去了。」但心裡知道不可能有位置，因為早在幾個月前就訂滿了。安娜認為自己是房客，所以禮賓部可以在最後一刻替她訂位。最後當然沒訂到，我完全不意外。

我們後來決定在西百老匯（West Broadway）的Mamo餐廳碰面。雖然我很期待見到安娜，但我不知道該有何種期待。我其實不夠了解她，也好一陣子沒見面，甚至沒有通話，我感覺像是要跟她第一次碰面。我有些困惑，搞不清楚她回紐約怎麼會第一個約我。但我仍把她的邀請當成一種肯定，我樂觀地離開公寓去赴約。

《浮華世界》的經驗使我很擅長電話溝通，或者跟陌生人會面，但對我來說，一段新的友誼需要一陣子才能自在。推開餐廳大門時，我感到緊張、忐忑不安。

Mamo餐廳雖然在蘇活區，卻有著普羅旺斯肉品市場氛圍。用餐區是小酒館餐椅，配上白色餐桌布與玫瑰色桌旗。長方形的牆面布滿各式各樣的鏡子，磚牆掛滿黑色復古框的義大利老電影海報。

安娜已經坐定在離門口最近的L形包廂裡。坐位上方掛了一張利諾．文圖拉（Lino Ventura）和楊波．貝蒙（Jean-Paul Belmondo）拿著槍，漂浮在黑暗的城市景觀上的電影海報，上面印著「冒一切風險的階級」幾個大字，這是一部知名的義大利電影《黑幫追緝令》（*Classe Tous Risque*）。

安娜微笑著，臉頰紅通通的，起身給我一個擁抱。她穿著合身的黑色休閒套裝，披著一件柔軟的羽毛肩飾大衣。她圓潤的臉蛋完全沒有上妝，甚至連睫毛膏都沒有刷，隨意地放下頭髮，髮色仍然是赤褐色，只是變長了。她把長椅上的物品擺到她的左邊，坐下時扶著身旁的大購物袋。

「妳到多久了？」我問安娜，在她對面坐下。安娜說自己剛到，直接從Apple Store過來，她先去店裡買了一台筆記型電腦和兩支iPhone，她解釋一支是國際電話號碼，另一支是新的美國號碼。

服務生來替我們點餐，安娜點了一杯貝里尼調酒（Bellini），服務生是個看起來天真的年輕義大利男生。我跟安娜點一樣的。她想好好喝一杯。安娜說她的父母不愛喝酒，如果她一個人喝，「他們會覺得，我是不是有什麼毛病」。根據安娜的說法，她返家的這段期間，是讓自己排毒的好時機。

安娜說這段期間，她很享受長途健行。我很有興趣，跟她說我在大煙山（Smokey Mountains）附近長大，所以也喜歡健行。但過了一個月左右，我才發現我認為的「健行」是在山道上跋涉，安娜則交叉使用「健行」和「健走」這兩個詞。

這也無妨，安娜似乎很高興我們興趣相似，我們都喜歡步行。這是一種連結。

安娜在家鄉健行時，會戴上耳機，一邊聽音樂、一邊探索鄉村的景緻，這樣做能理清思緒。

「聽起很不錯耶。」我說。大城市的鋼筋叢林，加上逃不開的人群，使大自然與開放空間成為我在紐約最渴望的奢侈品——我沒有想到自己會說出來。

「這超級無聊的好不好。」她輕蔑地說。

我很驚訝，也很失望，但我盡力替安娜的「無聊」找理由，把她的厭世態度視為年輕和特權的象徵。畢竟在某些群體中，看起來很不耐煩才是「酷」，過度熱情往往是「鄉下人」的象徵。

年輕服務生再次出現。我根本還沒看菜單，但他顯然想替我們點餐。我毫無頭緒。

「義大利細麵？」服務生建議。

「聽起來很棒。」我回答。

「哦，我們應該開一瓶酒。」安娜說，一邊瀏覽菜單。

「我今天要打掃我的公寓，我真的該做家事了。」我的音量像是在跟自己確認預定的工作：

「但開一瓶酒，聽起來還真是不錯……」

「就只是喝一、兩杯而已。又不必整瓶喝完。」

「好吧——那開一瓶吧。」我同意了。

我喜歡有人這樣鼓勵我。對於這個暫時放縱的行為，安娜不把看成是「是或否」或「黑或白」的決定。一切就是自然發生。她甚至可以讓一切聽起來合理。有時她的邏輯跟我的很不一樣，比如她回紐約之後選擇住酒店，而不是短期公寓，這也讓她的世界觀更令我震驚。

紐約吸引了各種人：藝術家和銀行家，移民和過境者，舊錢和新錢，等待被發掘的人與永遠不想被找到的人。這座城市的每個人都有故事，有些人的比其他人的更複雜。但無一例外的是，每個人有獨特的質感，質感即性格，而性格正是迷人之處。

我已經知道安娜是難搞的人，卻忘了她如此與眾不同的原因：充滿異國情調的歐洲口音，以及隨心所欲的行事態度。安娜要享用菜單上最美味、奶香最濃郁、撒上最多松露的義大利麵，她輕輕鬆鬆地點餐，絲毫沒有奢侈的罪惡感。我跟安娜完全相反，我需要仔細考慮。

這頓午餐會很漫長。我略有醉意，決定鼓起勇氣聊起家庭，因為她幾乎沒主動聊過家人。當我問安娜與父母的感情時，她說與其形容是親情，倒更像商業關係。這對我來說，這從任何角度都很難理解。商業關係？是什麼意思？她的父母不喜歡她，只是沒感情地給錢？還是用錢當籌碼，要求安娜達成期望？安娜給我的感覺不像是讀過寄宿學校的人（她社交的態度太過……高傲），所以我想像她在家鄉——科隆市郊外的豪宅莊園裡被情感忽視。或許，她在有很多房間的大宅院裡，幾天才遇到能交談的人。我推測可能是這種成長環境，造就了安娜孤立獨行的性格，這也讓我替她難過。

安娜說，她的父親在太陽能領域工作，但他們家的財富是來自她外公，而外公在安娜母親年幼時就去世了。安娜繼續說，她的父母不懂她的世界和抱負，但信任她的決定。所以除了商業上的話題，他們沒有太多交集。「我的意思是，還能聊什麼？他們也不知道我在忙什麼。」安娜覺得根本沒必要改變這種親子關係。當她稍微提到，她母親其實對於母女疏離表示過一點悲傷時，我聽得出她語氣中轉瞬即逝的哀愁。

「妳有兄弟姐妹嗎？」我問，希望聊些比較愉快的話題。她說有個小她十二歲的弟弟，所以基本上，她長大的方式跟獨生女差不多。她解釋說，她母親一直小心翼翼地將她與弟弟分開，以免她嫉妒弟弟、或是生活受影響。

安娜談著她的家庭關係，一副理所當然的模樣，似乎認為母親這樣的安排特別棒。也許吧，因為是安娜本身的氣質難以跟人相處。不論如何，我感覺她內心是有些困擾的。

安娜讓我想起了我在小學認識的一個女生。我們私底下叫她「小公主」。小公主過得很辛苦。她母親是我參加的女子合唱團的指導員——直到其他家長發現她有情緒管理障礙。一次聖誕節表演時，她母親在觀眾面前對我們大聲咆哮：「笑出來！現在應該要非常開心！」

小公主也很難跟其他女生相處，她不修邊幅，說話咄咄逼人，希望別人注意她，她的行為會讓旁人不安。更糟糕的是，她是第一個進入青春期的人，所以她的突兀又更進一步。

我當時看見我母親非常關心小公主，會特別注意她，傾聽她的想法，對她特別親切及溫暖，同時也鼓勵我多關心她。多年後，我跟母親聊起這段往事，問她為何如此關心小公主，她說：「我看見那個小女孩受的傷害正在發酵。」

我說：「要大家一起才能幫她嗎？」

「需要願意付出關心的人，」我的母親說：「女孩子尤其需要細心照顧。」

安娜的身上有小公主的影子。這讓我本能地親近她。我以為自己能用其他人無法做到的方式給予支持、陪伴。安娜也許過度自信，但我開始將這當作她堅強的證明。我沒有信託基金，甚至沒什麼儲蓄，但我的家人給了我所有的愛與鼓勵，即便如此，追尋夢想仍是永無止境的冒險。我聽到比我小三歲的安娜，設定了基金會的目標，想單憑己力實現這個宏大的夢想，實在是萬分佩服。

一盤剛做好的義大利麵出現在我面前，在帕馬森乾酪碎片下冒出蒸氣。我吃了一口就放下叉子。

我有乳糖不耐症，而餐點上鋪著份量十足的乾酪。只怪我不夠自信。最簡單的方式是請服務生過來，跟他說點餐有點誤會，但我沒這麼做。我不想造成麻煩，所以決定跑到最近的藥局買一盒乳糖酶藥丸，這是最簡單的。當我告訴安娜我的計畫時，她對我翻白眼，然後瞇眼笑著。我快速溜出餐廳跑去藥局。

十五分鐘後（我去了兩家藥局都沒找到），我發現自己身處中央街（Centre Street）一家古色古香的藥局。我需要的藥就放在西甲矽油（Gas-X）和抗胃酸咀嚼鈣片（Tums）旁邊。沒錯！是乳糖不耐症咀嚼片。架上只剩最後一盒。我匆匆結帳，不好意思地趕回Mamo餐廳，不知道安娜跟服務生會怎麼想。

回餐廳時，安娜正在開箱手機。我坐定之後，安娜說要去洗手間，接著服務生端了一個餐盤向我走來。原來我離開時，安娜向餐廳解釋我的情況，於是廚房特地再替我準備一道不含乳製品的義大利麵。很顯然，食物上桌後出去買藥，接著再跑回來吃冷掉的食物，這絕對不是最好的解法。我很感謝安娜主動替我發言。

用完義大利麵後，服務生端上一盆切好的草莓，上頭撒滿糖果，外加一張小紙條，寫了那位服務生的電話。「他想知道妳是不是單身，我叫他自己問。」安娜說。雖然我沒有興趣，但我跟尼克確實有點問題。我在生日前跟他大吵一架。不久之後，他辭去萊柏維茲的攝影助理工作，去哥斯大黎加旅行一個月，然後就有一搭沒一搭了。我跟尼克那時不算在一起，但也沒完全分手。所以不行，我不能跟服務生約會。當時我需要轉移注意力，所以很開心安娜回紐約。

帳單送來時，安娜拿出她的信用卡，把我拿出來的信用卡推給我。她說因為她邀請，所以堅持買單。我也堅持了一下，最後讓步了，由衷感謝她的招待。

離開餐廳時已經接近下午五點。我們往安娜的酒店走去，她邀我進去喝一杯。我們經過現代風格的大廳，往左前方螺旋狀樓梯走上去，繞了兩圈，連接到二樓樓層。我們到二樓的「書齋」(Library)——一個設計感十足的休息室,就像Soho House時尚精品酒店的休息室,但「書齋」更好,因為這裡似乎是尚未被發現的淨土,整間等於是我們專屬的私人俱樂部。

「書齋」有濃厚的斯堪的納維亞風格。每一個元素,從傢俱到燈飾都是藝術品。入口左側是禮賓接待櫃台,有兩名員工坐在筆記型電腦前接電話。休息室裡還有分區座位:雕塑沙發椅與躺椅配上一張北歐風咖啡桌;右邊則擺著雙人桌與寬敞的坐椅;休息室中間靠窗的地方,有圓形六人桌,桌上有顯眼的大型插花;除了這些,後面還放著一張長型木製餐桌,上面的吊燈看起來像是玩偶盒。

我環顧周遭,視線停在一張攝影作品上。這張黑白照片掛在櫃台後方,畫面中有空蕩蕩的劇院——這是杉本博司的「劇院」系列作之一。經過一次曝光,從一個看似空白的矩形電影銀幕,投射至建築物中心的空蕩舞台、座位,以及整座劇院。杉本博司用大片幅相機,在靜止中,框住了電影某一片刻的時空。彷彿具象化了時間,藉由攝影媒材本質的客觀性,保存了當下的真實。他的作品總是讓我想起莎士比亞,是一種劇中有劇的藝術之美。杉本博司捕捉了強大的情緒張力與光線,讓人有身歷其境的錯覺:彷彿我身在劇院空白銀幕下,望著空蕩蕩的空間。

什麼都有可能,事情可能已經發生。事實可能早就擺在眼前。

◆

剛回紐約的安娜有個想法：她想實行健身計畫。我個人為了節省開銷，不久前才取消了健身房會員（反正我也幾乎沒去），覺得身材都走樣了。安娜聽說有一個APP可以客製化課程，我們決定一起試試。我們約了當週的星期三，開始第一次訓練。

星期三早上，我比平時更早起。我隨手拿了一件運動衫套上，從我住的四樓公寓蹦蹦跳跳地跑下樓梯，充滿活力。慢跑十分鐘後，我抵達安娜住的酒店，我傳訊息讓她知道我到大廳了。等待回覆的同時，我研究著霍華德11號的大廳。晨光下的酒店大廳，加上簡約的現代感設計，給人冷酷的感覺，少了週日夜晚的迷人氛圍。由於沒有回覆，我撥打安娜的手機，她終於接起電話：要我到她的房間。

九樓客房區的走廊很亮，地毯吸收了腳步聲。我到九一六號房敲門，安娜來應門了。她的臉看起來有些水腫，穿著從精品網站Net-a-Porter新買的運動衣，看起來像某種高性能脊式潛水套裝，比我上班的衣服還好看。我穿著老舊足球短褲、寬鬆運動衣站在酒店房間，突然發現自己誤解了健身服裝。

「進來吧。」安娜說。

進到房間，我注意到左側的浴室。洗手台的大理石台面上擺滿高價的美容保養品。她房間不大，堆滿了東西。硬殼手提箱被推到左邊角落的橢圓形桌後方，淹沒在一堆包裝紙、還有好幾個Supreme和Acne Studios的購物袋裡面。在房間另一邊，安娜把金屬架卡在床與窗戶的小縫隙，上頭掛著她星期天穿的羽毛肩飾大衣，還有其他黑色上衣。我心想，原來長住酒店是這樣啊。

我發現電視機下方的控制盒旁邊，有許多Net-a-Porter和Amazon的空盒、沒拆封的健身器材、一組LED的發光跳繩，還有我以前用來訓練足球腳步的速度梯。這些顯然是安娜的網購戰利品。我清楚看見，安娜只需要動動手指，就能訂房、設計師精品、時尚褲裝、健身用品，以及任何她想要的東西。

安娜拎起水瓶。水瓶裝著混濁的液體，我猜應該是一種美容飲品。然後她拿了房卡，我們一同離開，沉重的房門在身後「咔」的一聲關上。那天上午與安娜的訓練，是未來許多課程中的第一堂。在酒店的多功能室，私人教練指導我們完成一個循環的伏地挺身、弓步、深蹲、仰臥起坐。訓練時，安娜沒有全神貫注。她基本上有遵循口令，但只注意做了幾個循環，而不講究動作標不標準。安娜也不斷注意她放音樂的手機，我發現安娜非常愛阿姆（Eminem），這時散發了一種我從沒在她身上看過的親和力。她的隨機歌單讓我忍不住笑了出來，把音量調到最大放著《豁出去》（*Lose Yourself*）——這是二〇〇二年電影《街頭痞子》（*8 Mile*）的音樂。

對我來說，這首歌已經過時了；對安娜來說，這首歌很神聖。

應安娜邀請，我跟私人教練在健身之後，一起去酒店的Le coucou吃早餐。很顯然，安娜從上次就想去這家餐廳，我們很幸運，這個時段訂位未滿，所以很快就入座了。這真是開啟一天的頹廢之地，我們用瓷杯喝咖啡，美麗的自然光透入高大的窗戶，傾瀉在白色桌布上。我穿著被汗浸濕的衣服，坐在如此華麗、有天鵝絨軟墊的Thonet高貴椅子上，感覺有些不自在。我也擔心上班會遲到，所以先向安娜告辭。後來我傳訊息給她，說我應該要付訓練課程八十五美元的一半。不要！安娜回覆。我很樂意負擔我的費用，但安娜的反應也一如預期。我對她的慷慨表示謝意。

那天《浮華世界》的辦公室特別安靜。四月雜誌正在收尾，不少員工已經先出發去洛杉磯參加公司在星期日主辦的年度奧斯卡派對。我去洛杉磯的飛機訂得接近週末，我想在出發前先做足部修護，也想約安娜同行。我覺得有個住鬧區、不用正常上下班的朋友其實還不錯。我發訊給安娜，問她有沒有空。

我正準備到蘇活區看公寓。安娜回覆。要一起來嗎？好啊！我也需要足部修護。我們可以看完再一起去。安娜接著說。

按下對講機，默瑟爾街（Mercer Street）二十二號的大樓前門打開了。我經過一名警衛，接著搭電梯到二樓，2D很好找。一位穿著細緻西裝、溫文儒雅的房地產經紀人守在那。他身上的一切完美對稱：嘴巴、耳朵、眼睛、頭髮，就像工廠製造的電器。他帶我走過有白色櫃子，以及五顏六色物品的長廊時，我不信任地看著他。我們經過敞開的主臥室房門，裡面柔軟的窗簾加上鈕扣簇絨的床頭板，有種女性化的感覺，長廊再往下走，有一扇大窗戶，窗外可以看到一個小庭院，庭院中間有一座巨大的紅蘋果雕塑，純粹是美觀而沒有功能性。我在拍攝工作、參加晚宴，或探望朋友的家人時見過如此奢華的公寓（甚至更豪奢），但我沒看過任何跟我年紀相仿的朋友想給自己買一間。安娜希望我陪她一起看房，甚至可能想聽聽我的意見，協助她做出如此重要的決定，我感覺很榮幸。

房地產經紀人帶著我走進閣樓的開放式廚房，我看到安娜在長型桌面的另一邊，旁邊是漆成白色的櫃子牆面，她環顧四周時，看起來很專注，像是在自己家一樣。安娜一如往常穿著一身黑，左手臂勾著皮革手提包。就在那時，我注意到有另一組客人，他們在廚房相鄰的客廳跟另一名經紀人交談。

「那位是紐約房地產銷售天王埃克・倫德（Fredrik Eklund）。」房地產經紀人壓低音量說。我不知道是誰，但我假裝理解地點了點頭。

安娜一邊打開櫥櫃一邊跟我打招呼。我們一起看櫥櫃裡放了什麼，裡面有許多擺放整齊的陶瓷罐，每個罐子都貼上標示內容物的標籤。

「這是拍片的場景嗎？」我問房地產經紀人。

「不是，住在這裡的是一位知名女演員。」他回答。

這裡感覺像是電影場景。哪裡有灰塵？哪裡有住人的痕跡？一切看起來全新，沒有任何使用痕跡。我沒說出自己的意見，也不明白安娜的品味。畢竟，如果安娜習慣住在酒店，也許她更在乎便利性，而不是風格。我後來才知道主人是實境秀《紐約嬌妻》（*The Real Housewives of New York City*）的貝珍妮・佛蘭克爾（Bethenny Frankel），而院子裡的蘋果雕塑是該節目的標誌。我後來也知道埃克・倫德也是電視名人，在精彩電視台（Bravo）的實境秀裡與貝珍妮・佛蘭克爾合作。

我們繼續參觀，安娜的房地產經紀人賣力地介紹，包括重要又有價值的拱形窗、進口大理石、系統櫥櫃、步入式衣櫥時，安娜一句話都沒說，保持著一張撲克臉。

過了十分鐘，我感覺安娜很無聊，她已經無法集中精神了。房地產經紀人似乎也發現了，於是讓我們在離開之前，快速瀏覽一下地下室的健身房。安娜叫了優步（Uber）。車來了之後，我們三人快速進入車內，前往下一個地點。

「你有音源線嗎？」安娜問司機。他遞上一條可以用手機放音樂的線到後座。安娜播放柯達・布萊克（Kodak Black）的《看不清的事物》（*Tunnel Vision*），把音量調高到不適合交談的程度。

安娜還對另一間房產感興趣，那是一棟名為「1 Great Jones Alley」的共有公寓，當時尚未建成。我們是在預售中心看模型、效果圖與樣品屋。

結束預售屋的導覽之後，房地產經紀人在人行道上遞給安娜一個資料夾，裡面裝著各種開價數百萬美元待售屋的精美小冊子。安娜不情願地接受了，說會保持聯絡。

等到對方離得夠遠，安娜立刻抱怨她不得不拿著這個垃圾袋。確實有點惱人，我表示認同，認為會就此結束，但安娜繼續抱怨：「呃，為什麼要給我這個？超討厭的！」她解釋自己厭惡非必要的東西。這種態度跟她的生活型態有關。因為她住在酒店，空間只會用來放必需品。

我想到她酒店房間塞滿物品的景象，對她現在的說法感到矛盾與困惑。

安娜繼續說。她年紀更輕的時候，只要一拿到新的東西，都會收得井然有序，但某天，她決定不再這麼做。為什麼要讓擁有物品這件事控制自己？「反正一切都不重要，」她意識到：「像錢這種東西，一瞬間就能化為烏有。」

我很高興聽到她這麼說，因為這讓我覺得她不過度看重自己的財富。「確實，錢是身外之物。」我表示同意。

◆

所以，從這個特別的星期三開始，我跟安娜一起健身、吃早餐、尋找公寓。在這三天半，我跟她相處的時間，已經超過我跟最好的朋友一個月的相處時間。但我們膩在一起的日子還沒結束。安娜拎著那個裝小冊子的「垃圾袋」，在去美甲沙龍之前，我們先到沙利文街（Sullivan Street）的藍絲帶壽司店（Blue Ribbon Sushi）吃點東西。入座之後，視線高度剛好是一個玻璃櫃，展示著五顏六色的海鮮壽司。

我盯著盤子上的一隻章魚觸手，欣賞壯觀排列的小吸盤。覺得噁心與開心的同時，我拿出iPhone拍照。「我喜歡壽司，但這對我來說有點太新鮮了。」我誠實地說：「我母親不喜歡魚料理，所以我成長過程中都沒有吃魚。」對我來說，章魚觸手看起來就像怪物被砍斷舌頭，無法引起食欲。

安娜說她以前常跟亨特一起吃壽司，所以我請她負責點餐。

通常我會選「不會踩地雷」的餐點，像是加州卷或鮮蝦天婦羅，但我也很樂意有試試新菜色的理由（只要沒有觸手）。安娜說出一些我不熟悉的菜色：鰤魚刺身、辣扇貝手卷、海膽、鮭魚子，最後加上兩杯白葡萄酒。

安娜常常給我流行文化教育。例如，在吃這頓午餐時，她很驚訝我竟然不知道丹妮爾・布雷戈利（Danielle Bregoli）是哪一號人物。布雷戈利是美國節目《菲爾醫生》（*Dr. Phil*）裡的少女，因為一句「有種就出來外面講啊！」而爆紅。等餐的同時，安娜播放《菲爾醫生》的片段給我看，主題有「我想戒掉我的偷車癖」、「搔首弄姿的十三歲女兒想陷害我」。安娜給我看YouTube片段，布雷戈利是個娃娃臉的少女，用離子夾刻意拉直頭髮，戴著巨大的圈形耳環，毫不掩飾地描述自己許多不良行為，完全看不出一絲悔意。布雷戈利發現脫口秀現場的觀眾嘲笑她，她就用「婊子」回嗆，叫笑的人有種就出來外面講。當菲爾醫生問她這是什麼意思時，布雷戈利的母親護女心切地打圓場，表示「我女兒的意思是，她要出去外面做她該做的事」。

我猜正是因為布雷戈利的虛張聲勢，還有她自以為「街頭」行話，讓整個場面變得好笑。看影片時，安娜也放聲大笑。雖然我也想有這種幽默感，但布雷戈利讓我想起中學時期，來自貧民區、問題家庭的那些人，他們一有機會就在課堂上搗亂，極度渴望引起關注。這讓我有點難過。安娜注意到我複雜的情緒，馬上解釋這就是布雷戈利出名的原因，並打開布雷戈利的IG證明給我看。但這只讓我感覺更糟。節目的初衷應該是要指引少女，讓她明白自己不良行為的負面影響，結果反而讓她成為「網紅」。

我知道自己不喜歡這樣，卻害怕這會讓我太正經，所以努力不去多想。為什麼我會如此認真地看待一切？這有什麼大不了嗎？我不能當成看笑話嗎？

就是因為這種「求變」的特性，讓我跟安娜的友誼打下基礎。她會給我一些挑戰，要我少點緊張、少點批判，要我放鬆、玩得開心。

同時安娜也邀請我進入她的世界：豪華酒店、高級餐廳，以及不落俗套的另類活動。我成了安娜的聽眾、姐妹淘。我猜在某種程度上，我渴望更像安娜。

◆

我付了午餐錢。我們搭優步去足部修護的途中，在後座稍微評估了一下各自的手指甲狀態。安娜的手指甲看起來像南瓜子，塗著茶色的裸色調指甲油，修剪平整。安娜指著手指甲的形狀說：「我有想到方法，只要修成這樣指甲就不會斷。」安娜不安時有一種特性（當她心不在焉時就會表現出來），正如她接著在車子裡做的事：不斷用一隻手捏另一隻手的指甲。

安娜發現我在看，她說「這個動作快把我父親逼瘋了」。她父親覺得這個習慣，會讓別人以為她有病。她說自己很懷疑父親有沒有說錯，然後忍不住笑了出來。

她的右手腕內側有刺青，是一個黑色的卡通版緞帶蝴蝶結。我之前就有看過，但沒有問過涵義。

安娜說這是小時候刺的，是對法國瑪麗皇后（Marie Antoinette）的致敬。她學生時期寫了一篇關於法國瑪麗皇后的文章，自此便迷戀上這位命運多舛的皇后。我無法想像安娜怎麼會向她看齊，傳聞中，當人民在挨餓時，她竟然天真地說：「那就給他們吃蛋糕呀！」所以我認為，安娜心中的瑪麗皇后，是由蘇菲亞．柯波拉執導（Sofia Coppola）、克絲汀．鄧斯特（Kirsten Dunst）主演的《凡爾賽拜金女》（*Marie Antoinette*）那個版本。

「這個刺青已經久到我快忘記它的存在了。」安娜的語氣變得不屑一顧，暗示她對法國瑪麗皇后的仰慕已經淡去。

我們抵達黃金樹美甲中心（Golden Tree Nails & Spa），我之所以選這間，是因為服務友善而周到。才剛進門，一陣「你好」的問候就傳來，我們接著走到陳列櫃前，裡面有各種顏色的指甲油。我選擇波爾多紅。

我不記得安娜選什麼。我們並排坐在按摩椅上，當修足師在我們腳邊的水盆裡加水、測試水溫、準備用具時，我們兩人各自滑著手機。安娜總是有辦法把例行活動變成冒險，她說，她想喝一些酒。

「喝吧。」我說，同意一起喝。雖然午餐那一杯白葡萄酒，已讓我有些頭暈，但我仍一如往常，附和著安娜的計畫。安娜用她的手機APP訂了一瓶白葡萄酒，直接送達美甲中心。我們安靜地坐著，在足部護理的同時，按摩椅也啟動按摩背部。

安娜打破沉默，建議說：「我們應該做紅外線桑拿。」之前她有說過，但我只知道紅外線桑拿就像微波，用紅外線加熱身體內部。我不太確定是什麼。

「那就做吧。」我樂於嘗試任何事。

安娜左手拿手機，右手敲著螢幕，回報：「今天晚上這間有空檔。」她預約了一家名叫HigherDOSE的紅外線美體中心。

「太好了。」我回答。

當我們坐在美甲乾燥區時，有個拿著黑色塑膠袋的女子走進來。安娜向她揮手。那個女子問：「有人在Postmates叫外送？」

「有。」安娜說。我們必須趕去紅外線美體中心，我付了兩人的費用，連酒都來不及開就匆匆離去。臨走時，安娜隨手從飲水機旁抓起兩個塑膠杯。一進入優步的後座，她便播放饒舌音樂，轉開了酒瓶，給我們兩個人各自倒一杯。我在移動的車內喝酒有點不舒服，但沒有多說什麼。

◆

經過東一街（East First Street）時，我們已經喝完杯子裡的酒。紅外線美體中心位於一家名為煉金術師廚房（Alchemist's Kitchen）的店裡，不過看起來沒有開。

我們發現前門沒鎖，於是走進去，經過一個沒人看管的補品吧台。再往裡頭走，架上有各種草藥：藥酒、藥膏、祕魯聖木、鼠尾草。就只有我跟安娜。我們直接走到後面的樓梯，下面就是HigherDOSE的櫃台。

接待人員神似演員雪琳・伍德蕾（Shailene Woodley），「第一次來嗎？」她的聲音低沉渾厚。

「有沒有人跟妳說過，妳長得很像雪琳・伍德蕾？」我有點醉了，於是脫口而出。

「有。」她笑了，說常常有人這麼說，「但我叫貝卡」，隨後開始介紹紅外線桑拿的流程。

「如果發現毛巾上有黑色痕跡，請不用擔心，」她說：「熱氣非常適合排毒，出汗時可能會釋放出體內的重金屬。」她邊說邊從櫃子裡拿了兩條浴巾，帶我們走進一間隱密的房間。

方形的房間昏暗而安靜，中央有一個木造包廂。房間內有電子蠟燭、飲水機和水杯，角落裡的桌子上還有小碗，貝卡從碗中拿起遙控器。「這可以調整包廂的色調。」她按下按鈕，接著拿起護貝好的光譜療法指南，裡面大致描述了不同顏色的振動能量。例如，藍色可以促進放鬆、減輕疼痛；紅色會提高脈搏並增加身體循環。我對功效保持懷疑，但也感到好奇，於是慫恿安娜試試看。安娜根本不在乎顏色跟功效。貝卡又從碗裡拿起一條電線，說可以播放音樂——安娜只聽到這個。

貝卡離開之後，我們開始療程。我走進包廂一側脫衣服，然後把自己裹在白浴巾裡。安娜站在另一側換裝，接著從她的巴黎世家托特包裡拿出酒，倒入桌上的兩個杯子。我拿著噴霧瓶在包廂內到處噴，在玫瑰水的煙霧下接過安娜遞來的杯子。

包廂玻璃門打開的聲音，像是打開淋浴間的磁吸門。

我們在包廂裡同坐在長木凳上，肩膀只相距一隻手。「妳想放點音樂嗎？」我問安娜。跟往常一樣，她想聽。平常是以阿姆的音樂為主，但這一次，她選的歌單比較多樣化。

四十五分鐘的療程過了十分鐘，我們已經渾身濕透。當時如果有誰進來，就會看到兩個裹著白浴巾的女孩，滿臉通紅、汗流浹背、頭髮束起，她們在每隔幾分鐘就會變色的包廂裡，一邊聽著震耳欲聾的音樂，一邊咯咯笑著，然後啜飲白葡萄酒。我知道聽起來很浮誇，但當下真的就是如此。

偶爾，安娜會輕聲哼唱我不覺得她會喜歡的歌，像是巴布・狄倫（Bob Dylan）的《都結束了，我憂傷的寶貝》（*It's All Over Now, Baby Blue*）。她說這些歌讓她想起在《紫色時尚》實習時的總編輯——奧利維耶・札姆（Olivier Zahm），因為她們一起搭車時，札姆都會放這種音樂。我沒想到要問她們坐車去哪裡，我可能覺得是巴黎附近，或是去《紫色時尚》的印刷廠。安娜說過印刷廠離她在德國的家鄉不遠。

安娜大方跟我分享生活，我反而沒有跟她聊太多我自己。這樣很適合我。我從小就很注重隱私，樂於成為她的聽眾。

在桑拿包廂裡喝酒，其實是個壞主意。我們開玩笑地說，這樣剛好可以平衡，因為喝酒加上流汗，毒素都會隨著汗水排掉，但我們實際上卻因為脫水而頭昏眼花。我先撐不住，換成喝水。雖然沒再喝酒，但結束時我們都醉了。走出桑拿包廂時，我們的腳已經在地上留下一灘水坑。沖完澡之後，我們坐下休息，讓體溫降下來。然後，兩人站在房間的兩側，笑著說穿衣服真費力，尤其是要把緊身牛仔褲套在濕潤的腿上，真的不簡單。

在這寒冷的夜晚，剛做完紅外線桑拿的我們依舊暖呼呼。等車時，身體還冒著蒸氣。回到霍華德11號酒店後，我們又到「書齋」喝睡前飲品，最後才道晚安。

我喝綠色蔬果汁，安娜又喝了一杯白葡萄酒。這個星期三多麼特別又充實，如果少了安娜，就只是我按表操課的日常一天。我不知道太多她的事，她也不知道我的，但我們找到相處的節奏，在這一天裡，我們一起做了很多事。而接下來的幾個月，這些活動就是我們友誼升溫的關鍵。

第五章
失衡的前奏

《浮華世界》主辦第二十三屆年度奧斯卡派對，而我的職責，是協助攝影師賈斯汀（Justin）。我很感謝公司時裝部的同事，願意當天借我一套范倫鐵諾（Valentino）的海軍藍天鵝絨A字裙洋裝，有精緻的垂褶領口和後背交叉細肩帶。我等不及了。星期日上午，也就是活動當天，我在洛杉磯，坐在蒙太奇比佛利山莊的頂級水療酒店，這時我收到安娜的訊息。

今天早上我自己去桑拿，她說的是我們一起去的那家。天哪，我剛查了一下，只要一千美元就可以買到紅外線桑拿美體艙耶。她附上連結。

太棒了，我熱情回應。我剛好坐在酒店的桑拿室裡！

我沒有把安娜的新發現當一回事，她住在酒店，那紅外線桑拿美體艙要放哪？然後她傳來下一則：我會想辦法，看能不能放在酒店的某個地方。自己買一台，完全合理。我一邊搖頭一邊笑出聲，在回覆之前，我又讀了兩次。（她不是說自己厭惡非必要的東西？）

哈哈，我懷疑酒店會讓妳這樣，我回覆。

反正就訂一台，然後跟酒店說不知道這麼大。

安娜是在尋求我支持，而不是許可。我很清楚她的作風，可是她要訂購一千美元的美體艙送到酒店？我不確定她是不是在開玩笑。相處的時間久了，我知道安娜常有一些聽起來像開玩笑的瘋狂想法。

她會自嘲這些瘋狂的想法，但更享受付諸行動的過程。（以這次為例，她的想法在四個月後，促使HigherDOSE美體中心在霍華德11號酒店設點。）雖然安娜宏大的想法有時令人困惑，但事情的發展似乎都照著她劇本走。

我繼續我的一天。我去沙龍做造型，編了一條鬆散的辮子，順著右肩垂下。接著返回酒店，跟幾個同事一起讓化妝師上妝。我獨自回房，完成最後準備。我擠進塑身衣，繫上瑪尼（Marni）漆皮厚底涼鞋的鞋帶（鞋跟高五英寸），最後套上洋裝。再來比較棘手：拉鍊拉到一半卡住。我奮戰了幾分鐘，但眼看要遲到了，於是只好穿著拉鍊拉一半的洋裝出席。

《浮華世界》的派對舉行地點，相連著瓦利斯．安嫩伯格藝術表演劇場（Wallis Annenberg Center for the Performing Arts）。我四點半抵達會場，從一個個同事的身邊閃身，小心隱藏背部。雷恩（Ryan）是我第一個看到的朋友，「幫我！」我嚴肅地拜託他，接著轉過身，吸氣並縮起小腹、抬高手肘。雷恩扯動拉鍊、往上拉起。終於穿好衣服，我在會場找到賈斯汀，工作開始。

奧斯卡頒獎典禮在混亂中結束，由於拿錯信封，導致頒獎人菲．唐娜薇（Faye Dunaway）一開始宣布《樂來越愛你》（*La La Land*）獲得「年度最佳影片」獎，並且發現失誤之後，立即改口，在兩分鐘內更換得獎者為《月光下的藍色男孩》（*Moonlight*），讓三千多萬個守在電視機前的觀眾尷尬不安。

在典禮結束後，賓客們抵達《浮華世界》主辦的派對現場，在目睹剛才的大混亂後，大家腎上腺素飆升，絕對需要喝上一杯。一身白色制服的服務生端著托盤，上面是香檳王（Dom Pérignon）酒杯，在大門內迎接抵達的賓客。會場放眼望去盡是電影明星、流行偶像、政治家、音樂家，運動員，以及權貴人士。像是雜誌上的畫面活了起來。

我的工作是好萊塢加真實版的「找到威利／找出奧斯卡得獎人」，本屆得獎人有艾瑪・史東（Emma Stone）、凱西・艾佛列克（Casey Affleck）、薇拉・戴維絲（Viola Davis），以及馬赫夏拉・阿里（Mahershala Ali）。

我在現場繞了一圈，掃視面孔，只要看到需要拍攝的人物與時刻，就會輕推賈斯汀示意。派對變成一場名人會：邁克爾・賈格爾爵士（Mick Jagger）、史嘉蕾・喬韓森（Scarlett Johansson）、麥特・戴蒙（Matt Damon）、瑪麗・布萊姬（Mary J. Blige）、湯姆・福特（Tom Ford）、伊隆・馬斯克（Elon Musk）、成龍。其中還有許多出人意料的搭檔組合，比如艾美・亞當斯（Amy Adams）跟馮・迪索（Vin Diesel），法瑞爾・威廉斯（Pharrell Williams）跟莎莉・賽隆（Charlize Theron）和莎瑪・海耶克（Salma Hayek）、喬納森・伊夫（Jony Ive）跟凱蒂・佩芮（Katy Perry）。

到了凌晨兩點，人潮逐漸散去，只有少數賓客仍在現場徘徊，抱著他們的奧斯卡獎，乘著一夜的歡騰浪潮，慶祝勝利直到早晨。賓客幾乎離開後，我脫掉厚底高跟涼鞋，赤腳走到候車區，回酒店後，立即倒在床上呼呼大睡，幾個小時後在一頭亂髮與脫落的假睫毛、髮夾中醒來。

◆

安娜沒有問我派對的事。除了桑拿美體艙，她傳訊息只聊些普通的話題，例如洛杉磯如何，或一切都好嗎？我喜歡她要我透露八卦，或者說些工作與生活細節，但她反而專注替我安排計畫。安娜的訊息寫著，

我下星期一、二、五，早上六點半會和凱西一起健身，歡迎加入。

安娜決定升級健身計畫，所以找了一些資料，發現知名教練凱西替達珂塔．強生（Dakota Johnson）塑造出《格雷的五十道陰影：束縛》（*Fifty Shades Darker*）的角色身材。我不在的這段期間，她安排好與凱西一堂收費動輒三百美元的健身課。

我知道妳星期一晚上才回紐約，她說，所以星期二或星期五（來）。

太棒了，我回覆。我可能星期二還是很累，但我樂意在星期五加入你們！

我本來以為這只是一次性的，不管我有沒有加入，安娜都要付一堂課三百美元。我想說，趁這個機會把一些動作學起來，可以自己在家做。

我回紐約後，跟安娜的友誼更加深厚，我們幾乎每天見面，一起上凱西的健身課。尼克還是不在我身邊，我們的關係很不穩定。巧合的是，安娜不在美國的期間，我跟艾許莉和瑪麗埃拉也沒有聯絡。沒有什麼不愉快，也許只是因為冬天來了，提不起勁外出社交，只想待在家裡。住紐約就是那樣，一切充滿了階段性。在這座不夜城，你可以隨時隨心所欲，餐廳、酒吧、俱

樂部、博物館、劇院，有時火力全開，有時只想待在家。

那一週的星期五早上六點，安娜傳訊息給我，確認我起床了沒。我們預計在六點半抵達，安娜會搭車來接我一起去凱西在切爾西（Chelsea）的健身房。安娜認為我們應該早點訓練（一部份是因為凱西有空）。雖然她沒有我這種「辦公室工作」，但她給自己崇高的作息目標。也就是說，她其實常常沒辦法達到自己設定的目標，隨著時間推移，我知道了一件事，安娜總是遲到——即使她真心想早起。

清晨很冷，所以我沒在外面等，但一直望向街區盡頭的咖啡店，等待安娜與車子的出現。安娜傳訊息說她取消了預約的第一輛車，這時早就遲到了。最後車子在六點五十抵達，我喝完一杯咖啡，吃了一小碗燕麥片。我們到凱西的健身房時，已經遲到四十五分鐘。

健身房在一棟豪華公寓的地下樓層。我們跳下車，由安娜帶路，匆忙進入建築物。我們直接繞過大樓警衛，穿過寬敞的大廳直奔電梯。電梯門開啟時，安娜走了進去，完全無視從電梯出來的人。樓下通往健身房的雙道門，需要凱西的指紋才能開啟。我們被困在健身房外，直到有個男子朝我們走來。

男子拉開門時，安娜走進去，沒多看一眼。我跟在她身後，輕聲向男子表達歉意，並說了聲謝謝，然後進入健身房。

我們大遲到，但凱西還是笑臉迎接。她比我和安娜都年長許多，五十多歲，但看起來比實際年輕，體態也比我們好得多。「來吧，女孩們，開始動起來！」她說，這讓我比較安心，我原本以為遲到太久，可能下一位學生已經到了，這樣她就沒時間上我們的課。對於我的道歉，凱西輕輕地帶過，然後馬上開始訓練。先是手臂。凱西打量了我一下，遞給我一組兩磅重的小啞鈴，也給安娜一樣的。我心想，凱西太低估我的力氣。我忘了那天做了多少次循環，但隔天我幾乎無法舉起手臂。

接下來我們練腿。凱西先做示範（標準又確實的完美動作），接著安娜做一個循環，再來是我。我盡量不看安娜。她懶洋洋，草率地做完要求的次數。我們只要眼神交會，就會笑場。

上午訓練的倒數第二組動作，「紐約式提臀！」凱西咯咯笑，要我們用弓步蹲姿勢，然後前後搖擺，把臀部推到空中。輪到我做，但我才剛感覺掌握到竅門，凱西就打斷了我。「瑞秋。」她開玩笑：「妳穿可怕的阿嬤內褲來分散我的注意力，我要怎麼看到妳的屁股標不標準？」安娜和我爆笑出聲。

後來安娜跟凱西預約三月第二週的五次課程。

「妳也應該一起！」安娜堅持。

「妳確定嗎？我是說，這是妳的個人課程。我不想分散凱西的注意力。這是妳專屬的。」

「我每堂課付三百美元，所以，應該是我想怎麼做都可以。凱西很酷——我的意思是，她沒意見。我們一起練會更有趣。自己做這些有點無聊。」

這個提議超棒的，我樂於接受。安娜和我在星期二到星期五，以及星期日都會一起去健身。

每天早晨都是安娜傳的「妳起床了嗎？」為開始，然後我會去公寓街區巷口的咖啡店，等車的時候外帶兩杯。

安娜沒有準時過，而且似乎在叫車服務上發生問題。派給安娜的司機，經常會取消接案。我把原因歸咎於司機給予乘客的評分。那時，我已經很了解安娜的行為模式，可以理解並原諒她，但對司機來說，她極可能會遲到，還要求一堆，又很無禮。（她絕對不會說「可以請你把音量調大嗎？」，而會說「你能不能調高音量？」或「調大聲一點好嗎？」直到大聲到出現雜音。她還會扯掉音源線，大力甩車門，也從來不說謝謝。）

我們搭車去切爾西的路上，安娜通常大聲播放饒舌歌手未來小子（Future）的《蒙面》（*Mask Off*），或是饒舌歌手埃克申·布朗森（Action Bronson）的《瘋狂行動》（*Actin Crazy*）來迎接一天的早晨。這類音樂持續在凱西的健身房播放，安娜會把手機連上藍芽音響，並隨身攜帶，運動到哪裡就帶到哪裡。我們健身的同時，凱西的其他學生也在用健身房，音量太大時，他們會不悅且煩躁地看向我們，所以凱西一直確保音量在可接受範圍內。事實上，凱西完美平衡了我跟安娜的組合。我們草率不認真，她督促我們。我們遲到，她耐心等候。我們散漫，她激勵我們。

因為需要連續好幾天穿運動服，我也增添了幾件。安娜給我一件她從Net-a-Porter購買的緊身運動褲。她不喜歡這件，因為它很不討喜地包著她的小腿，但我比她矮，褲長幾乎到我的腳踝。此外，加上我在特價商店T.J. Maxx新買的運動褲，我的運動服數量可以讓我一週只洗一次。

此時，我跟安娜已經形影不離。有安娜陪伴時，世界變得迷人，一般規則似乎不適用於我們。她的生活方式講求便利，她的唯物主義更是誘人。訓練之後時常是紅外線桑拿當結尾。從凱西的健身房離開，我們會到HigherDOSE做療程，接著回到酒店內的Le coucou快速吃一頓早餐。這是安娜給自己的健康生活處方。我們輪流付HigherDOSE的桑拿費用，沒有分得太清楚，當天用APP預約的人付錢。但安娜則堅持要付訓練課程和Le coucou的部份，她說：「我從來都不用像妳一樣努力工作賺錢。」

單看這些早晨活動，會以為我們生活很健康——但傍晚就又是另外一回事了。安娜通常會在我下班前傳訊息：「下班後要不要來我這裡喝一杯？」時間來到三月，我每星期有兩、三個晚上跟安娜出去狂歡。傍晚從「書齋」開始。大部份談話是安娜主導。她跟霍華德11號酒店的關係很好，我則是她信賴的顧問兼閨蜜。一如往常，安娜告訴我的事，比我告訴她的還多，這非常合理，因為她每天要處理的事（像是數百萬美元的投資）顯然比我的事（安排拍攝的髮型師跟化妝師）格局大得多。當安娜談到她在餐旅業的人脈，像全球大牌餐廳的Nobu合夥人諾塔（Richie Notar）和酒店大亨巴拉茲這類大人物時，我總是充滿興趣。在財務方面，她也聊到她與堡壘投資集團（Fortress Investment Group）的常務董事加菲爾（Spencer Garfield），以及銀行家奧納巴霍（Dennis Onabajo）開會的狀況。安娜說，「我們應該安排一起晚餐，這樣妳才能認識他們」，我覺得有點突兀，但也覺得安娜貼心。據我所知，除了我之外，安娜在紐約沒有親近的好友，所以她想跟我分享她的成就與人脈，也算是合情合理。

有天，我們在「書齋」裡喝白葡萄酒配檸汁醃鯛魚時，安娜宣布：「堡壘投資集團已經完成並通過我的KYC，所以懷疑我合法性的人，應該去翻翻那些資料。」安娜告訴過我KYC是「了解你的客戶」（know your customer）的縮寫，是金融機構確認客戶身份的程序。

如果安娜如她說的，通過了堡壘投資集團對她的KYC，就表示該金融機構已經驗證她的身份、評估過她的適合性、潛在風險，也確定她有一定程度的信用。

安娜對避險基金（Hedge Fund）世界的了解，就夠讓我佩服了，更不用說她還懂得如何處理書面資料，也知道要怎樣才能滿足潛在的投資人。至於安娜擔心別人可能會質疑她的合法性——我完全可以理解，她是個奇特的二十六歲年輕人。一半時尚、一半異國（我是說本質，安娜有一種特質讓她與眾不同、特殊而陌生）。她就像時尚女孩與金融兄弟的靈魂困在畫家波提切利（Botticelli）的軀殼裡。這雖然令人困惑，但結果對她十分有利。

我們已經把「書齋」當自己家了。把隨身物品放在沙發上，坐在禮賓櫃台前的高腳椅上跟員工閒聊。不是所有人都覺得安娜有趣，但沒人會否認她的膽量超大。安娜的直率，會讓有些人反感，她也有一種近乎可笑的過度自信，身上具備了令人厭惡和著迷的特質。安娜雖然像是被寵壞、不受管教的孩子，但她喜歡跟員工而非管理階層交朋友的作風，抵銷了她的傲慢，有時她說的話，也暗示她內心深處的同理心。安娜曾說：「讓別人替你工作是很大的責任。大家要養家糊口。那可不能開玩笑。」安娜總是在適當時機，自然說出這種言論，但我每次都很難將這些話聯想到她的行為。

某天晚上，我發現安娜在「書齋」櫃台旁的鏡子前，對自己精神喊話：「我非常漂亮又有錢。」她自誇。我們那時喝了幾杯，但就算這樣，我還是很驚訝。誰會這樣說？「妳在自言自語嗎？」我問安娜：「妳剛才說，我非常漂亮又有錢？」

她帶著一絲微笑，轉過身看向我，注意到我的表情之後，笑得合不攏嘴。我的驚訝讓她很開心，就好像她是頑皮的小孩，說髒話被發現之後就在大笑。

我也跟著大笑，被她的古怪感染。有時她像是表演一場秀：墜落地球的女孩，一場華麗、巧妙、獨一無二的演出，完全與現實脫節。

她的行為常常遊走真誠與玩笑之間的模糊地帶。我記得有一天晚上，她形容某人是「農夫」，我不記得安娜是當面，還是在他經過時說的，只記得當時她的口吻很戲劇化。我很驚訝。我問：「妳剛才叫他農夫？」我不敢相信自己的耳朵。安娜覺得我的反應很有趣，她大笑，這次我卻沒有跟著笑。

「哦，這在德國不是冒犯人的字眼。」安娜解釋。

「嗯，在這裡，這很冒犯人。」我說。

不時地，我們會跟酒店的其他客人開玩笑。我有時跟他們聊天的時間比安娜更久。安娜對人很快就有定見，幾分鐘內就決定一個人有沒有娛樂價值，能不能帶來樂趣，諸如此類。如果沒有這些價值，她可能會忽視對方。我不記得安娜會假裝喜歡她不喜歡的人或事。她非常有主見，從不掩飾看法。如果有人要給她炸薯條或者她不想要的東西，她會半開玩笑地說：「你跟那些垃圾一起走吧。」她喜歡把人和事物稱作「假新聞」。情況可能是：

「不要啦——太晚了，安娜！我得回家了。」

「不不不，回來！」安娜笑著叫來服務生：「再來兩杯，別聽瑞秋的話，那是假新聞！」

安娜知道自己對每件事的立場。就連她的「沒意見」也是一種明確立場。舉例來說，如果問安娜對政治的看法，她會告訴你，她完全不關心政治。安娜會表明，政治不具真正的權力，金錢才是世界上真正的權力。

雖然我不同意，並且對她心中理所當然的行為感到尷尬（她會不斷插話、壓過別人），但她的挑剔，讓我覺得自己受到她認可，而這件事極具價值，我很榮幸成為她的知己。只有我們兩人時，安娜會跟我分享她與銀行的會議，以及她對教會租約延遲的不滿。

藝術基金會是安娜的夢想。她努力實現這個宏大的夢想，但一切還在構思階段，我會在她思考時傾聽她的構想。

她自有一套描述世界的方式，包括系統與權力結構，所以似乎沒有辦不到的事。基金會除了畫廊、私人會員俱樂部、餐廳、夜間俱樂部、果汁吧和德式麵包店之外，安娜還想策展融合藝術、美食，以及音樂體驗活動。她思索著廚師人選。看了布朗森的美食節目《這真他媽的好吃》（*Fuck, That's Delicious*）之後，安娜特別關注這個歌手。那個節目結合了安娜欣賞的歌手，以及當代藝術。安娜很精明，她的野心無所畏懼，在銀行家、律師、投資人這一類男性主導的世界優游自若。我喜歡她這種特質。

在「書齋」喝完酒後，安娜和我會走下螺旋樓梯，經過大廳，繞到另一個轉角的Le coucou。我們在這間頂級法式餐廳裡的第一站，是吧台左邊的一角。你會看見我們坐在豪華的橙色長椅上，一邊喝酒、一邊跟偶爾服務其他顧客的酒保聊天。周圍的牆面是霧氣飄蕩的林地手繪壁畫。壁畫的冷色調，突顯了酒品陳列架和水晶吊燈暖色光的浪漫氛圍。

對大多數人來說，到餐廳吃飯不算是一件小事或日常。二〇一六年是Le coucou最忙的一年，大家都來這裡慶祝，總是一位難求。但安娜是酒店長住客，就像電影《艾洛思的頂級生活》（*Eloise at the Plaza*）一樣，如果說「書齋」是她的客廳，那麼Le coucou就是她的廚房。這裡是她平時用餐、商務會議，以及深夜找樂子的首選。

由於安娜是Le coucou的常客，我們有一些特殊待遇。我們沒有訂位就來餐廳，在吧台喝一杯之後，由認識的領班帶到固定的坐位。安娜常常只穿著Supreme連帽杉、運動褲和運動鞋，然後滑過白色桌巾，坐在馬海毛（mohair）的長椅上，體現了一種慵懶的奢華。

安娜在穿著舉止的輕浮，是要向旁人傳達一個訊息：他們的重要夜晚，只是她普通的夜晚，差別在於她不點披薩，而會先叫蕎麥炒蒙托克鰻魚，接著品嚐蒜味蛋黃魚羹（bourride）。這兩道菜是安娜的最愛。安娜跟和服務生、侍酒師交朋友，就連廚師丹尼爾・羅斯（Daniel Rose）也應她的要求，專為她客製不在菜單上的馬賽魚湯。安娜喝普伊・富美葡萄酒（Pouilly-Fumé）就像在喝水，我盡量跟上她的步調。

◆

我與安娜友誼間的權力關係，已在不知不覺中失衡。我們在友誼初期的活動我負擔得起，例如，紅外線桑拿，還有APP預訂的健身課程。在那段時期，如果我也參加，我會打算付我的部份。安娜有時堅持要付，但我會付別的來回報她的慷慨。

問題是，安娜的胃口越來越大，很快就從淺水區游到深水區。她對外表的投資，就好比一項商業支出。她到Christian Zamora做四百美元的睫毛，或是動輒一百四十美元的局部修飾。到Marie Robinson沙龍做四百美元的染髮，然後再花兩百美元指定知名美髮師莎莉．赫希伯格（Sally Hershberger）剪髮。安娜想嘗試一切：冷凍療法、微電流臉部護理、美容靜脈滴注……等。安娜的物欲，遠不及她對奢華體驗的迷戀，她欲罷不能。

這正是安娜去找凱西，而且不斷回到Le coucou的原因。安娜喜歡有人陪，所以把我拉進更深的地方，我慶幸自己對上流圈的認識，讓我不至於迷失（多虧我的工作，以及跟有錢的大學朋友打交道的經驗），但我沒有能力在深水區保持安全，而不溺水。安娜也知道，但她想為所欲為，她讓我坐在她建造的木筏上進入深水區，並設定航線。我也默許她這麼做。

「今晚想吃什麼？」Le coucou的服務生問。他十指相扣，身體向前傾。他跟我的視線投向安娜，安娜點了葡萄酒和開胃菜。

點主菜的時候，我的視線從服務生轉向安娜，尋求她的想法。這不是因為安娜要求我要先經過她的同意，她說想吃什麼就點什麼，但我還是表現得太客氣；因為付錢的是安娜，我接受了屈從，對她也越來越恭順。

我當時還沒意識到，但隨著時間推移，我們友誼的平衡，已產生了不可逆的改變。

第二部

My Friend
ANNA

第六章
操之過急

出國度假是安娜的主意。她說她最晚要在五月中（約一個月後）再次出境美國，重辦旅遊電子簽證。但她也說，她不想回家鄉德國的科隆市，因為健行很無趣，於是提議我們一起去溫暖的國家旅行。距離我上次去度假，已經過了好一陣子，所以我評估了一下，就欣然同意了，覺得可以趁著淡季，買一張機票去多明尼加共和國，或是特克斯和凱科斯群島（Turks and Caicos）。我原本就想在那個春天找時間旅行，我可以安排在去法國出差前一週出發，最後飛往阿爾勒跟同事會合，一起去萊柏維茲的展覽開幕式，這應該可行。安娜傳了第一則詢問度假的訊息，過了三十分鐘，又傳來另一則，你們公司有旅遊版（部門）嗎？我回她，公司是找旅行社。我打電話給妳。安娜回覆。

電話中，安娜說明了她想拍紀錄片的想法，她希望拍攝整趟旅程，然後剪輯成一部影片，而她會付全程的食宿費用，當作商業支出的一部份。安娜希望我幫她找適合的地點，她會好好利用機會拍攝，反正無論如何，她都得出境美國才能重辦簽證。經過短暫討論，安娜提議去馬拉喀什，這正好是她一直想去的地方，以她的說法，馬拉喀什是「熱門」觀光勝地。她選擇住在馬穆尼亞酒店，世界頂級的五星級豪華度假酒店。

我後來用Google找資料，確實看見馬穆尼亞酒店相當華美。在安娜宣布要出國度假的四天後，她訂了每晚七千五百美元的庭院美宿，並將確認訂房的郵件轉發給我。這看起來並不荒謬，畢竟她是許多五星級酒店的長住客，無論是在曼哈頓市中心，還是希臘的一座島上。

接下來，就只剩下決定要邀請誰同行。為了紀錄片，找到攝影師成了安娜的首要任務。那時我們找了娜芙塔利．戴維斯（Neffatari Davis），她綽號「娜芙」，是霍華德11號酒店的禮賓員，為人親切，臉上總是帶著微笑，是個喜歡聊八卦的外向女孩。如此湊巧，她剛好是有理想的電影人。安娜、我常常陪娜芙一起值班，有時會在她下班後一起吃晚餐、喝酒。娜芙比安娜小兩歲，比我小五歲。娜芙對能力、名望和金錢的渴望眾所皆知，她想認識所有電影製作相關的人，毫不掩飾對電影的熱情。娜芙沒來由地叫我「真瑞秋」，代表「真實的瑞秋」，我不太介意。

因此，娜芙一開始就在安娜摩洛哥之旅的攝影師人選中。在安娜決定好酒店之前，娜芙就已經跟安娜討論過其他選擇，我們三人互傳訊息討論拍攝計畫，以及想邀請的人選。

安娜：我訂的庭院美宿有三間臥室，兩人睡一張床，可容納六人。

我：好，聽起來不錯，我們應該趕快見面討論，看看還要找誰吧？

安娜：把妳建議邀請的三個人告訴我。

安娜：沒有一定要邀滿六個，只是剛好庭院美宿可容納六人。

安娜：我也會問問幫我工作的人，但他們大多已婚或有小孩。

娜芙：我超期待的。

娜芙：我已經找好代班的人了。

安娜：好。

安娜：拍一部電影

安娜：🎥🎥🎥

安娜：還需要三個電影業裡的厲害人物。

娜芙：呵，我超級興奮🎬🎬🎬

◆

根據紐約州法，住在酒店連續三十天或更久的話，居住者會被視為租客而非房客，對酒店來說更麻煩。為了避免這種情況，酒店通常會設立一個最長入住期間，到了這個期限，房客至少需要退房一晚。

因為霍華德11號酒店的這項內部規則，在安娜居住滿三十天時，酒店要求她至少退房一晚。她厭惡這種不便。安娜的剋星，就是規則和流程；她對於既定流程與規範很隨便。在四月中旬，安娜已經在酒店住了將近三十天，這時她想出了一個不用實際離開的辦法。安娜用我的名義在酒店住一晚。表面上是我登記入住、領取鑰匙，但實際上安娜不用清空房間，把東西都留在房內。她會簡單打包一天的衣物，在我名義上入住霍華德11號的同一天，她則入住格林威治酒店（Greenwich Hotel），待上二十四小時。我們可以在格林威治那邊吃晚餐、做水療。安娜會負責所有費用。

我看不出來這有什麼不妥的，所以我依照她指示，在四月十一日星期二的下午五點，到霍華德11號酒店辦理入住。就在我走入大廳時，安娜從旁經過，但她沒有停下腳步。她沒看到我嗎？怎麼可能？那種感覺非常奇怪，但安娜的眼神只看向一個地方，就像世界上其他東西都不存在了。

妳去哪了？我傳訊息給安娜，對她突然離開感到困惑。我們預約的水療就在一小時之後。

我要打包一些行李，她回覆，二十分鐘後回來。

娜芙替我辦理入住手續，過程並不久。我拿到房卡，但我要進去安娜的房間，所以先待在大廳等待她，同時也聯絡水療中心，表示我們會晚點到。

一個小時後（原本預約水療的十分鐘後），安娜終於回到霍華德11號的大廳。她再次無視我，擦肩而過時只停頓一下，並從我手上搶走房卡，然後拉著她新買的日默瓦（Rimowa）大行李箱走進電梯。由於預約與付錢的是安娜，我也就心平氣和地等她上樓收行李。坦白說，當下我還是被她的古怪行徑嚇到，當然這也不是第一次。

格林威治酒店的櫃台加快了安娜的入住手續，我們匆匆走過大廳，搭電梯下樓到水療中心。抵達時，預訂的服務時間已經過了一半。即便如此，水療對我來說還是很奢侈，我很感激能在那裡，尤其我當時壓力很大，與尼克斷斷續續的關係讓我不安，也擔心我外婆露西（Ruthie），她九十幾歲，在南卡羅來納州、感染肺炎。安娜不知道這些；我把傷痛和焦慮都藏在心裡。

娜芙下班後到水療中心找我們，她和安娜在蒸汽室裡聊天時，我走到健身房接尼克的電話。我在更衣室看到她們時，她們看出來我哭過。沒有人多問細節，只是貼心地想讓我振作。娜芙帶頭，說我是堅強的女人，不值得為一個男人哭泣，因為錯不在我。安娜也試圖安慰，但她的方式不同。「他一定是個笨蛋。」她笑著說，用她常在健身時放的歌——羅斯（Russ）的《混得不錯》（*Got It Good*）唱出「笨蛋」這個詞。

我很少讓別人看到我失落的一面，所以在安娜和娜芙面前這樣，我感覺有些赤裸。但這些支持讓我覺得與她們更親近，讓我不用因為表現出負面情緒而覺得很抱歉。

到了晚餐時間，我已經平復許多。我們在「客廳」（Drawing room）用餐，這是專門給水療客人使用的舒適空間，我們在那裡聊了許多，包括娜芙和她的饒舌歌手男友（他們從小在華盛頓特區長大認識）、霍華德11號的其他員工，以及我們的摩洛哥之旅。娜芙因為熱愛電影，所以研究了格林威治酒店內部每一個細節，就像勞勃・狄尼洛（Robert De Niro）當初親自指導、投資這間酒店時那樣。晚餐之後，我回到家，很興奮這段即將開始的假期，也慶幸有安娜與娜芙的友誼。

◆

摩洛哥之旅的日期越來越接近，安娜想邀請更多人。她要我推薦人選，尤其是能協助娜芙製作影片的人。讓我覺得奇怪的是，安娜身為主辦人，竟然會想要我幫她找客人，她雖然有工作經驗，但似乎與攝影世界的連結很有限。我隨口問問幾個朋友，找了一些比較能休假一週去旅行的人，但我沒有問得很急迫。我確實猶豫該不該問，卻也不確定哪裡奇怪，就只是不太對勁。一部份也是因為安娜的作風很極端，我不確定我的朋友會喜歡她。我是想保護安娜嗎？保護她跟娜芙？或許兩者皆是？安娜激發出我的部份特質，卻不一定是最好的部份。因為她，我也開始常常遲到、飲酒過量、忽略其他友誼。我為安娜喜歡我而自豪，但有沒有可能，我也同時下意識地感覺羞恥？

我迫切需要找我的家人，我到南卡羅來納州斯帕坦堡的外祖父母家拜訪，復活節週末就待在那。我跟母親在外婆的花園裡種花，也摘了一些花，帶到康復中心探病，外婆已經熬過肺炎「最難熬」的階段，仍在復原中。我也跟外公和父親一起去健行，星期日就跟家族的兄弟姐妹們，在後廊畫復活節彩蛋。這趟旅行平靜而樸實，摯愛的親人在身旁的感覺真好。

我不在的時候，安娜會約娜芙出去玩，這已經是一種固定模式。雖然我感覺幾乎每天都跟安娜見面，但我在三月和四月時，已經遊歷許多地方。我到巴爾的摩（Baltimore）拜訪我妹妹真妮（Jennie），到明尼蘇達州斯蒂爾沃特市（Stillwater）參加週末的告別單身派對，也去華盛頓特區參加訂婚派對。大學室友凱特（Kate）來紐約試穿婚紗時，我們也順便約了。

娜芙後來告訴我，我不在時，安娜似乎很孤獨。我也有發現安娜似乎朋友不多，我知道她二〇一六年離開紐約之前，跟瑪麗埃拉（連帶跟艾許莉）鬧翻了。

我不清楚細節，只知道這跟安娜欠缺敏感度有關。安娜主動打電話轉達一個哀傷的消息給瑪麗埃拉，但在傳話時，卻說得像是有趣的八卦。安娜與她們鬧翻的事情雖然讓我有些警惕，但我對這個結果並不太驚訝，我還是認為，安娜喜歡懷疑事實的態度有時是一種優點。沒錯，我替她找理由，認為她聽不進去別人的話、缺乏社交禮儀，但她很善良。

我在斯帕坦堡的時候，安娜和娜芙到格拉梅西（Gramercy Tavern）吃晚餐，去瑞克·歐文斯（Rick Owens）買衣服，也試了冷凍療法，這是一種抗衰老的美容療法，需要站在非常冷的艙室兩到三分鐘。她們去買新涼鞋的時候，安娜傳訊息給我，附上一張照片：我覺得這雙涼鞋（看上面的珍珠）根本就是替妳量身打造的。

週末，安娜帶著娜芙找凱西一起健身。健身課程行中，安娜邀凱西一同前往摩洛哥。安娜說凱西接受了，我很開心，也比較安心，因為有個歷練豐富的大人同行。

這個快要來臨的冒險之旅，讓我無敵興奮，我回覆。

沒錯，我們就認真拍影片和健身😜，安娜說。

我的飛機是在星期一上午回紐約，剛降落就收到安娜的訊息。

要不要邀請馬克·塞利格（Mark Seliger）？她問。馬克是知名的人像攝影師，也是凱西的朋友和客戶，但我對他的認識僅限於工作往來。我跟安娜說，這對我在工作上來說非常尷尬。我相信安娜很想把旅程拍成影片，但要我開口邀請這位與我共事、比我年長的男性，跟四名女性一同前往摩洛哥，並同住在私人的庭院美宿？我才不要。

邀請他很合理，他認識妳和（凱西），而且他也拍攝影片，安娜堅持。

他是非常知名且忙碌的攝影師。如果他有空，我會很驚訝。我回答。

轉移話題之後，就沒有再提到馬克了。我甚至沒跟別人說安娜有過這個想法，因為實在太離譜了。我很清楚，安娜開始越來越不耐煩，這一開始是個有趣的主意，但已經超乎我預期，變成一種壓力。

更糟的是，到了四月底，安娜與娜芙的友誼開始緊張。回顧她們的友誼的本質，我知道這注定會發生。安娜期待娜芙是員工同時也是朋友——這可以輕易看出她們為何決裂，對娜芙來說，她無法衡量安娜的真誠。安娜誇張的生活，派對、跟權貴人士的午餐與會面，時常發表大膽的宣言，姿態非常高傲。娜芙會認真看待這段友誼嗎？

安娜告訴我，娜芙雖然看似熱衷，但遲遲沒有明確回覆可以參加旅行的確切日期，安娜必須知道，才能跟馬穆尼亞酒店確認預訂的入住日，而且，免費取消或更改日期的期限已經逼近（這樣就無法退還訂金）。安娜早就要娜芙回報，卻還是沒有明確答案，這讓她非常火大。

終於敲定出發日，娜芙在推特上發文，再過幾個星期，我就要前往摩洛哥執導一部電影。兩年前，我還只是星巴克的經理。誰說沒有上帝。娜芙在留言區回應一個女生的祝賀，並問對方是否願意同行。對方表示願意，娜芙說她會確認一下還有沒有缺助理。

安娜傳了截圖給我。

這有點誇張，不是嗎？安娜問。

我舉雙手認同。我平常負責的拍攝工作，有一部份就是確保公司所有人都尊重我們的「閉集政策」(closed-set policy)，社群媒體是不允許的。這有損團隊致力於發行優質刊物的成果。旅程、場景、地點和人員都沒有預訂，如此一來，攝影師（或其他任何人）在社群媒體上分享即時動態的拍攝細節，或用iPhone上傳照片時，才不會威脅到影像的獨家性。這是我專業領域中的一個痛點，讓我變得比較無情，尤其因為娜芙沒有「閉集政策」的經驗與常識。

我不得不追問她休假的日期，這可能會讓我們錯過取消或更改日期的期限，安娜繼續說。

沒錯。那確實很煩，我說。

安娜抱怨，這也是我對這種人很有意見的原因。

我把安娜的說法，解釋成她看不慣多說少做的人。

安娜也希望娜芙應該等到實際開拍之後，再發布相關消息。安娜寫，如果這趟旅行（沒有）成行，那（對她來說）就太尷尬了。而且她百分之百知道自己無權擅自邀請其他人，卻還是在推特隨機找人。我的意思是，我喜歡現實生活中的她。她像是努力工作的人。（但是）這種愛炫耀來滿足精神慾望的行為，我實在無法接受。

安娜接著說，她提議支付娜芙租攝影器材的所有費用。據安娜的說法，娜芙說會去相機店找一些鏡頭，之後就沒下文了。我是說，我現在要怎樣準備攝影器材？安娜生氣地說。想當製片人的不是我。況且我有更重要的事要處理。我不應該一直追問妳什麼時候有空讓我招待妳度假。任何創意工作者，真的不能有這種態度。

妳必須有衝勁、精明，還要有上進心，我同意安娜的看法。

我猜她腦袋是這樣沒錯，安娜說，但光說不練，結果就差很多。很難不考慮這些。我明白娜芙參加是為了錢，但不是每個人都能輕輕鬆鬆變成有錢人。

◆

五月一日傍晚，我跟安娜在Le coucou吃晚餐。凱西的瑞典流行樂歌手朋友，也加入我們。這其實是安娜先訂的飯局。四處飄散了一種期待的氛圍，服務生們已經頭暈目眩，正期待堪稱美食界的奧斯卡——芝加哥詹姆斯．比爾德獎（James Beard Awards）的得獎名單。當他們聽到自家餐廳的名字時，廚房裡歡聲雷動：Le coucou榮獲年度最佳新餐廳！員工互相擁抱，圍成一圈手舞足蹈，拿出酒櫃頂層最等級的酒，舉杯慶祝。到了營業時間結束時，餐廳裡就剩下安娜和我，非正式地加入這個大家庭。這是我經歷過的罕見場合之一：在這個狂喜、目眩的瞬間，與這些偶然相遇的人聚在一起，深切感受特別的這一刻。

我腦海深處知道在兩個星期之後，安娜和我就會身處摩洛哥。在Le coucou的這個夜晚提醒我，安娜雖然時常抱持懷疑，卻還是能用一種神奇的方式望向地平線，具備看透事態發展的潛力。她確實知道自己何時該身處何地。

◆

安娜沒有因為娜芙的事沮喪，她要求刪除冒犯到她的發文，娜芙便立即撤下推文。但摩洛哥之旅出發日的前一個星期，娜芙改變了計畫。那天是安娜去奧馬哈參加波克夏年度股東大會的前一天。安娜當時找我陪她過週末，但我星期五晚上要跟雜誌攝影和藝術部門的同事，一起出席第五十三屆出版設計師協會（Society of Publication Designers）頒獎晚會，星期六也要去一場訂婚派對。

娜芙傳了一則訊息給安娜，安娜轉傳給我。娜芙說，如果還是要一起去摩洛哥，她只能從星期五待到隔週的星期三，沒辦法像其他人一樣待上一個星期，因為她必須到洛杉磯跟男友一起拍片。娜芙跟她男友那時有點辛苦，所以我不想太為難她。安娜一開始也是，不過，安娜之後傳給我的訊息顯示，她似乎對娜芙越來越生氣。安娜說，她覺得娜芙跟我們去摩洛哥簡直沒有意義，因為我們星期六下午抵達摩洛哥，如果只待到星期三，根本不值得花這些錢。娜芙沒有絲毫歉意就改變原計畫，對此，安娜非常不滿。

整件事用奇怪的方式畫上句點。安娜因為正在專心安排紐約到奧馬哈的私人專機，所以希望由我替她和娜芙談談，讓娜芙知道她的感情（或自尊？）受傷了。如果妳明天可以打電話給她，那就太好了，安娜的訊息寫著。我覺得她不懂這對我而言有多重要。

撇開旅行不談，我知道安娜處理這種事不太可能保持優雅。儘管如此，當成傳話的第三人還是很尷尬。我星期一上午找娜芙談。雖然同情娜芙的處境，但我還是照安娜的吩咐，傳達她的想法。

我解釋：「這趟旅行對安娜來說非常重要。儘管安娜一副很無所謂的樣子，但實際上她很沮喪。安娜其實比妳認為的還敏感。」我說。

娜芙當下的反應很正面。她完全能理解，也答應會自己向安娜表達感謝與歉意。我們溝通本身很正常。我想，或許只有我會因為被推入朋友之間的緊張關係，而覺得不舒服吧。對我來說，這就像是《辣妹過招》（*Mean Girls*）裡的情節，安娜是片中的蕾吉娜，我則是言聽計從的小跟班。

但還有些地方不太對勁。我和娜芙結束通話後，思考了一下，思考安娜在這件事的表現，以及她對娜芙表現出的中立，就連生氣時也是如此。還有，安娜轉發她們訊息的用意，是為了向我傳達她很生氣。

安娜：妳只能來三天，也沒什麼意義……

娜芙：說得也是。

安娜：所以妳要退出囉？

娜芙：嗯……我想是這樣沒錯。

安娜：那好，祝妳拍攝順利。

安娜跟我分享，是希望我能肯定她明顯有敵意的訊息。但在我看來，那沒有什麼敵意。如果我是娜芙，而且不知道安娜一度沮喪，光看這些訊息根本猜不到。安娜的文字太含蓄，無法反映出氣憤。

安娜從奧馬哈用Snapchat傳訊息給我，內容是她吵吵嚷嚷、喝得醉醺醺地跟其他股東大會的商業人士一起去亨利多利動物園和水族館（Henry Doorly Zoo and Aquarium）的影片。安娜回來後，我們通了電話。距離前往摩洛哥只剩下幾天，現在娜芙已退出，安娜急著找同行的攝影師。似乎只要會用相機，就可以填補攝影師的空缺。安娜提出要邀請尼克。我問過尼克，但他拒絕，說詞是他擅長靜物攝影，而且他不懂怎麼拍片。

這倒是真的。不過，他也對我與安娜的友誼不自在。我最後一次邀請他和我跟安娜一起吃晚餐時，他問：「去哪裡吃？」

「在Le coucou。」我告訴他。

「去別的地方吧。Odeon如何？」他建議。

「我不覺得安娜會想去那裡。」

「為什麼？她沒離開過她住的酒店嗎？」

「不完全是這樣啦。」

「妳不覺得這樣很奇怪嗎？她選擇用餐的地方。主導所有的事。」

到了那時，我已經接受這種狀態，因為開銷幾乎都是安娜處理，她該主導所有的事，我則在友誼中築起防禦的高牆。我想，有些關係的構造就是如此。我否決尼克的顧慮，爭辯說我和安娜彼此真誠，並責怪他覺得奇怪。我替安娜辯解，說她的難以捉摸只是某種無害的副作用。

那天傍晚我和安娜碰面喝酒，繼續我們的談話，討論還可以找誰一起去摩洛哥。我本來跟一個來鎮上的朋友約吃晚餐，但我要離開時，安娜突然變得很黏人。我跟她解釋：「我很久沒跟這個朋友碰面，不然我一定會找妳一起去。」傑西住在布魯克林擔任拍攝助理時，跟我成為朋友，他後來買了一輛沃倫貝格（Winnebago），從布魯克林一路開到洛杉磯，過去幾年都住在那裡。我們已經很久沒見面了。

安娜不接受，所以幾分鐘後，我傳了一則訊息給傑西，提醒他：我剛好跟我的朋友安娜打招呼，她住在霍華德11號酒店……她問能不能跟我一起走過來，吃點東西就離開（我正好要過去找你的時候），我覺得拒絕她有點說不過去……我跟她說，我真的很想跟你好好聊聊近況，因為真的太久沒見面了（！！！！！）她應該知道我的言下之意，不會停留太久。你會喜歡她的。她有點瘋狂，但其實她非常可愛有趣。

我愛瘋狂。沒問題的，他回覆。

我們在諾利塔（Nolita）一家叫Tacombi的墨西哥餐廳碰面。安娜沒有像她承諾的「吃點東西」就走，她整場飯局都在，我也默許這一切發生。她跟傑西相處融洽。

在我結帳之前，安娜沒有先問過我，就開口邀請傑西一同去摩洛哥。傑西當場接受，而我與安娜的友誼關係，為邀約增加了可信度。顯然我的同意根本不重要；我的想法無關緊要，只有暗示的用途。這讓我很困擾，但也沒有別的辦法：我不想阻礙傑西享受一趟免費的摩洛哥之旅（我當然很高興有他陪伴），更不想抱怨安娜對人的包容度。我只能接受所有發展。

◆

邀請了凱西和傑西之後，安娜詢問他們兩人：除了住宿之外，還有哪些預期支出。根據安娜的說法，住宿費已經完成付款。

「這個嘛。」我解釋：「因為基本上是妳找他們來做事，他們理論上會預期妳負擔機票和旅程所有開支。」

安娜在優雅地提議「我也會付妳所有的開支」之前，迅速聽了我的回應，彷彿這本來就是她準備做的事。

「哦。」我回答：「謝謝妳，安娜。妳不一定要這麼做。這份禮物非常慷慨。」

「我很樂意負擔妳旅程期間的所有開支。」她說。

但就在出發前一天，安娜還沒有訂機票。依她凡事都拖到最後一刻的慣性，這沒讓我太驚訝。我見識過她一次又一次，在最後一刻才安排行程的作風。飛往馬拉喀什的航班還沒賣完，而且安娜也不在乎機票價格。安娜的主導、安娜的規則。她都不擔心了，我有什麼好擔心的。

安娜說想搭傍晚的飛機。對我來說再好不過，因為我也很多事要做。結束馬拉喀什的旅程，我會自己從當地去法國南部旅行幾天。這是我一直想做的。我在巴黎留學時，本來打算在春季的尾聲造訪普羅旺斯（Provence），但後來我不想離開，所以那時把普羅旺斯先設定給之後的人生，現在時機終於到了。

離開工作崗位兩個星期的前置作業，讓人忙到發瘋。安娜大概更忙了，因為她許多會議似乎都必須親自出席。這星期稍早還沒訂機票時，我還優游自若，但在我們預計要離開的當天，有些事必須做了。

我不是唯一焦燥的人。凱西和傑西都在出發當天早上傳訊息給我。傑西上午到棚協助拍攝，也需要提前到機場，把他的沃倫貝格停在長期停車區。我是安娜的傳話筒，一個非自願的中間人。大家都察覺到她特有的冷漠，所以訊息都傳到我這裡來，而不是給安娜。

我在當天上午八點傳訊息給安娜：如果今天出發壓力太大，我們可以明天再離開。我覺得大家有點擔心機票還沒訂好。

我想盡量讓安娜在過程中輕鬆一點，我參考不同的選擇。預訂旅程是我工作上很重要的部份，而且我知道安娜不是很在行，我很樂意擔下這個責任。我傳了兩張截圖給她參考，一個在當天傍晚，一個在隔天。

接下來發生的事令人費解：安娜動作流暢而快速。她和我來回討論可能的航班和想法。然後她找到了完美的選擇：葡萄牙航空公司（TAP Air Portugal）晚上十一點二十五分從甘迺迪國際機場（JFK）出發的航班，由於出發時間很晚，所以每個人都有足夠時間準備：凱西可以收好行李，傑西可以把沃倫貝格停到長期停車區。那班飛機中途會停靠里斯本（Lisbon）一段時間，但又何妨？我們終於要啟程了！

我覺得很可以！我傳訊息給安娜，加上幾個女孩跳舞的表情符號。

也需要更改接機服務的時間，她回答，並說她會處理。

好主意。我超興奮的，我說。

五分鐘後，我收到另一則訊息。

妳在忙嗎？安娜問。

我可以跟妳通話，我回答。

我不停被打斷，我現在要開會了。妳可以幫忙預訂嗎？幫每個人訂單程經濟艙就好。

用什麼卡？我問。

她傳來兩張圖片：摩根大通轉帳卡的正反面照片，卡片持有人「安娜・索羅金・德爾維」（ANNA SOROKIN-DELVEY）。

好！我很樂意。把凱西和妳的個人資料給我就好。我有傑西的。

她傳來凱西護照的照片，接著是她的護照掃描檔。

他們在我的旅遊授權電子簽證漏掉了「德爾維」，所以機票也照這樣就好。帳單地址是紐約市霍華德11號酒店，郵遞區號一〇〇一三。

安娜在德國迪倫(Düren)簽發的護照上寫著「安娜·索羅金·德爾維」,但我依她的要求執行。

收到。現在就來訂機票,我告訴她。很有趣,她的帳單地址是她住的酒店,我心想,但還能是哪裡?我猜這就是她長期住酒店的生活方式。

謝謝。我在機票網站上閒置一分鐘,就必須重來一次。她說。

我用安娜的轉帳卡訂好單程票後,馬上接到電話。是旅行社打來告訴我安娜的卡被拒絕了。這很合理。因為替大家訂機票的金額大約四千美元,所以我覺得她可能需要打電話給銀行,以獲得授權。旅行社要我在安娜准許這筆刷卡之後回電,所以我記下了對方的號碼,然後傳訊息給安娜。

嗨,安娜,妳的卡被拒絕了。妳能打電話給妳的銀行嗎?

好的。她回覆。

好了請傳訊息讓我知道。抱歉這樣打擾妳,我說。

銀行要我稍等,她回答。他們說好了就會回電,因為授權支付馬穆尼亞酒店的費用也在今天,所以我需要再提高額度。

此時,正好是下午一點四十五分。整個上午,我們一直互傳訊息,討論旅行。我沒什麼耐心,只想快點把該準備的處理好,繼續我的一天。所以,我自己之後也很難理解,為什麼我那時會覺得安娜接下來的這一段文字看似合理。

安娜告訴我,航空公司打電話給我,說今晚的航班提前至晚上十點起飛。

我不知道該怎麼面對這個消息，但我很緊張。
要不要先用我的卡付，妳之後再付款給我？我問。
就這樣，一切不幸的起點。

第七章
摩洛哥之旅

旅行看得出每個人的特性：打包、計畫旅程，或是會預留多少時間去機場。我因為時常出差，已經發展出一套久經考驗的例行程序。我是有餘裕的那一類。做免脫鞋的預先安檢計畫（TSA PreCheck）、戴上耳機，在機場零售店Hudson News買點心和一瓶水，然後悠閒地四處走走，也可能用等待登機的時間看點書。另一類對我來說壓力太大：衝進計程車，然後在狂飆的車上暈車，跳下車之後插隊辦理登機，再一路跑到登機門。千萬不要，謝謝。這種壓力會讓我更容易被陌生人的行為與壞情緒影響——有些人可能會在機場崩潰；壓力會帶來意想不到的事。所以我躲在自己的「泡泡」裡，用自己的步調平穩前進。

那個星期五傍晚，我原本想自己去甘迺迪國際機場。安娜慣性遲到，已經超出我能承受的程度。我聽她講太多次了，說如果來不及搭車，最後還有一個辦法，就是搭直升機去，大概只要六分鐘。這對我完全沒有吸引力，何況根本就是不必要的開銷（雖然，正如安娜所說，她時間寶貴的程度，單趟七百美元的直升機比塞車一個小時更划算）。至於我，我寧願預留時間提早出門搭地鐵，而不是到最後一刻才搭直升機。

我可能會提早出發去機場，下班後就會出門，我告訴安娜。

好吧，那我們一起出發至機場，安娜回覆。

反正這值得一試。

我回家打包完，告訴安娜我大約晚上七點會去接她，我覺得如果先訂好車，就更有可能照計畫走。

當然，沒那麼簡單。安娜已經跟霍華德11號的經理們纏鬥了好幾天。他們開始要求她預先支付住宿費，安娜被這個不正規的要求激怒。她抱怨「其他人都不用」。安娜加倍奉還。首先，她取消了接下來的訂房，然後記下經理們的名字，自豪地宣布已經買下他們名字的網域名稱。

大約在下午五點，安娜傳來一則訊息。該死的混蛋，她抱怨。

由於沒有訂房，霍華德11號現在拒絕存放安娜的物品。

美世酒店（Mercer）呢？他們會讓妳訂房嗎？我問。

有，她說。我在美世酒店訂了一個月。操他的。

我們決定先收拾安娜在霍華德11號的所有物品，然後在去機場的途中，順道把東西放到美世酒店。我們計畫大約晚上七點在霍華德11號碰面，但時間快到時，安娜說她正在剪頭髮跟養護。我也需要再多半個小時來打包，所以對我倒沒什麼影響。

敞開的行李箱和凌亂堆疊的衣服把我的床淹沒。我折放每一件衣服時都會順便清點一次：

睡衣、搭配泳裝穿的衣服、短褲和長褲、上衣和洋裝。拉上大型行李箱的拉鍊後，我也會清點一次隨身行李。正當我從塞滿的壁櫥最深處拉下一個迷你滾輪包時，我收到安娜的訊息。

我是不是應該發一封郵件，讓他們知道我買下了他們的網域名稱？她問。

我不會那樣做，我回答。我有勸過安娜，一開始就叫她別買。艾比．羅森名下有霍華德11號酒店，外加安娜想要租給基金會的建築。如果經理們告訴艾比．羅森安娜的惡霸行徑，會有損她的形象。

但安娜相信艾比．羅森會准許，甚至可能替她鼓掌。安娜也不是真的在乎我的看法，她總是愛怎麼做就怎麼做。

為什麼不讓他們知道？她問。

有點太高調，他們不也是美世酒店的關係企業嗎？我只是不希望他們在妳住進美世酒店、還沒認識妳之前，就在背後說三道四，對妳下定論。她沒必要這樣惡意。我只能點出潛在後果，希望她就此收手。

不是，這是巴拉茲的酒店，她聲稱。我沒有什麼壞話可以說。我什麼都沒做。買任何人的網域名稱不違法。我還沒有在那些網域名稱發布內容。

這個爭論根本沒有意義。

那妳想用什麼方式跟他們說？我問。

用郵件夾帶我擁有他們網域名稱的截圖。我絕對不會用來做什麼，但他們會開始猜我要幹嘛，我就是喜歡在他們腦中植入這種想法。

◆

我搭優步到霍華德11號酒店時，安娜還沒回來，我在車上等她。

我會叫一輛大台的，妳下車，然後我們把所有東西都搬進我叫的車，安娜說。

我這輛挺大的，要不要就搭這輛？是休旅車，我注意到時間。

好吧，如果妳不介意繞一圈，她說。（費用）可以加到我這😛。

三十分鐘過去了，還是不見安娜蹤影。每過一分鐘，我的焦慮就逐漸增加。安娜要我找男門僮把她的東西裝好，我很樂意，因為這樣可以加速。我下車照她的要求，認真想辦法打包。

我們會拿著兩個從Net-a-Porter買的金色行李箱和袋子，而滾輪架和一個大紙箱會放在後車廂。全都上車後，安娜的腳步比走路快、卻比慢跑慢，沿著霍華德街過來。她剛吹整過的頭髮也隨之飄動。

我們搭的休旅車，很快就在克羅斯比街（Crosby Street）的鵝卵石路面震出聲音。美世酒店的男門僮卸下安娜的行李，完成登記並存放在酒店直到她回來。任務完成，我們坐回車上，前往甘迺迪國際機場。感覺就像小小奇蹟，我克服了安娜的打包障礙、讓她上車，雖然出發不如預期的早，但依然可以準時。我一直在想，離開自家以及繁忙的曼哈頓生活是最難的，現在做到了。接下來就是享受旅程，而我們已經開始享受了。

再過兩個小時，我們將飛往馬拉喀什。

◆

最先到機場的是凱西，獨自完成安檢通關手續。傑西在第五航廈的入口等我和安娜。我給他一個擁抱。我們三人排隊等候通關，聊八卦、開玩笑。輪到我們的時候，我第一個過去。移民官溫暖地笑著並接下我的護照。我在她打字時與她閒聊，令我驚喜的是，她對我明顯超重的托運行李手下留情，免除了一大筆費用。我向她道謝，然後跟大家會合。他們找的是另一位移民官。

傑西是經驗豐富的自由攝影師，所以一開始，他就預期安娜會支付他的費用，包括托運的額外費用。但過程中出現一個小問題，安娜雖然拿著護照，卻誤把放信用卡的黑色手提包登記拖運。安娜轉向我，由於她已經欠我錢，所以問我是否介意再代墊這兩百美元。安娜會付所有旅行花費，所以我當然不介意——相對而言這是個很小的請求。

在安娜能取回她的黑色手提包之前，就一直是這種模式：我在甘迺迪國際機場付了一百二十美元的壽司，還有在里斯本停靠期間的八十美元午餐。

◆

最後，我們的班機降落在摩洛哥。那一天是五月十三日星期六，馬拉喀什邁納拉國際機場

（Marrakech Menara Airport）人滿為患，好在馬穆尼亞酒店已安排ＶＩＰ貴賓接機服務。有兩名身穿咖啡棕色制服的男子，在入境機門前迎接我們，帶著我們完成入境的快速通關。我們領取托運行李時他們就離開了，取完行李，我們四個人一起走往出境海關。隊伍太長了，我們為了尋找排隊的地方，折騰了一下子才開始排隊。

就在那時，安娜做了一個令人意想不到的舉動。

安娜走在前面，跟我們分開，就好像她是自己來摩洛哥一樣。她輕快地走到整條隊伍的最前端，然後直接溜了過去，把我們全拋在後頭。我們發現她自顧自地離開，於是呼喚她的名字，跟著她的方向走去，但保安人員只注意到我們，而不是她，我們被擋下，並被引導到最後面重新排隊。

安娜回過頭，似乎還搞不清楚狀況，然後笑了出來。依隊伍的長度判斷，我們不得不再等一陣子，我知道安娜為什麼想試試運氣，但我也從這個小舉動看出她沒有「我為人人，人人為我」的概念。她一個人習慣了。在紐約也是這樣嗎？雖然這單純是個性問題，但現在離家太遠，我對這種行為有不同的感受。

我們在檢查站另一側的大型航廈重新集合，那裡白色的牆壁和天花板，讓我聯想到包裝葡萄酒、運送水果用的泡棉網。其中一個酒店司機跟我們在航廈裡碰面，我們跟著他走出去，進入摩洛哥乾燥溫暖的空氣中，兩輛荒原路華（Land Rover）在外等待。安娜和我同車、凱西和傑西一起。約莫十分鐘之後，我們駛入一座華美的大院的柵門。

在酒店正門，我們受到了許多戴土耳其毯帽（fez）、穿傳統摩洛哥服飾的男子熱情列隊歡迎。我們來到庭院美宿，這是我們獨享的奢華。我們的主辦人，德爾維小姐，她選擇入住的方式是略過酒店導覽，也不用領鑰匙或者傳統的登記，因為庭院美宿配有一名全職管家，根據安娜的說法，住宿費用都已經結清。我們的私人庭院美宿的有一間小房子那麼大，管家是一名叫做阿迪德的親切男子，正在前門歡迎我們。我們從門廳進入，然後走下三階階梯，進到瓷磚地板的優雅客廳中央。左手邊有坐位區，配有一張沙發、兩張椅子，以及兩張有藏紅花金色天鵝絨錦緞軟墊的長凳。右手邊是餐廳，以一張圓形的深色木桌為中心，桌子擺著招待品，有白玫瑰、冰鎮葡萄酒，加上各種水果與糕點。

其中兩間臥室正對著客廳，凱西走過座位區，走到左側的房間。傑西穿過用餐區，選擇右側的。

用餐區右邊還有一道門，通向一條昏暗的長廊，有著深紅色牆面與雪松木雕刻的天花板。走廊左轉是客廳正後方，經過傑西的房間之後，有一間主臥套房，配有私人客廳、壁爐和書桌，是庭院美宿最大的臥室。我跟安娜同住這間。三間房間都有門直接通往露台，我們可以在那裡享受私人泳池、在躺椅上做日光浴，或者穿過華麗的鍛鐵大門，走進田園詩般的花園。

酒店裡有四家餐廳：法式餐廳、摩洛哥式餐廳、義式餐廳和池畔餐廳。由於這是在馬拉喀什的第一個晚上，我們選擇了摩洛哥式餐廳。我們坐在戶外桌，開啟了夜晚和假期，喝了一輪阿佩羅汽泡調酒（Aperol spritzes），也開了一瓶乾白葡萄酒。我們這四個剛抵達的旅客，散發著滿足的氣息。

每個人都為團隊帶來了不同的元素。度假模式的凱西，穿著色彩鮮豔的褲子、白色絲綢襯衫，配上充滿活力的微笑。凱西對這個奢華之地的興奮言表於色，但她的熱情恰到好處。她願意加入我們可能去的團體活動，例如：露天市場和馬若雷勒花園的行程，但也樂於做自己的事，像是在泳池旁悠閒度過一天。凱西熱情，但始終保持平衡。她是我們的平衡力量。

傑西穿著淺藍牛津襯衫配上深色長褲，把長髮隨性紮成高高的髮髻。無論手上有沒有攝影機，他是一個對眼前之物充滿興趣的觀察者，他總是如此。他常常會用事實、故事和個人觀點來切入。例如，這次他想去阿特拉斯山脈一日遊，所以做了一些研究，跟去過那裡的朋友討論過。傑西用自己的見聞來思考。他偶爾有不正經的一面，也會向我傾訴他的觀察或抱怨，但說出心裡話之後，他通常很快就會放下負面情緒。我們有時會像兄弟姐妹吵架。他的固執會把我搞瘋，而我偶爾太過感情用事，也可能會把他氣瘋。

而走遍國際、異想天開、神祕莫測的安娜·德爾維，一如往常，穿得一身黑：黑色緊身牛仔褲、黑色襯衫，以及披在肩上的黑色羽毛外套。她像是召喚了我們，讓所有人齊聚在此，她滿足地坐下來看我們。當我們探索著眼前的奢華之境，她喜孜孜地嘲弄我們。安娜其實跟我們一樣開心，睜大眼睛探索每個奢華的細節，只不過她讓自己適應得比我們快許多。最重要的是，安娜的開心看起來是由衷的，尤其在摩洛哥的第一頓晚餐。

至於我，我填補縫隙，把團隊黏合在一起，並盡己所能地取悅大家。晚餐席間，沉浸在涼爽的夜風中，我怎麼也無法收起臉上的笑容。身邊是我喜歡互相陪伴的友人，身處一個陌生國度，住在超乎我想像的華麗酒店。我努力讓其他人跟我一樣快樂。我在當下和整段旅程中，盡力將這件事做到最好。

晚餐時發生了一件有趣的事。一開始是一隻貓，接著又出現了另一隻，牠們從餐廳露台上，優雅漫步到我們用餐的桌子旁。馬拉喀什隨處可見野貓，所以這很好理解。

只不過，這兩隻貓都直直朝我走來，就只有我，直盯著我，直到我給他們一點食物（當然是因為我無法抗拒牠們乞求的眼神）。接下來的一週，無論我們走到哪裡，貓都會來找我。於是大家就開玩笑說我是牠們的主人。也許這就是我的角色：取悅人和野貓。

酒足飯飽結束第一天，回到庭院美宿之後大家都有點醉了。凱西不想再出門，只有安娜、傑西和我繼續在酒店裡閒逛。我記得是安娜先決定要去泳池。身處一座海拔約一千五百英尺的城市，傍晚的空氣寒冷刺骨。我雖然穿著厚毛衣去吃飯，但從花園回來庭院美宿的途中還是瑟瑟發抖。我對游泳沒興趣，但傑西勇敢地加入我們的主辦人。

他們游泳時，庭院的喇叭正播放著安娜的歌單。這時我鑽到主臥室的棉被裡取暖。幾分鐘後，我聽到安娜的聲音：「叫瑞秋也進來泳池。」我心想，這不可能。如果很冷，我就會覺得自己很悲慘，我討厭這樣子。晚餐很棒也很有趣，我的心情非常好，但我就真的不想進泳池。無論如何都沒辦法，不可能，沒辦法。

我不記得事情怎麼發生，但我記得被追著跑。起初只有安娜，她調皮地朝我走來，眼神閃閃發亮，這讓我轉身逃跑。我繞過臥室，沿著長長的走廊，穿過客廳，再跑到庭院，經過泳池。我一開始試著一笑置之，但隨著追逐持續，我覺得快被搞瘋了。「我是認真的！」我大喊：「我沒有那個心情！」

安娜繼續追著我跑，我從後門跑回臥室。我跳上床，她也跟著跳上來。我記得她抓住我的手腕，開始纏鬥。她開懷大笑；我則不然。我還記得她發現我比她強壯當下的表情。我掙脫她的手，滾下床，繼續跑。傑西不知何時一起追逐。我不會讓他們把我硬拖進游池。如果逃不掉這個命運，我也要自己做。

我迅速打開行李箱，套上泳衣，跑到泳池邊，毫不猶豫地跳了進去，然後馬上游上岸。「好。這樣滿意了吧？」我說。他們歡呼起來。濕透又寒冷的我，快步走回主臥室。好吧，我知道，很可憐，對吧？在世界頂級酒店，被兩個只想讓我跳進泳池的朋友追著跑。我一回去臥室，氣得眼淚奪眶而出。確實，我們都有點醉。那又怎樣？沒什麼大不了。

安娜和傑西呢？他們繼續嬉鬧。

而他們的行為，無可避免地打擊了我的情感。

我太縱容安娜，也一再容忍她頤指氣使、無禮、不懂分際的脫序行為。我已經明確表態：我不想進泳池。為什麼她不能照我的意思呢？她不僅無視我的發言，更把傑西也拉進她的陣線，利用我的朋友來對付我。安娜明知道我不是開玩笑，但她覺得追著我跑很好玩。我感覺被欺負、孤立，後悔來到這裡。

我寄了一封郵件並傳訊息給傑西，希望他知道重點：請不要和安娜一起欺負我。這不好玩。我不覺得有趣。他幾分鐘之內就回了，道歉並答應這不會再發生。我放下手機準備就寢前，安娜一臉羞愧地走進臥室，低著頭，小心地看向我。我放下手機時往她那邊瞄了一眼，剛好夠我們眼神交流片刻。安娜不吭聲地走進浴室換衣服，房間裡一片寂靜。一分鐘後，安娜從浴室出來，走進房間時，試探地說了幾句話。

「妳真的生氣了，是嗎？」她語氣柔和的說。

「對。」我回答。我等了一會兒才繼續說：「那不好玩。」

「我真的很抱歉，我們太得意忘形。」她說。

我感覺胸口的緊繃開始放鬆，「沒關係。」我回覆。

停頓一陣子沒有繼續接話。「我沒看過妳這麼生氣。」

我自己也很驚訝的是，我先是開始微笑，然後大笑出聲。安娜也開始跟我一起笑。

等我睡著的時候，我和安娜已經沒有嫌隙了。

◆

隔天早上，我決定把這個不愉快的小插曲拋在腦後。我們都喝太多了，加上長途旅程的疲累，昨天毫無疑問是我反應過度的結果。繼續旅程，我會努力別太緊繃。安娜在上午有私人網球課。我們等她下課後，去提供自助早餐的池畔餐廳跟她會合。我們接下來一整天都會待在這裡，探索馬穆尼亞酒店的設施。我們漫步在廣闊的花園，在土耳其浴室（一種摩洛哥蒸汽室）放鬆身心。在我們探索各種設施的冒險時，管家阿迪德像是魔法般地適時出現，送上新鮮西瓜、冰鎮玫瑰紅葡萄酒。我們沉浸在沒有責任和羈絆的幸福中。我們慵懶地享受日光浴，完全沒有時間概念。餓了就吃。累了就小睡。到了一天結束時，大家都完全放鬆，相處融洽。

隔天一早，凱西帶我們健身。很幸運地，整個健身房只有我們。傑西拿著攝影機，雖然安娜可能喜歡自己被拍，但我是百般不願意。健身後，安娜和凱西都小睡了一下。當天下午，我們決定在馬拉喀什附近逛逛。我們一致同意酒店非常漂亮，不過也準備好要到外面開開眼界。

安娜想做兩件事：拍一張可以發在ＩＧ限時動態的壯觀香料堆，還有去找有賣土耳其長袍（caftans）的店。在馬穆尼亞的禮賓部協助下，我們幾分鐘就安排好導遊、司機和坐車。廂型車停妥後，我們一個接一個踏出車外，第一次從豪奢的度假酒店，進入塵土飛揚的神祕迷宮，這裡被稱為梅迪納，是一個古老圍牆林立的鬧區。

導遊知道我們此行的目的，不過中途仍然熱情地帶我們去一家古董店。接下來又到地毯商店，這也是我們想看到的異國風景。我們按照當地習俗喝熱茶，坐在沙發上，觀賞店家向我們展示的商品。

安娜跪在地上，感受獨一無二、由阿斯特拉斯山脈柏柏爾部落（Berber）手工製作的羊毛地毯的質感。安娜在我耳邊悄悄地說：「如果妳想要，我買一張給妳。」一張地毯要價幾千美元。非常慷慨，典型的安娜作風。我謝謝她，跟她說不用。喝完熱茶後，我們繼續行程。

我們在導遊帶領下，走進市場狹窄的巷弄，街景很美。導遊是個健談、臉型圓潤的男子，穿著藍色牛仔褲，戴棒球帽。一身白衣的凱西跟在導遊身後幾步，左手拎著一個藍色編織托特包。安娜走在凱西身旁，穿著珊瑚色的掛脖洋裝，露出雙臂和後背上半部。安娜把太陽鏡架在頭上，拎著我們離開紐約時，她在機場不小心送去托運的黑色手拿包。然後是傑西揹著背包，輕巧地跟在凱西和安娜身後，並把攝影機舉在正前方。我走在最後面，不時停下來，用手機拍攝巷弄。在街上閒逛時，大家沒有太多交談，各自忙於消化眼前各種令人驚嘆的神祕異國風景。

在Maison du Caftan服飾店，安娜問一名女子：「能用黑色亞麻布做這件洋裝嗎？」，不等女子回答，安娜繼續說：「我要用亞麻布做黑、白兩色各一件，瑞秋，我想買一件給妳。」

安娜在店內試穿一件鮮紅色的連身褲，還有一系列的薄紗透視洋裝，我則掃視店內的商品。我試了一些，但高單價與不確定的品質讓我持保留態度，於是很快就加入傑西和凱西，坐在休息區喝薄荷茶。

安娜去結帳時，她的轉帳卡被拒絕交易。

「妳有通知銀行妳要去旅行嗎？」我問。安娜回答「沒有」。這樣的話，我不太驚訝她的消費被標記，而且被拒絕交易。安娜要求我先借她，並承諾這一週會還我。我同意她的請求，用我的信用卡刷了一三三九．二四美元，並把收據小心收好。我們一直逛到黃昏。接著來到梅迪納鬧區內的五星級豪華酒店——拉蘇丹娜（La Sultana）。我們坐在酒店屋頂露台上，沐浴在燈籠燭光，迷人伊斯蘭祈禱聲在尖塔中迴盪，穿越「紅城」。

我們四個人都對這次探險非常滿意，興致高昂地吃了一頓晚餐。餐費也是用我的信用卡，這筆錢會再加進安娜要我代墊的「帳」上。

回到馬穆尼亞酒店之後，我們到邱吉爾酒吧（Churchill Bar）喝一杯（在酒店主樓）。我們討論著當天傍晚的活動，有人提到酒店裡的賭場。「我沒去過賭場。」我說，於是就定案了。喝完酒直接去賭場。我們在賭場待了一下，安娜站在我身旁，一邊陪我玩輪盤賭，一邊跟我解釋玩法。但我最喜歡的是吃角子老虎機，這些機台好像也喜歡我。我很快就連贏，然後很快就輸光。我身上的現金用完時，我們就離開賭場，我留下最後一個籌碼當作紀念品。

當晚回到庭院美宿後，安娜和傑西到泳池邊。傑西拍攝影片，安娜穿著稍早在梅迪納露天市集買的黑色洋裝游泳。背景是阿姆的《邏輯分明》（*Rhyme or Reason*）。她刻意擺姿勢：撩起裙子、擺動裙擺、露出雙腿。安娜的表演做作而不自然。她喜歡對著鏡頭搔首弄姿，享受成為焦點被拍攝的感覺，不停咯咯笑著。

◆

凱西不太舒服。她在星期一下午開始肚子痛。所以星期二的第一次外出遊覽時，她留在庭院美宿休息。安娜、傑西和我前往馬若雷勒花園。馬穆尼亞酒店事先安排了坐車和司機，以及跟昨天一樣的導遊。就在我們經過大廳要跟司機和導遊會合時，一名酒店員工向安娜揮手示意，請她停下腳步。「德爾維小姐，可以借一步說話嗎？」他說，委婉地把安娜請到一邊。「一切都好嗎？」我在安娜回來時問。「沒事。」安娜要我放心：「只是需要打通電話給我的銀行而已。」

安娜那天穿著新買的紅色洋裝，希望夠上鏡。傑西拍攝影片，我在我們漫步於馬若雷勒花園的過程中，拍了幾張照片。

結束之後，我們就去瑞茲蘭德博宮酒店（Dar Rhizlane）的池畔餐廳吃午餐。我們在摩洛哥猶太區梅拉（Mellah）成功找到了上鏡的香料堆，然後心滿意足地返回馬穆尼亞。

我們經過大廳、往庭院美宿方向走時，酒店員工再次走向安娜。安娜用鎮靜且肯定的態度，打消對方的顧慮：「好吧，我這就打電話給我的銀行，因為一遍又一遍的刷卡就是你們處理的方式。」然後又繼續我們一天的行程。

馬穆尼亞酒店四周是赭色的圍牆，是十二世紀城牆的一部份。我們沿著九重葛覆蓋的圍牆走著，安娜去找最靠近入口的保全時，她問：「你能告訴我們，有什麼方法可以爬到圍牆上嗎？」一開始我以為自己聽錯。但她又再問了一次，還試圖解釋她想要找方法爬上去。這個提問跟想法都荒謬至極。圍牆又高又窄，看不到任何梯子或平台。況且，圍牆頂部凹凸不平，就算她找到方法爬上去，也沒辦法坐下。

我站在後面，困惑地安娜和酒店保全的互動。保全看向我，希望我翻譯安娜的意思，我聳了聳肩，搖搖頭。安娜要不是真的在狀況外，想找漏洞來完成這個不可能的任務，那就只是為了好玩而已。我認為是後者。

◆

星期三上午，在前往早餐的途中，我也在大廳被攔下：「威廉斯小姐，妳有看到德爾維小姐嗎？」我在池畔餐廳找到他們，並告訴安娜櫃台在找她。這種不便讓她不安。安娜激動時，會用有點滑稽的口氣大叫（啊，為什麼啦！），然後怒氣沖沖地用手機瘋狂打字。她離開不久後回來，解決這種情況之後鬆了一口氣。

不久之後，安娜、傑西和我坐在廂型車後座面對面的長椅上，喝著玫瑰紅葡萄酒，在沙漠中望著山脈飛馳而過。身體不適的凱西，已經連續兩天臥床休息。安娜一如往常地把音量調到最高，在車內大聲放音樂。一個小時後，我們抵達屬於理查德．布蘭森爵士的卡斯巴達馬多特古堡酒店，酒店僅有二十八間客房，坐落在阿特拉斯山脈偏遠的山腳下。我們來這裡吃午餐。

這間酒店散發著一股寧靜的能量，環繞在徐徐微風中，「卡斯巴達馬多特——Kasbah Tamadot」在柏柏爾人的語言（北非土著方言中的一支）中，即「微風」之意。我們圍著酒店露台上的一張桌子坐下，壯麗山谷與山脈景色一覽無遺。研究菜單之前，我們就對菜單外層裝飾的精美手工編織驚嘆不已。餐前，安娜和我點了莫吉托調酒（mojitos），傑西點了含羞草調酒（Mimosa）。桌上很快就擺滿各種風味、顏色的菜餚和飲品。我們用橙色玻璃杯喝沛綠雅礦泉水（Perrier），吃著剛出爐的柏柏爾麵包沾上濃純的橄欖油。然後我們換成喝白葡萄酒。我點的蔬菜塔吉鍋上桌時還熱氣翻騰，我要他們看看這菜餚滾燙的模樣。因為不想那麼快就結束，我們又加點甜點：覆盆子和檸檬冰沙、伊頓雜糕（Eton mess）和一輪濃縮咖啡。

餐費二三六．二四美元，再一次由我代墊。

吃完午餐後，安娜向古堡酒店的櫃台要求參觀。我們參觀酒店裡二十八間客房的樣品房，從套房到柏柏爾帳篷，全都有獨特的裝飾風格，融合摩洛哥傳統家具，以及世界各地的古董。我們走經綠松石泳池——這是酒店裡的主要地標，在安娜催促下，我們繼續走過芬芳、修剪整齊的花園，然後看見坐落在大片綠地中的兩個網球場。我那時不知道安娜是為了替自己的基金會做研究，還是單純覺得好玩，或者由衷對這個地方好奇。她提議預約這間酒店住一個星期，但我提醒她我必須去法國，她這才打消了念頭。

回到馬拉喀什，我們直接前往Dar Yacout餐廳——一間由中世紀住宅改建的餐廳。在餐廳屋頂露台喝酒，作為晚間活動的開場。

在鈷藍色的天空下，身穿鮮紅色服裝的格納瓦（Gnawa）音樂家們盤坐在地毯上，演奏特別準備的各式樂器。很多人拍照、拍影片，我和安娜、傑西也是如此。我們興致盎然。特別是安娜，看起來格外開心，這可能是我在這次旅行中看過她最放鬆的時刻。她跟傑西處得不錯，也都發表自己的看法、開玩笑，逗樂對方。事實上，我們三個人很融洽。第一天愚蠢的追逐鬧劇之後一切都很順利。

Dar Yacout的晚餐是五道菜的豪華盛宴，份量很多，還有葡萄酒，用餐時間也拉長了許多。我們坐在交誼廳裡有軟墊的隔間，可以看見庭院景觀，四周是灑滿玫瑰花瓣的桌子。晚餐持續了好一陣子。在這種舒適的環境享用豐盛的食物，會放鬆到不適合繼續待在公共場合。終於用完餐，我們決定移動到庭院裡喝茶，做為今天的句點。我不記得當晚的對話，但我確實記得那天的美好與歡樂。我很開心體驗了這麼多：駕車穿越阿特拉斯山脈，參觀卡斯巴達馬多特古堡酒店，而且就在這家頂級酒店的餐廳用餐。這趟假期不如我的期望——活動計畫少得超乎我想像，也沒有任何架構可言。但現在回想起來，我很幸運能到那一個離家如此遙遠的地方，我對安娜的邀請充滿感激。

回到馬穆尼亞酒店已經是深夜。我們走經大廳，立刻有兩名經理走上前來。他們把安娜請到一邊讓她坐下來打電話，我和傑西只能尷尬地在附近徘徊。起初我和傑西都不太在意，但我們站在那裡時，周圍的員工越來越多，而且各個神色驚慌。傑西與其中一名員工交談。我聽不見他們說什麼，但傑西後來告訴我，有員工因為我們的付款問題被開除了。

大約一分鐘後，雖然聽不到安娜的說話聲，但她似乎在講手機，而且開始穿過大廳朝庭院美宿方向走去。

我和傑西緊跟著她。兩名經理在我們三人身後，一進入庭院美宿，經理們板著臉站在客廳邊緣。我說要拉兩張椅子過來，但他們拒絕了。安娜坐在他們正前方，看起來非常專注。氣氛非常尷尬，我藉故離開客廳，反正我也絕對幫不上忙。

隔天一切變了調。一個驚慌失措的上午，演變成一場完美風暴。站在庭院美宿客廳的酒店經理，要求安娜提供一張可正常使用的信用卡。我屈服於壓力，給了他們我的信用卡。當天晚上我打包好上床時，希望隔天能在安娜起床之前就悄悄離開。但隔天上午，我起床時，安娜也醒來了。她像夢遊般地跟在我旁邊，我打包最後一些東西。我試圖跟她保持距離，然後把行李箱推到客廳，走到院子裡，管家阿迪德端來一盤水果和一些咖啡。不久後，傑西也從房間裡出來，昏昏沉沉，打著赤膊，我們三人圍坐在桌子旁，安娜盤著腿，咬著指甲，傑西則是專心看手機。沒有人多說什麼。就像在夏令營待得太久的小孩，已經準備好隨時離開了。

「少了我，不要玩得太開心呀。」我對他們說，然後拉著行李箱往庭院美宿前等待的酒店司機那裡去。

傑西給我一個擁抱。我給安娜一個擁抱。

「非常謝謝妳。」我向安娜道謝。

互道再見後，我爬進後座。看著車外的安娜和傑西，我做出難過的表情，表示必須離開他們很遺憾。事實上，經歷一連串的混亂和帳單的壓力之後，說再見讓我鬆了一口氣，但我確實很感謝安娜邀請我來參加這奢華的假期。我很享受：奢華的庭院美宿，無比豐盛的菜餚，私人導遊／導覽。這是一份極其慷慨的禮物——我如此看待這一切。

一直到這時，我還是認為安娜會在退房時結清，而最壞的情況是，就算我的個人信用卡出現了那筆費用（酒店承諾的那筆預刷），安娜也至少會在下週轉帳給我機票與其他費用時，一起把住宿費用還我。這些都不是我事先同意的，但考量到當下的事態，我覺得別無選擇，只能照做。當然，我很生氣安娜那種置身事外、漫不經心的處理態度，但這就是她的個性。與家庭疏離、不需要做一般人會做的每月記帳的富家女，瞞著父母去了一趟奢華假期；花光零用錢之後被迫拖延時間，不找銀行處理；把自己逼到絕境依然可以輕鬆解決問題。我相信她會處理好。我對安娜有信心。

第八章
遙遙無期

我迫不及待想把安娜和庭院美宿拋在身後，所以提早到機場，辦完登機手續，迅速通過安檢。候機時我寫了兩張明信片（主題是沙漠中的駱駝）當成摩洛哥之旅的紀念：一張給尼克，一張給爸媽。我手寫：「嗨，這張明信片是不是很可愛呀？我愛你，一會兒見。」我沒有提到安娜。我沒有郵票，所以把明信片夾進正在讀的書裡——莎娣．史密斯（Zadie Smith）的《白牙》（*White Teeth*）——然後繼續旅程。

我跟《浮華世界》請假整整兩個星期，這是我的最高紀錄，因為假期不多，而且也很少有休假的機會（實體雜誌的工作循環相當無情）。能在五月中找到這種空檔，根本是走運。我預計從摩洛哥直接飛往尼斯，先租車自駕到普羅旺斯，最後在阿爾勒跟同事會合，並一同前往萊柏維茲的展覽開幕。

飛機降落尼斯時，我開手機，看見安娜的訊息。她和傑西原本計畫在當天回紐約。我說「計畫」，是安娜當初說為了保持靈活，所以只訂了紐約到摩洛哥的單程票，以便之後再決定回程。（我晚一點會處理回程，她的訊息寫道。）安娜最後選擇延後回紐約，之後一週在我們參觀過的卡斯巴達馬多特古堡酒店待了幾天。傑西的回程要靠安娜，所以也跟著去了。她是在阿特拉斯山脈傳訊息給我的。

我在追蹤郵件，一收到確認的郵件，就會立刻轉給妳，她向我保證，然後告訴我，她離開馬穆尼亞酒店之前，那一個高大的經理又再次去庭院美宿找她。

我給他妳的聯絡方式，他說他想用電子郵件向妳致謝，安娜說。

在下一則訊息之前，這段文字讓我困惑了好一陣子。

要不要把全部的錢都匯到妳的大通（銀行帳戶），然後妳自己決定要從美國運通信用卡上面扣除多少？這樣妳就可以用郵件直接跟他們說付款指示。

我想不通安娜這樣問的用意。要用郵件給誰付款指示？我當然希望她把錢轉帳到我的活期存款帳戶，甚至她也可以直接轉到美國運通信用卡帳戶，但她的提問讓我很困惑。我發了郵件給安娜，附上我的銀行帳戶詳細資料，還有代墊費用的總額與明細。

是的，可以把總金額轉到我的銀行帳戶，非常謝謝妳。我會自己處理美國運通信用卡出帳的部份，我回答。

安娜似乎明白我的意思。這樣妳就可以知道怎樣才有最多信用卡點數，她熱情地提到美國運通的獎勵制度。隨後又傳來一則訊息：謝謝妳挺身而出，不勝感激！

到了這個時候，我才意識到她打算將住宿的所有帳單用我的帳戶來付，然後她再把這筆錢加進我先前代墊的總額。我不確定可不可行，我不覺得可以。安娜是怎麼完成馬穆尼亞酒店的退房？又是如何到另一家酒店入住？

我火速傳了三則訊息：

我不知道這整筆帳能不能順利扣款。

不客氣，謝謝「妳」主辦這趟旅行。

希望妳今天就能把轉帳和其他該處理的事弄好，因為我擔心我的信用卡週末會無法正常使用。必須這樣催，真是不好意思。

看起來，酒店的所有帳單確定會出現在我的信用卡帳上。我們都已經離開馬穆尼亞酒店了，我相信安娜會履行承諾，償還我代墊的所有費用。除了相信她，我還能做什麼？

我會轉帳給妳七萬（美元），這樣就夠付所有代墊的費用。她說。

這比我一整年的收入還多。

非常謝謝。我說。

幾分鐘後，安娜轉發給我她寄給酒店的電子郵件：

……承上一封。麻煩把總帳單寄給我，以及瑞秋信用卡的扣款明細。感謝協助，瑞秋大方提供了她的信用卡，不過確保每筆費用如實支付是我的責任。希望能在今天結束之前收到回覆。謝謝。

安娜・德爾維

◆

雖然我從沒去過南法，但那裡有一種熟悉與呼喚。我母親的大姐——珍妮（Jennie）阿姨很喜歡法國，她遊歷世界各地，給了我一些南法的旅遊建議，我詳細記下並且實地造訪。我挑選路線，提前預約租車以及每晚的住宿，悠哉進行每天的旅程，有充裕的時間放空、四處閒逛。

我住在尼斯博里瓦日酒店（Hôtel Nice Beau Rivage）的一間小客房，簡樸但可愛，地理位置很棒，離海邊只有一個街區，步行不遠便可抵達迷人的舊城區。我在尼斯只有待二天一夜，所以到了之後只稍微休息，就開始到四處探索。狹窄的街道兩旁是整排五顏六色的店面，映照在溫暖的夕陽餘暉中。我把相機掛在脖子上，發現拍照是一種我可以獨自完成的活動，這激勵我沉浸並投入周遭的懷抱。

一整天，安娜用訊息跟我保持聯繫。到了晚上，她傳來轉帳的最新狀態：我今天開始處理帳務，只要他們用郵件寄給我FedRef（聯邦參考編號，用來追蹤轉帳），我就會轉發給妳。希望妳享受南法假期。

隔天是五月的第三個星期六，在當地是市集日。天空藍得很清澈，陰涼處相當涼爽。我一大早就離開博里瓦日酒店，重遊古鎮（Old Town）並享用早餐，探索加里波第紀念碑廣場（Monument à Garibaldi）的露天古玩市場。我很喜歡傢俱和小擺飾，讓我能拍照收藏，我感覺很滿足。

這一趟法國之旅，很快就跟摩洛哥之旅形成對比：住宿簡陋、充分的文化沉浸，取代了馬穆尼亞酒店的奢華，以及缺乏意義的探索。去馬拉喀什感覺是很久以前的事了。

隨著退房時間逼近，我走過尼斯新、舊城區之間的帕永大道（Promenade du Paillon）回到酒店。沿著人行道，間歇噴泉啟動的時間看似隨機：水柱從地面向上噴發，時而高，時而低。小孩們渾身濕透，又是衝過噴泉，又是繞著噴泉來試膽，笑得開懷。

◆

安娜說已經追蹤要轉給我的款項；我只需要等待。但在博里瓦日酒店的櫃台，我的經濟壓力突然被喚起。美國運通提高我的消費額度，讓我剛好可以安全離開摩洛哥，但我在尼斯使用我的信用卡時，仍然被拒絕交易。幸運的是，退房的前一天，正好是康泰納仕的發薪日，所以兩週的薪水，一如往常直接存入我的活期存款帳戶。我用來付住宿費。

我從櫃台領取行李箱，接著去外面搭計程車。我傳訊息給安娜：嗨，安娜，我的美國運通信用卡還是沒辦法正常使用，我身上的錢還夠過這個週末，但希望轉帳可以在星期一之前處理好，這樣我才有辦法付美國運通的帳單。希望你們正在沙漠中騎驢子。

安娜回覆，會在星期一的前半天入帳。我如釋重負。

我搭計程車去取租用的車。我從來沒有在國外自駕過，但我盡量不想太多。至少法國跟美國都是左駕。

自駕順利而且輕鬆，第一天我到普羅旺斯地區艾克斯（Aix-en-Provence）四處閒逛，度過美好的時光。然後驅車向北約十分鐘，參觀塞尚（Paul Cézanne）的藝術工作室Atelier des Lauves，我興奮地在他的工作室欣賞光線、風景、暈映——這一位我從小就欣賞的畫家就是從中得到靈感的。工作室裡，傢俱全被排列在室內空間的旁邊，中間陳列各式靜物主題：頭骨、碗、水果和畫布，排列成熟悉的靜態畫。從「幕後」看塞尚作品，是個愉快而奇特的經歷，不過工作室規模與他的藝術格局相比，不免顯得過於精巧。

接著我往北駕駛約二十分鐘，抵達拉蔻特藝術酒莊（Château La Coste），沿著蜿蜒小徑漫步其中，參觀了兩場藝術展覽，恣意徜徉於雕塑花園的美景。藝術酒莊的展覽空間，與塞尚工作室的優雅風格相比，更具現代感的磅礡氣勢。

到了晚餐時間，我才剛抵達盧爾馬蘭（Lourmarin），途中我短暫停留鄰近村莊，拍攝午後陽光下炫目的罌粟花田。幫我完成登記入住盧爾馬蘭酒店（Le Moulin de Lourmarin）的是跟我年紀相仿的男子亞當（Adam）。這座精品酒店由十八世紀橄欖油廠改建而成。

隔天一早，我走了一小段到盧爾馬蘭墓園（Cimetière de Lourmarin），經過鎮上時一邊拍照。這感覺很適合星期日的早晨，我的思緒來到帕蒂・史密斯（Patti Smith）與其追隨者到老舊朝聖地的事蹟。我在小墓地裡繞了兩圈，才找到文學家阿爾貝・卡繆（Albert Camus）的簡樸墳墓，就在一小區枯萎的水仙花中。

隔天上午十點，我的手機發出提示音，是一則安娜傳來的訊息。

希望妳一切安好，她說。我會確保今天處理好轉帳。她就像上好發條，在我詢問之前主動更新狀態。

感謝再感謝。我回覆。

我離開盧爾馬蘭，繼續充實的一日遊。我鉅細靡遺的逛著洛里（Lauris）的露天市場，讚嘆博尼約（Bonnieux）的景色，參觀戈爾代（Gordes）修道院，追溯珍妮阿姨在弗納斯屈厄（Venasque）遊歷的足跡（她在那裡租過房子），最後來到阿維尼翁新城（Villeneuve-lès-Avignon）。當晚入住的，是我法國之旅最豪華的一間酒店，由歷史建築改建的霞慕尼佩邑酒店（Le Prieuré），名列羅萊夏朵頂級精品旅館聯盟（Relais & Châteaux）的精品酒店。我在折扣訂房平台上預訂，價格低於兩百美元。

猶如天堂般的仙境。常春藤覆蓋的古老石牆，綠松石百葉窗，白色邊飾的大面窗戶，最重要的是，還有一間完美的花園小屋，完美地立在花草繁茂的花園裡。在這個中世紀小鎮逛了一圈，我回酒店的餐廳用晚餐。用餐的桌子在室外露台上，面向花園，彷彿正欣賞一場華麗的自然花草表演。鳥鳴混雜著鄰桌的交談聲。日光改變了風景，從明亮的黃綠色轉變成金色。我深深被眼前這片景色吸引，因為身處此地而由衷開心。過去這幾天，是我第一次獨自旅行的假期，而現在接近尾聲。雖然之後幾天我還會待在法國，但就不是獨自一人，而是和同事們一起。當我一邊吃著起司盤上的起司，一邊啜飲隆河谷（Côtes du Rhône）的葡萄酒，我對自己的決定和觀點，以及能給自足的經濟狀態感到自豪。

這一天結束的方式正如這一天開始的方式，我收到了安娜傳來的一串訊息。

第一則：嗨。

第二則：一切都好嗎？

第三則：如果妳那邊看到轉帳的結果，馬上跟我說。希望沒有讓妳的週末有太多麻煩。

我登入我的銀行帳戶。沒有入帳紀錄。嗨！還沒看到呢。也許明天才會入帳。我很好！沒有帶來太多麻煩，謝謝，只是我現在只能用我的轉帳卡，帳戶裡只剩下一千美元。呵呵。你們明天要離開了嗎？

是的，想直接搭直升機到卡薩布蘭卡（Casablanca），而不去浪費四個小時搭車。

哇！我回覆。

認識當地警察所以有飛行許可。哈哈。

天啊，安娜。妳還真有號召力。

隔天上午，我去阿維尼翁新城還車，然後下午與凱瑟琳和她的丈夫馬克約定會合，我們會一起開車去阿爾勒，入住Airbnb預定的短租住宿。等待的期間，我造訪聖貝內澤橋（Pont d'Avignon），然後步行到亞維農（Avignon）市中心，在那裡閒逛了幾個小時。

下午安娜傳來訊息，但只是再次抱怨娜芙。娜芙在推特上吹噓自己聽過小韋恩（Lil Wayne）尚未發行的《卡特V》（*Tha Carter V*）專輯——安娜說，其實來源是安娜有交情、偶爾會分享歌單的馬汀・希克瑞里（Martin Shkreli），他剛好也把專輯分享給娜芙。

安娜說過，她在因緣際會認識了金融界臭名昭彰的「製藥兄弟」希克瑞里。安娜第一次提起這件事，是在描述他們兩個人在Le coucou吃午餐。「我和他會面結束後，霍華德11號酒店的所有員工都走過來說，安娜，妳怎麼會跟地表上最討人厭的其中一人見面？」安娜是這麼說的。她很不滿酒店員工的多事（我有讓希克瑞里簽署保密協議。現在是怎樣，其他人也要簽一份嗎？）。安娜沒有發現多少人知道希克瑞里這號人物，也沒有意識到所有人對他的看法都很強烈。「這個嘛，沒錯，安娜。」我回答：「他是臭名昭彰的惡人。」安娜馬上為希克瑞里辯護，說他只是憑業務做決策，是懂得運用系統讓保險公司付出代價，而不是針對特定的人，況且他的行為不違法。在這一點上，我看出安娜的邏輯，證明了她可以切割商業行為中的道德與倫理。

關於她的淡然，我推斷她必須有這種心態才能在金融界有一席之地。我不同意她的看法，卻沒有爭論的餘地。

我告訴她不要跟任何人說，安娜繼續傳訊息，細數娜芙的不是。她說她當然沒有，從來沒有。

我同情安娜的沮喪。開什麼玩笑啊她，我回答。

只要不要蠢到極點，輕輕鬆鬆就可以把這兩件事情連想在一起。例如她在我住的酒店工作。還真巧啊。安娜說。

是啊。這樣真的不妥。妳應該叫她撤下推文。

她就是想吸引注意，安娜說。她刪除了推文，但都不回我訊息。還能拿她怎麼辦

算了啦。我回答。

凱瑟琳和馬克依約來接我，我們一同開車去阿爾勒。車程不到一個小時。那時是星期二傍晚，回紐約的飛機是在星期六。萊柏維茲的展覽則在星期五開幕式，因此這段期間可以自由安排。與凱瑟琳和馬克共事，我很開心能放鬆我的製作人大腦，依照他們的提議來制定計畫。我們現在是一個團體，互動有點類似侄女、阿姨和姨丈。此外，他們也已經造訪過阿爾勒——凱瑟琳去過阿爾勒拍攝。她分享在北派訥斯大酒店（Grand Hôtel Nord-Pinus）的奇聞軼事，像是美麗的古老傳說。我很慶幸能與他們同行，我仔細傾聽，敬畏之心油然而生。

◆

星期三上午，我們順道拜訪盧馬基金會（Luma Foundation），萊柏維茲和她的團隊正在那裡為展覽做準備。作品還在布置，但規模已經相當驚人。該展覽名為「早年：一九七〇至一九八三：檔案專案#1」（The Early Years: 1970-1983: Archive Project #1）。有超過八千張未裱框的輸出相片，展示在獨立架設的牆面上，整個空間由工業倉庫擴建而成。

輸出相片不是很華麗：是一種原始的感覺，貼近展覽主題。相片的集體效應帶來極具震撼的視覺效果。

造訪完盧馬基金會，我們前往距離阿爾勒幾英里的La Chassagnette有機農場餐廳享用午餐，途中我收到安娜的訊息。

一切安好？在阿爾勒了嗎？她問。

昨天晚上到的，這裡很棒！轉帳還沒入帳，我應該跟銀行查詢嗎？妳和傑西還在馬拉喀什嗎？

過了一個小時。馬克、凱瑟琳和我到達農場，坐在餐廳藤蔓覆蓋的棚架下，斑駁的陽光照在我們身上。我們品嚐葡萄酒，小菜上桌後就開始大快朵頤。

安娜繼續傳來訊息。

我會轉發聯邦參考編號給妳，方便妳的銀行追蹤。他們昨天有打電話給我確認轉帳。

太好了，謝謝，我回覆。你們今天出遊嗎？

是的。我的朋友們這週末要來馬拉喀什參加其中一人老婆的生日派對，所以我可能會多待一、兩個晚上，跟他們碰面。但傑西要先回紐約。

朋友們？我沒聽她說過，但我也沒有多做猜測。從我的回覆看起來，我不可能有什麼誤解。

旅途愉快！！！我回覆。希望妳順利入住美世酒店。

整個下午，安娜不斷傳來訊息。她說如果沒跟凱西上課，想嘗試新的私人教練：美世酒店可能有一些空間給健身使用，不然我也不確定還可以在哪裡。

用完午餐後，凱瑟琳、馬克和我開車經過卡馬格（Camargue），抵達桑泰斯－馬里耶德拉－梅（Saintes-Maries-de-la-Mer）。適逢一年一度的吉坦朝聖（Gitan Pilgrimage）盛會，這個海邊小鎮擠滿了露營車，來自歐洲各地的吉卜賽人聚在一起，以紀念他們的守護神聖莎拉（Saint Sarah）。

回到阿爾勒，我們跟其他來參加萊柏維茲開幕式的同事碰面，這時我又收到安娜的訊息。

傑西剛離開回紐約，我會在這裡待到星期五晚上，她的訊息寫著。

這是好消息。我離開馬拉喀什時，不知道傑西跟安娜會不會處得來。我們在一起的時候，我常常是一種緩衝。我自己去法國之後，傑西傳訊息跟我保持聯繫。一開始，我感覺他還算開心。他和安娜騎著騾子穿越阿特拉斯山脈；在卡斯巴達馬多特古堡酒店遇見酒店主人理查德．布蘭森爵士，並向他問好；跟在馬拉喀什一樣，安娜要求酒店安排私人網球課程。為了滿足安娜，卡斯巴達馬多特古堡酒店每天從馬穆尼亞酒店請來一位網球教練。網球教練跟安娜處得不錯，友誼向網球課之外持續發展。他加入傑西和安娜的晚餐與健行。我可以想像第三方的加入，這應該有助於傑西跟安娜的互動。但過沒多久，傑西的語氣變得焦躁：給妳參考——安娜今天試著訂明天的機票。結果訂不到二十四小時內離境去美國的航班。他說。

怎麼回事？我回答。我記得當初幫凱西訂機票時沒發生任何問題，我納悶他是不是搞錯了，但也猜他應該已經跟安娜查證過了。

我每天都在問有沒有可以回美國的航班。但她就是不訂。我也不知道為什麼。

這是安娜的標準作風。我回答。

我快瘋了。他說。

傑西顯然想離開。他要等安娜訂回程，但安娜遲遲未訂。所以安娜告訴我傑西已經搭機回紐約時，我確實鬆了一口氣。

凱瑟琳、馬克和我回到在阿爾勒的短租公寓。當天傍晚，安娜不停傳訊息閒聊。安娜告訴我，她打算在摩洛哥多待幾天，慶祝她的一個開發人員的老婆生日。之後再從摩洛哥直接飛往洛杉磯，參加Recode年度科技研討會。她更動了目的地：摩洛哥、洛杉磯、紐約。她轉發給我一封屬名布拉克（Peter Bracke）的電子郵件，他是處理安娜在美世酒店預約住宿的訂房專員，內容確認了安娜更新的入住日，還包括酒店與附近合作健身房的相關資訊。她找到新的空間，好推薦給之後新找的私人教練。

安娜：下週做三次健身課程？

安娜：我覺得跟他們說我們是美世酒店的房客，他們會讓我們隨心所欲。

安娜：所以可以把凱西安排在其他天。

安娜：呃，我忘了我可能要去加州。

安娜：可能五號的那一週再讓新教練基（Key）開始。

安娜：我不知道他能不能接受在最後一刻調動日程，我們可不想從一開始就失去他😛

獨處之後，我感覺精神煥發，並逐漸找回自我，開始想著，該是時候放慢我與安娜的友誼節奏。經過這次旅行，我看清我們的差異，雖然知道安娜賣力地維持，但我已經準備要給這段友誼一些空間。當下我沒有心情跟她一起做健身計畫。

我和一群朋友共進晚餐：凱瑟琳、馬克，還有萊柏維茲的藝術工作室經理，以及某家圖像授權公司的副總裁與她的丈夫。萊柏維茲本人為了明天重要的日子，打算早點就寢，所以只短暫跟我們打個招呼。我們七個人圍坐在度可特酒店（Hôtel du Cloître）庭院的一張小餐桌前。

午夜時分，我收到傑西的訊息。他被困在卡薩布蘭卡機場。他搭車離開酒店去機場之前，堅持要安娜再次確認他的回程航班。安娜當下信誓旦旦，但經過四個小時的車程抵達機場後，卻還是沒有訂票紀錄。

他難以置信。傑西早就習慣了受雇的旅行拍攝，這表示業主有責任確保他的旅程順利（提前預訂、並在出現問題時解決）。他無法容忍脫序，而且處理這些問題通常也不是他的責任。他希望工作日裡面都排滿行程、先訂來回機票和住宿。這很合理，我也是這樣預期的，但如果是跟安娜，顯然全都無法保證。

針對這個意外，安娜告訴傑西，她的助理在她更動住宿計畫時，誤將航班一併取消。滯留機場但歸心似箭的傑西想辦法自己買機票，但等他買到時，登機時間已經過了。

傑西把對安娜的怒氣全都向我發洩。讀著他的文字，我很難過他有這種遭遇。他被迫到酒店住一晚。

當天晚上我無法入睡，我登入銀行帳戶檢查是否有任何跡象。接著我登入美國運通信用卡帳戶。馬穆尼亞酒店總計三六〇一〇・〇九美元依舊在我的卡上。再來是康泰納仕給我的美國運公司卡帳上出現新的費用，也是來自馬穆尼亞酒店——這筆總計一六七七〇・四五美元的消費，是酒店在我的個人信用卡被凍結後，補刷的總金額差額。酒店顯然將我的公司卡存檔了。

我感覺我的胃激烈翻攪。

如果安娜的轉帳夠及時，我可以在不被發現的狀況下，用這筆錢付清公司卡上的帳款。但安娜越來越不可靠。雖然她對我的態度跟語氣沒有變，但她的空頭承諾讓我不安，她對傑西的態度也讓我擔憂。在紐約，安娜的離譜行徑和少根筋的作風，並未帶來什麼嚴重後果，但身處馬拉喀什，這變得很危險。儘管如此，安娜還是讓我們感覺自己置身在她的保護傘下。甚至當我屈服於壓力不得不付錢時，她就在我身邊，一再向我保證都會沒事——畢竟她是摩洛哥之旅的慷慨主辦人。不過，安娜讓傑西搭了四小時的車，然後把他丟在機場、沒有訂機票，也沒有伸出援手安排回程，這又完全是另一回事。

我開始覺得，安娜的疏忽是故意的，這讓我很焦慮。

第九章
奪回出牌權

我從馬賽（Marseille）搭機回紐約是五月二十七日，星期六。這時跟安娜討論還款的訊息已經是每天的例行公事。我們每天早上都會輪流起頭。

有時我會先起頭：嗨，安娜，還沒入帳。妳有轉帳的交易序號嗎？這樣我就可以打電話給銀行檢查狀態。

有些時候，她會搶先我一步開啟對話：看到入帳了嗎？我還在等匯款單據，我一收到就會轉寄給妳。如果到時還是沒有，妳的銀行可以用匯款單據來追蹤交易。

延遲讓我精神緊繃，但我相信會隨時入帳，所以我沒有把這件事告訴任何人。那個當下，我感覺似乎沒有必要，加上一直以來，我都把財務狀況當成私事。如果我是安娜，給朋友帶來這種壓力我一定會過意不去。不跟別人抱怨這些，是基於對安娜的尊重。此外，我認為自己比別人更了解安娜，所以尋求外人的意見，似乎也沒有太多意義。我合理化她的延遲，因為她經常本末倒置，例如在決定邀請的人之前，就先訂好庭院美宿，或者先訂好四人用餐，才再急著找人補滿座位。在後勤方面，安娜的裝備不齊，但不知為何每次都能成功。這可能也是延遲的原因之一。她啟動了計畫——雖然需要一段時間，而她還找不到當初轉帳的交易序號，我依然堅信最後會水到渠成。

我雖然非常緊張，但我很高興回到家，與我的小貓「布仔」團聚，並跟尼克共度一些時光。我還跟弟弟諾亞（Noah）碰面，他剛搬來紐約，住在奶奶瑪麗蓮的公寓客房裡——這是我們家族來紐約生活的必經儀式。在我旅行結束後的第一個週末，諾亞的女朋友從諾克斯維爾來訪。我們到布魯克林跟尼克會合，然後一起在自治市鎮（Borough）遊玩。我帶著相機，像在南法旅行時拍照留念，假裝自己還在旅遊模式。星期一是陣亡將士紀念日（Memorial Day），所以我們盡情享受連假。我依然對自己的財務狀況沉默。我一直很注重隱私，不僅是財務，就連情緒感受也是如此，所以把問題和壓力留給自己消化，這很常發生。就算這次，我感覺自己像是在否認眼前的事實，但仍努力試著消除壓力，繼續前進。

安娜說她會在倫敦稍作停留，然後直飛洛杉磯：紐約沒有人，幾乎所有店家都因紀念日休假，我不想到美世酒店才住兩晚，然後又必須去洛杉磯。

湊巧的是，那一週的星期四，我也會在洛杉磯。我會到比佛利山莊的瓦利斯．安嫩伯格藝術表演劇場，因為《浮華世界》將於十月在舊金山舉辦年度「新權勢名人峰會」，而我先到那裡為萊柏維茲拍攝的團體照場勘。再一次，安娜也希望參與這一場盛會。雖然我的場勘之行很簡便，但這個時機似乎不錯——如果到時候還沒入帳，我可以在那裡跟安娜碰面，處理我們的帳務問題。

然後呢？我會繼續跟她當朋友嗎？那時信用卡無法使用，我可以怪她依賴我嗎？她慷慨邀請我參加奢華的旅行，我認為，雖然她求助我的方式很糟糕，但只要她依約償還，損害就不會繼續下去。朋友有難，拔刀相助，這一直是我的行事風格。

但眼下的狀況已經把我逼到臨界點。安娜是不是想要我就此忽略她奇怪的延遲，也忽略傑西在摩洛哥回程的遭遇？

我對安娜的情誼有了不可逆的變化，我試著找出脈絡。與安娜的同行，揭露了她的特立獨行——而這將會帶來我從前沒發現的風險。她在紐約測試每一件事的極限時，風險似乎不高。但馬拉喀什不是紐約。安娜的魯莽，很難讓人發自內心地體諒。

等解決了這個問題，我會想要一些空間。也許沉澱過後，安娜和我可以維持比較隨性的友誼。我不想讓她成為我的閨密，但也不想當她是敵人。我從來不會不留退路，而且我不喜歡被討厭。絕交需要很大的勇氣。所以我認為，或許可以繼續當朋友，但要保持一定距離。她可能是我這輩子只會遇到的一次的特殊人物。現在，我必須把底線畫得更清楚。我會做好更多心理準備，評斷自己未來涉入安娜的麻煩的程度。不那麼親密，但仍維持友誼。

話雖如此，以目前而言，選擇跟她親近（而不是疏遠）似乎比較明智，至少等到入帳。我們持續溝通，主要是用訊息，偶爾通電話。我們沒聊到轉帳時，內容就跟平時一樣，感覺不出任何異狀。這種「正常」讓我放心。

一如往常，安娜受到宏大理念推動，從一個計畫跳到另一個，而她的燃料就是幻想。計畫前往加州的同時，她已經開始策畫下一步。

安娜說，目前我計畫在星期二下午抵達洛杉磯。Recode年度科技研討會在星期四午餐時間結束。那是她預計參與的研討會。

我告訴安娜我會在星期三晚上抵達洛杉磯，然後隔天下午五點前下班。

好的，聽起來不錯，安娜回覆訊息，也許我們可以在星期四晚上碰面。

沒錯，會很好玩，我回答。

安娜回覆，我們可以在星期四造訪道格．阿提肯（Doug Aitken）在棕櫚泉（palm springs）展示的《幻影》（*Mirage*），開車只要兩個小時。這是「沙漠X」（*Desert X*）最後一件開放參觀的作品。

安娜之前提過這件作品：阿提肯的《幻影》為「沙漠X」的一部份，是二〇一七年在科切拉山谷（Coachella Valley）開始展出的定地點展覽。

《幻影》的大小如同美國郊區的房屋，外觀難以形容，不過每一面牆上都覆蓋了鏡子，讓房子的每一面都映照出周圍的風景。可以在相關網頁看到簡介：

《幻影》是一種建築理念的重設：看似普通的郊區住宅，帶給居民及其土地新定義。現在，這個平凡的建築結構，反映出周遭的自然風景……令人再熟悉不過的建築結構成了一種框架，一個視覺迴聲室，不間斷地反映對純淨無人狀態的大自然理想，也是追求自然的征服……《幻影》正如反觀人類世界的鏡頭，可以構築並扭曲不斷發展的外來世界……沒有既定觀點，也沒有所謂正確的詮釋。這種寫實裝置藝術帶給你的每一次體驗都是獨一無二。

我知道安娜的喜好；這項裝置藝術符合她的所有期待。《幻影》受特定族群的愛戴，它的無常賦予了即時性，展示地點則讓它更獨特。我們可以在星期四開車去棕櫚泉，星期五參觀《幻影》，棕櫚泉派克酒店（Parker Palm Springs）尚有空房。

安娜：如果沒有人辦婚宴，或剛好遇上科切拉音樂節（Coachella），通常那裡沒什麼人。

我：是可以在那裡待兩個晚上，然後搭星期六下午四點左右的飛機回紐約，不要太晚。

安娜：好啊，我也是，隱形眼鏡下個星期就會用完，所以我也必須回紐約。

我問安娜需不需要我去接她？

不用，但我應該帶我的拍立得。

跟之前我們計畫時的互動差不多，但這一次，我對安娜的盤算抱持懷疑。

安娜：我們也可以租一輛可愛的車。經典款？

租一輛車從洛杉磯開兩個小時到棕櫚泉，這件事有意義，但她提議租「可愛的車」，讓我更加相信這個計畫根本不會成行。從那時開始，我把安娜的這種幻想當成試驗，就讓她隨心所欲，然後看看她到底會怎麼做。

三分鐘後，安娜傳來一個連結：一輛黑色的保時捷356 Speedster，內裝為經典紅色真皮座椅。

接著又傳來一個連結：一九七一年白色龐蒂克（Pontiac LeMans）。

安娜：哈哈，可以租得到。不過不確定該不該開長途就是了。

最後的連結：一九二八年的福特 Model A，亮藍色。

安娜：組一支小隊，哈哈哈。

我們聊著租車計畫，好吧。安娜從上而下探討各種可能。她總是先從最貴的選項開始，費用令人輒舌。跟安娜經歷過一連串的事件後，我心裡有數。

◆

那週的星期三，我正要前往機場的幾個小時前，安娜傳來一則訊息，我猜是她從倫敦發的。

如果我這邊忙完了，我會試著趕上洛杉磯的飛機。我現在已經錯過超過一半 Recode 年度科技研討會，她說。

兩個小時後，她又傳來一則訊息。

很不幸，我不會去洛杉磯了，要做的事情太多了……但我們還是要在今年夏天，租一輛可愛的車，一起去參觀道格・阿提肯的《幻影》。

好的。我回答。

我按照原計畫在當天下午飛到洛杉磯，隔天再搭深夜航班回家。

房租到期，我很緊張，但還是沒有入帳的跡象。我的焦慮不再是自己能承受的程度。

到達臨界點的我向尼克傾訴。

「尼克，我得告訴你一件事。」

「什麼事？」

「不知道為什麼，我們在摩洛哥的時候，安娜的信用卡無法正常使用。」

他等我繼續說。

「我用我的信用卡代墊，然後現在我的信用卡被鎖住了。」

「好吧……」

「很多錢，金額很大。」我結結巴巴地說：「我是說，她承諾會還我代墊的那些錢，但都還沒入帳，這真的讓我壓力很大。」

「嗯，這很糟糕。」他說。

「我知道，我的意思是，我相信一切都會沒事的。」我開始哽咽：「只是金額真的很大，我不知道為什麼會延遲入帳，安娜現在還在旅行，而且……」我急到快哭了。我們坐在沙發上討論摩洛哥之旅的每個細節。我說：「我相信她。只是金額真的很大，很多錢。」

尼克起身幫我倒了一杯水，我跟著他走進廚房。他關起冰箱，轉身時看到我淚流滿面，他放下裝冰水的杯子，將我抱在懷裡。

「是錢的問題而已，瑞秋，只不過剛好是很多錢而已。」

他說這句話的方式把我逗笑。雖然明明知道這一大筆錢真的會影響我的生活，但此時此刻，這是他能給我最好的安慰。

我給安娜的訊息內容開始越來越急了。嘿，小姐。妳真的覺得會今天入帳嗎？我需要繳房租。妳可不可以……用立即轉帳的方式先轉給我兩千美元，讓我繳房租的支票不要被退票嗎？我的美國運通個人信用卡和公司卡的帳單也都到期了，但可以等到星期一再繳。

為了協助解決，安娜說要引介德國的貝蒂娜．瓦涅（Bettina Wagner）給我，說她是她們家族的會計師。

安娜還在旅行的期間，貝蒂娜會協助我預付報銷款項。我依指示啟動我的銀行即時轉帳系統（Chase QuickPay）請求。六月一日，安娜把我的銀行即時轉帳系統請求寄給貝蒂娜，也一起副本給我。

貝蒂娜，兩千美元的即時轉帳已經好了嗎？也請追蹤已經逾期近兩個星期的轉帳，瑞秋是我的摯友，她大方地提高她的信用額度以支付我的花費。

確認後盡速將郵件副本一併寄給我們兩個人。

幾個小時後，我也寄信給貝蒂娜。

嗨，貝蒂娜，正如安娜在郵件中所提到的。再請協助。

謝謝

瑞秋

安娜立即回應了我的郵件。

貝蒂娜，現在已經是紐約時區快下班的時間，請確保盡快完成轉帳，並將交易成功確認信轉發給每個人。妳有權限驗證我的帳戶，而且這根本沒有理由延遲。正如我之前多次提到的，這筆帳不用等，這是個人之間的匯款，聯繫所有需要聯繫的人，現在馬上進行。如果有必要與我本人聯繫，隨時打我917開頭的美國號碼。

謝謝

安娜・德爾維

一個半小時後，貝蒂娜終於回覆。

安娜，我為轉帳的延遲道歉，我們已從這裡提交了所有必要資訊，應該很快就會收到銀行的確認信。目前沒有需要更進一步的動作。

我們將盡快與各方取得聯繫。

致上親切問候

貝蒂娜．瓦涅

當天與接下來的日子，我一如往常，彷彿不覺得事情會出錯。距離我的大學室友凱特的婚禮只剩下兩週，凱特住在麻州阿姆赫斯特（Amherst），她在週末特地來紐約試婚紗。她的婚禮不會有伴娘，但我是「非官方伴娘」——她說我是「沒有妳就辦不成婚禮」的那種朋友。我們兩人坐在聖馬克廣場（St. Mark's Place）的Café Mogador吃摩洛哥式料理，啜飲法國葡萄酒。摩洛哥和法國的組合……這有什麼象徵嗎？還是我多慮了？我抑制焦慮。跟凱特在一起，就像呼吸新鮮空氣，雖然不安，但正因為這份不安，讓我感覺她的陪伴格外特別。我投入這一段深厚的友誼，並為此慶幸，將全部的注意力都放在凱特身上。我們構思著婚禮流程。我心想，這是她人生的重要時刻，我為她開心。我守住讓我焦慮的祕密——它開始將我吞噬，但我還是把情緒隱藏的很好。

凱特離開紐約不久後，珍妮阿姨和她的閨蜜潔妮（Janine）也從華盛頓特區和紐約上州（upstate New York）來訪，潔妮可算是我們家的一員，她跟珍妮從英國求學時期就認識，兩人的友誼維繫了一輩子。潔妮圍著絲巾，塗了鮮紅色的口紅，手上配戴許多純銀手鐲，舉手投足間叮噹作響。

我們三人在星期一晚上到下東區吃晚餐。她們很想聽我說旅行的事，尤其是給我許多南法旅行建議的珍妮阿姨。

我期待跟她們分享旅行中的見聞，但同時我也對自己承諾，絕對不提到安娜的事。沒必要讓她們擔心，再說，我也對花費感到不自在。

總之，我本來是這樣打算的。

但就在第二杯酒和最後一塊鴨肉之間，我不小心說溜嘴。

「是的，馬拉喀什很棒，但有一件奇怪的事情……」

這樣起頭。我發現說溜嘴後，只好開始敘述緣由。我一邊說，一邊強調我信任安娜的這種信念，努力把一點樂觀加入所有的可怕之中。然後她們開始發問……

「多少錢？」潔妮問。

我告訴她們金額，接著是一陣沉默。

「妳覺得她有可能是騙子嗎？」珍妮阿姨問。

我笑了出來。「誰？安娜？」我說：「不會啦，不可能。以外人的角度來看，我可以懂妳為什麼這樣想，但是，安娜不會是騙子，只是少根筋，常把事情搞得一團糟。我覺得她可能是事情太多才會這樣，她現在隨時都會從倫敦回來，所以，我確定很快就會解決。」

我懇求珍妮阿姨和潔妮要保密，不想讓任何人有不必要的擔心。

就在那天稍早的下午，安娜還一直跟我聯絡。她還在國外。她告訴我，有個在她家工作三十年的員工剛過世，她需要中途回德國一趟，參加告別式。

安娜說，迫不及待想回到紐約，回歸我的正常生活。

再撐一下！！💕，我告訴她。

我看似平靜，大腦卻超速運轉來合理化安娜的延遲，並思考如何解套。與珍妮阿姨、潔妮談過之後的星期二，我一早醒來發現自己疲憊不堪，像是大夢初醒，我回到了現實的殘酷，我立即發送郵件向貝蒂娜詢問進度：

親愛的貝蒂娜，

可以麻煩妳更新匯款進度？延遲已經使得我其他付款也延遲。請確認這筆匯款會在今天上半天入帳，如果有什麼需要我做的，請告訴我。

謝謝

瑞秋

然後我也傳了訊息給安娜，讓她知道情況：安娜，我真的很擔心錢的問題。一切都沒問題嗎？可不可以請貝蒂娜確保今天會入帳？我要付房租的支票會被退票，而且我也沒辦法支付尚未付款的帳單。

現在幫妳追蹤，她寫。對不起，我的錢包不見／被偷了，現在有點壓力，我需要重新申請所有東西，然後搭上飛機。不過妳的轉帳跟這個無關，我會打電話給貝蒂娜。抱歉耽擱了。

傳訊息給安娜後，我就先開口向尼克借兩千美元，以避免房租的支票被退票，而尼克也大方答應請求。

同一天上午的稍晚，我收到凱西的消息。凱西說，安娜在卡薩布蘭卡遇到一些問題。在卡薩布蘭卡？我以為她在倫敦。凱西告訴我，安娜在卡薩布蘭卡的四季酒店（Four Seasons）待了四個晚上，然後沒辦法付帳單。當酒店經理到安娜的房間要求付款，並威脅要報警時，安娜心煩意亂地打電話給凱西。凱西與經理通話，並試著安排匯款，但他們已經失去耐心，要安娜立即離開。他們請保全戒護她離開，凱西設法替安娜叫了一輛車，現在她正在前往機場的途中。

啊！真糟糕，我回覆。我把馬穆尼亞酒店的事告訴凱西。讓她知道最後付清所有費用的是我的信用卡，而且目前還沒收到安娜的轉帳，我急需這一筆錢。

凱西：事情不太對勁。

我：她不會跟她父母要錢。

我：她的會計師一直跟我有聯絡。說今天入帳應該沒問題，但我有不祥的預感。

凱西：她為什麼在摩洛哥待這麼久！？而且還是自己一個人？！

我：不知道。我以為她要去……

我：她告訴我她的錢包被偷。她到底在做什麼？

安娜顯然遇到麻煩，但到底為什麼？可以用什麼方法來處理呢？凱西和我知道朋友陷入困境，無法袖手旁觀，因為助人是我們的天性。我們一致認為最好的方式是聯繫安娜的家人，但是沒人知道聯絡資訊。我跟凱西說，安娜有跟我說過她的家庭狀況，不過有時候很難懂……就是很模糊。

當天下午稍早，我收到貝蒂娜的郵件。

親愛的瑞秋，

我在等待銀行轉帳人員的確認信，然後會立刻轉發給妳。

妳屆時可以用來追縱轉帳狀態。

祝好

貝蒂娜

我回信：

親愛的貝蒂娜，

已經兩個多星期了，妳本來就預期今天才收到確認信嗎？

妳昨天就說我會收到確認信，也說會在昨天入帳。

我無法承受拖這麼久。

謝謝妳的理解

瑞秋

兩個小時後，在貝蒂娜沒有繼續回覆的情況下，安娜開始傳訊息給我，告訴我她經歷的困難。

安娜：這幾天的生活簡直像煉獄。

安娜：再也不旅行了，哈哈。

我：哎呀，聽起來很糟糕，真為妳感到遺憾。我在入帳之前，也都會是水深火熱。一切沒問題嗎？我不明白貝蒂娜延遲是為什麼。

安娜：我會再打電話給他們。對不起，最瘋狂的一天，我還在機場試著趕上飛機，然後還要重新申請我所有的信用卡。

安娜：讓妳陷入這種處境，我感到萬分抱歉。

幾個小時後，我收到凱西的訊息。

凱茜：安娜轉帳給妳了嗎？

我：還沒。

凱西：她要我幫她買兩千五百美元的商務艙！妳跟她談過了嗎？太誇張了！

我：我傳訊息給她問她是否平安。

凱茜：然後呢？

我：她說她很抱歉還沒入帳，所以才沒有找我幫忙。（再說，我也真的沒錢可以幫她）

我：我不認為她會還妳錢。

我：你有沒有建議她跟父母求援？

我：我不知道該說什麼。

我：我希望這個經驗可以給她一點教訓。

凱西幫安娜買了機票，安娜隔天下午回到紐約。她預計先到比克曼湯普森酒店（Beekman）。她在還沒通過海關之前傳給我：如果妳願意，歡迎下班後過來吃點東西。

我們已經見識過她的惡行，難道她不知道嗎？她的冷處理令人驚訝。金錢壓力讓我喘不過氣。如果妳有空，那約明天，我說。我只是在拖延，不打算真的赴約。好的。如果妳想一起的話，我明天可能會約凱西。

她是在測試我，還是純粹想念我們相處的時光？訊息是我目前唯一能面對她的方式。儘管如此，我還是很高興安娜回紐約，而且她的酒店就在我辦公室附近。雖然安娜現在跟我在現實面的連結很脆弱，但她在附近的事實，給了我恢復正常生活的希望。

第十章

安娜之謎

我繼續守著祕密，但隨著謎團越來越複雜，我還是忍不住用非常含糊的方式，跟《浮華世界》離我最近的三個女同事分享這件事，她們很震驚。描述我跟安娜的友誼發展、變調的過程之後，我詢問她們的想法——她們之前就聽我說過，我常常跟著安娜去Le coucou用餐、做紅外線桑拿，以及早晨的私人健身課程。而且她的作風古怪，這我們都知道，而這個曾經滿有趣的特質，現在卻令人擔憂。

安娜已經返回美國，因此更接近她的銀行和專員，我想她應該更容易處理財務問題。安娜告訴我，她的稅務出了問題；她不知道用「安娜．德爾維基金會」的名義工作也要繳稅。而國稅局因為她欠稅未繳，所以凍結了她的帳戶，但她說這已經處理好了。我有一整個律師團隊跟我確認一切都處理好了，她說。轉帳不該有延遲。

我相信她的說法。我想她應該是沒有花時間，或沒辦法在旅行時跟她的律師團隊連絡上。既然她現在回美國，也掌握了第一手情況，我相信會跟她說的一樣，把欠我的錢給我。

到了這個階段，銀行即時轉帳系統的客服已經被我設定成快速撥號。我每天至少打一通電話，希望聽見新消息。

我跟尼克借來的錢撐不了多久，同時，我也完全放棄貝蒂娜，我確定她沒有完成匯款。尼克跟我開玩笑，說「貝蒂娜」可能是安娜的假電郵和假名。這個想法很有趣，但我萬萬沒想到是真的。

美國運通打電話向我詢問付款日的頻率越來越高。我盡力解釋：匯款隨時會入帳，這樣就可以繳款。我卡在承諾和實際行動之間無法動彈，只能等待。

幾天之後的中午，我的手機發出訊息音。是安娜。我拿到了轉帳交易序號，編號G08710100031505。不確定是否有幫助。我心想，萬歲！將辦公椅推離辦公桌並旋轉了一圈。我期待已久的這一刻終於來臨。

尼克陪我一起去銀行。我前一天晚上因為過度焦慮而失眠，他很擔心我。我們在西田世貿中心（Westfield World Trade Center），也就是我辦公大樓地下室的商場碰面，然後一起去銀行。我們看著銀行員仔細輸入安娜給的交易序號，但這組號碼不是系統能辨識的格式。

我心跳加快，精神低落。這不是好預兆，我明明知道的，但仍然保持一種任性的樂觀。整個下午，我被擊倒，但沒有被打敗，我不停地向安娜要求聯邦參考編號，而不是她今天這個無法辨識的序號。

我真的不懂為什麼還沒入帳，我傳訊息給安娜。從我們還在馬拉喀什開始，我就一直在等待妳說的這個聯邦參考編號。每天都說在處理中。不能一直這樣下去。妳可不可以傳給我（追蹤序號），證明轉帳真的在進行（？）

已經用郵件轉發給妳，安娜終於跟我確認。讓妳身陷這個情況，我再次感到非常抱歉，我應該更有條理去安排事情。我匯了比欠妳的實際金額更多的錢，當作對還款延遲的感謝和道歉。我檢查電子郵件，看見安娜轉發來自一個叫瑞安（Ryan）的人訊息。其中包括聯邦參考編號。當天傍晚，我每隔幾個小時就登入我的銀行即時轉帳系統，檢查是否已經入帳。

我：還是沒有入帳，我會繼續檢查我的帳戶，跟妳更新狀況。

安娜：好。我的帳戶已經完成扣款了。

我隔天不到五點就醒來，怎樣都睡不著，心中充斥著恐懼與不安。我回覆安娜昨晚的最後一則訊息。

我：妳之前也一直這麼說。還是什麼都沒發生。我為此失眠。我胃痛翻攪不舒服。今天上午要是還沒入帳，一定是出了什麼嚴重的錯。

安娜：有什麼我可以幫忙的嗎？

我：能不能從妳那邊，用聯邦參考編號檢查轉帳狀態？

安娜：我不知道，我的銀行營業時間一到，我就會致電詢問。

安娜：妳的銀行怎麼說？轉帳需要時間很尋常，尤其是金額高的交易。

我：我的銀行說，國內轉帳通常是當天交易，而且大多會在二十四小時內完成。

安娜：如果轉帳因為某種原因而需要更久，我再用PayPal給妳錢。

我：謝謝妳，安娜。我很抱歉大半夜還傳訊息給妳。我為了這個精神緊繃。

安娜：沒問題，我知道身陷這種情況一點也不好玩，而且是我造成的，妳絕對有理由對我不高興。

聽到她認同自己該對此負責，我感到欣慰。她說出我的感受，讓我認為她理解我生氣的理由。在這之後的一、兩個小時，我感覺輕鬆許多。但到了午餐時間，恐懼感又開始了。

我：我可能會因此丟掉工作。銀行說妳給我的聯邦參考編號無法辨識。

安娜：等我一下，我在開會。

我：安娜，這到底是怎麼回事？

我：？

安娜：剛開完會。

安娜：我現在就打電話給他們。

安娜：他們正在開會，下午兩點半之前會回電。

我：為什麼都有新藉口？我覺得妳一直在拖延。拖了幾個星期，已經到我無法再承擔的地步。我沒辦法了。

安娜：我真的很努力在處理這個問題。

安娜：不是一切都是我能控制的。

我：感覺不對勁。絕對有什麼原因阻撓入帳，一定出了錯。轉帳不需要幾個星期，甚至也不需要幾天。我覺得妳沒有跟我說實話，我不該這樣追著妳討錢。

安娜：如果妳要我跟妳公司的會計，擔保說我會承擔還沒付清的責任，並說明帳上出現這些費用的原因。我可以。

安娜：星期三的時候，我就已經處理好所有付款的問題。

我：我只是不知道，為什麼不能跟我們當初說的一樣：我到現在還沒收到匯款確認，從上個星期三到現在又已經過了兩個工作天。

安娜：昨天送出轉帳。對不起，我沒有妳想要的匯款確認形式，所以無法轉發給妳。

我：我不在乎確認匯款的是什麼形式，我只要能證明轉帳昨天匯款到我名下帳戶的隨便一個資訊就可以了。

我：跟我說實話。我不懂為什麼一個轉帳會搞得這麼複雜。

安娜：我一收到轉帳證明就馬上寄給妳。

安娜：PayPal可以讓我轉帳五千美元，要提供通訊地址證明才能轉帳更多。

安娜：（五千美元）可以嗎？

我：可以，謝謝。

我收到一封PayPal的電子郵件，主旨「有錢入帳」；正文寫道「安娜．德爾維轉你五千美元。」

安娜從來沒有用PayPal匯款給我，而且我也幾乎沒用過我的PayPal帳戶，我不是百分之百知道這個系統怎麼運作的。我登入PayPal，檢查郵件上寫的是不是真的，看到這筆錢之後，我立即轉入我的活期存款帳戶。

安娜：（轉帳）應該在星期一之前會入帳，如果沒有的話，他們有權可將此事升級並索賠。

我：他們沒有給妳任何形式的轉帳確認嗎？

安娜：還沒。

我：那我不認為妳的銀行昨天真的有處理這筆轉帳。妳給我聯邦參考編號，銀行系統無法辨識，他們不能給妳任何收據嗎？妳本來就預計在今天收到收據嗎？啟動轉帳，收據就會一起產生。然後可能需要四十八小時（不超過），才會顯示在我的帳戶上。

我：妳說昨天就會入帳，然後現在又說下個星期一入帳，一天拖過一天，也沒有任何保證，因為沒有任何證明有轉帳的證據。

我：我不知道妳說的「升級」是什麼意思，因為我以為這早該處理好了。

安娜：星期一就會入帳。

安娜：如果還是沒有入帳，我會從另一個帳戶匯款／領取現金／開立支票，或用其他方式。

安娜：又不是什麼大不了的事。

我：好。這對我來說可是一件大事。

我：妳知道的。

我：我的工作和財務狀況岌岌可危，如果妳今天沒有給我五千美元，我可能就此失去公寓租約。我睡不好。每天凌晨四點被嚇醒，惶恐不安。現在生活被搞得一團亂。這是一件大事，實際上是我最痛苦的經歷之一。我不明白妳為什麼會說，這不是什麼大不了的事。

安娜：我這樣說，只是要告訴妳我有其他方式可以解決。

安娜：不是只有這一筆匯款的方式。

安娜：我要表達的是這個意思。

上面這種訊息來來回回，成為令人理不出頭緒、想到就反胃的例行公事。每天都晚上糾結、早晨慌張。當安娜用PayPal給我錢之後，我才終於有能力支付我的美國運通個人信用卡，五月帳單「最低應繳金額」的一九二二・六六美元。我的六月結帳單也在本週末結算，最低應繳金額為三二八七九・六〇美元。我很高興收到安娜的錢，但這種金額對我的財務壓力，卻幾乎使不上力。而且，我越來越激烈的懇求或指責，開始讓她無動於衷。我傳給她的每一則訊息，只得到迂迴的回應。她展開攻勢，一波又一波的訊息，說我最後會踢到鐵板、甚至噎到，都是充滿嘲諷的話中話，還有拖延戰術。我越來越絕望，不過安娜顯然誤判了我的韌性。

我跟安娜就這樣持續交戰，日復一日、一週又一週。儘管如此，我仍準時上班。每一個拍攝細節、電話、談話，好像都需要兩倍力氣來完成。我預約了一位攝影師和一個工作室來拍攝音樂家貝克（Beck）的個人照；跟倫敦一位經紀人積極安排演員克萊夫・歐文（Clive Owen）的拍攝檔期。我在這個領域工作多年，很多事早已內化，就算很忙的時候也是如此，但我現在已經快到崩潰的邊緣。你是造型師的助理嗎？好，太好了：你可以在工作室的這邊準備；你們都餓了嗎？中午有安排用餐。我看看外燴能不能早一點到；嗨，我只是打電話確認要提前多久安排你去機場的車？就算只是這種事，我都心不在焉。我試著在週末緩解壓力，卻得到最嚴重的恐慌，因為安娜的銀行週末沒有營業，也就沒有入帳的希望。

我幾乎把所有的精力都花在安娜身上，合理化她的拖延、向她追討。「**還沒有入帳，但一切會沒事的。**」我一直這樣回應尼克、珍妮、潔妮的關心，但其實大概只是說給自己聽的。這不能說服任何人。焦慮在晚上達到巔峰，我躺著無法闔眼。沒有感覺是真實的，似乎什麼都有可能發生。要是安娜不還錢呢？我等了這麼久，才敢擠出這些話，好像只要說出來就會這樣發展。撐到現在，我因為過度焦慮而失眠，我終於對尼克說出這些話，並深切感受到話語中的真實感。這個事實將我撕裂。

我喘不過氣來，尼克輕撫我的背。我被恐懼吞噬，哽咽說出感受：「我……不可能……把……這些錢……補回來……我永遠……無法……存夠錢……買……房子……我沒辦法……生自己的小孩。」

我徹夜未眠。但安娜的銀行員在德國，那裡比紐約快了幾個小時。也許今天，一定是今天會入帳。我不得不繼續堅強，我用一隻浮腫的眼睛盯著手機，冷敷另一隻闔上的眼睛。我的手指在黑暗中發出光芒。凌晨五點的訊息，要怎麼傳達急迫感？能不能讓安娜感受到急迫、讓她理解，並採取行動？我整理頭髮、化妝，準時上班。我遇到同事時微笑致意，不知道他們是否看出我失眠。平時保護著我的泡泡扎入了一根刺，我感覺氧氣正在快速流失。安娜說過，今天早上、下午、結束時會入帳。現在應該已經上軌道了。

◆

到了六月中旬，依舊還沒入帳。在凱特婚禮前的那一個星期四，我下定決心：安娜已經占去我太多精力與時間，不能讓她也占去我參加凱特婚禮的時間。我把精力轉向，開始關心即將結婚的凱特：我到布魯克林的裁縫店取婚紗，也租好一輛車，在隔天早上六點開去阿姆赫斯特，預計中午前抵達，與準新娘共進午餐。

安娜：妳什麼時候回來？
我：星期日傍晚左右。
安娜：好像快一個月沒跟妳見面了。
我：我們旅行的時間一直錯開。
安娜：我回來以後，就一直沒有好玩的事。
安娜：我們來計畫下個星期一要做些什麼。
安娜：我會在美世酒店。
我：我真的需要等這次事件解決，才能玩得開心。我的壓力太大。

好玩。我們這一段看似不可能的友誼，開端就是好玩：泡夜店，高檔晚餐、白葡萄酒、精品名牌。現在好玩的部份已經結束了，但我們仍有牽連，這非我所願。我不想要她出現在我的生活，但又不能讓她一走了之。安娜是否故意讓我跟她有牽連，創造出這種局勢讓我無處可逃？她怕我離開嗎？她想讓我需要她嗎？這是她渴望的權勢？

在阿默斯特，除了尼克沒人知道我跟安娜的問題。我當然可以說出來，他們也會在我身邊支持，但這種時空下，不太適合說這種事。此外，待在許多好友旁邊，我就感覺到支持的力量了。我需要他們。我們九個人自大學就維持著姐妹般的情誼，不是因為我們參加了姐妹會或俱樂部，而是因為我們選擇成為彼此的好友。這裡沒有安娜的容身之處。我沒看過安娜有任何持久的友誼。她天性麻木、反社會，還跟常規脫節。她需要把我當成紐約的一個管道，當成一個認識她的人。我對她的接受，會鼓勵其他人接受她。現在我懂了。

我的朋友麗茲（Liz）在綠地山坡上的白色帳篷裡主持儀式：「我們在康乃狄克河谷的溫柔懷抱中，」她說：「我們齊聚此地，見證凱特與羅素（Russell）的愛情，祝福他們選擇在此共組家庭的決定。讓此地的壯麗，使你們的心靈平靜。」每個人都很平靜，一切靜止。「現在，凱特和羅素，請你們轉身背對彼此片刻，如果可以的話，看看這些面孔……你們選擇跟這群人在一起。」

在創傷中，生活會在高與低的對比中展開。你感受高潮和低落的程度會被放大。為了我親愛的朋友們，我用愛克服一切，我哭了。

◆

回到紐約，又是惡夢的開始，而且越演越烈。「妳看不出來不對勁嗎？」尼克生氣了。我一直讓尼克了解我的努力，並在糾結時，給他看一些安娜傳來的訊息。尼克對那種敷衍的態度越來越生氣。有時，我面對尼克的悲觀主義，卻發現自己還是在替安娜辯護。

「如果她有轉帳，那錢去哪裡了？」他問。

「我打電話給銀行的客服，他們說轉帳還沒出現，但如果明天還沒入帳，安娜會用現金或是其他方法。」我說。

「這傢伙沒有一句話是真的！」他回答。

當然，我也擔心有這個可能。但我還能做什麼？我試著在不嚇跑安娜的情況下，盡可能堅定立場。她繼續跟我聯絡是一種安慰——至少沒有沉默或消失。

恰恰相反：她一直跟我保持聯繫。已經啟動的轉帳不只一筆，至少會有一筆入帳吧。或許她可以把我的應繳總金額轉給她自己。可以用比特幣嗎？她問。

嗯，不用，謝謝！我不知道怎麼用比特幣付美國運通的信用卡🙆，我回覆。

安娜說：總之，昨天的轉帳已經在進行，第一筆只要從我的律師團那裡驗證，就會匯入。今天看看哪一筆會先到。

然而，一天接著一天，還是沒有任何跡象。妳收到轉帳確認信了嗎？我傳訊息給安娜。過了三個小時。我又傳了：我的帳戶還是沒有入帳。他們有寄給妳轉帳的相關訊息嗎？一天快結束了，我以為妳說今天會入帳？安娜？？？

我沒有SWIFT（環球銀行金融電信協會）的識別碼，我在開會。她回覆。我有幾通未接來電，現在不方便講電話。沒有收到任何有關延遲的郵件。如果星期一早上還是沒入帳，我們可以碰面，用現金的方式。

好的，我說。據我了解，SWIFT通常用於國際轉帳。

安娜繼續說。我給了銀行防詐騙部門要求的所有資料，我交代每一個人都把這一筆轉帳視為首要任務。我為這整件事件抱歉，妳會沮喪也是理所當然，但這不是我的疏忽，每個人的要求都越來越荒謬，問個問題也要四十八到七十二小時。我剛剛才在語音信箱聽到一則留言，他應該早在星期三就回我電話了。

對不起，我回覆訊息。我知道妳也不想這樣。

沒錯，真的不太簡單，她回答。一百件事情只有一件事順利，九十九件都一波三折。

又過了星期一，還是什麼都沒有，沒有入帳，沒有現金，也沒有明確解釋。安娜繼續找藉口：我在等待我的律師團處理（銀行的）最後一件事。之後應該就沒問題了；他們必須查對更多資料，我不知道上星期五是德國的聯邦法定假日，所以他們今天才收到資料；我在開車，等一下再傳訊息給你。

開車去哪裡？我回覆。安娜，這件事很緊急，而且已經拖了好久！！我們需要今天碰面，然後用現金轉存。我不能一直枯等。這讓我壓力很大。

回去市內，她寫，說自己一直在紐約上州處理與工作上的「緊急事件」。我整個晚上都忙著處理歐洲那邊的業務。

我回覆她。好的，妳領好現金之後可以傳訊息給我嗎？看我要在大通銀行還是花旗銀行等妳，都可以。

但一整天下來，安娜要不是「在車上」，就是「在開會」。她凌晨三點傳訊息給我：剛回來，明天上午得再到紐約上州。我得在早上七點到八點啟程。如果我趕得上一家已開始營業的銀行，我可以把完整保護好的信封交給世貿中心一號大樓，這樣或轉帳，其中一種會完成，或等我下午回來。約莫兩個小時之後，安娜又傳訊息給我。

我徹夜工作，今天可能要下午才會回來，但我保證會在今天處理好。

那天早上醒來，我馬上回覆安娜：請保持聯絡。我的帳戶沒有入帳。也沒有收到任何SWIFT的郵件。我不奢望今天會入帳。請妳在今天銀行關門前領現金。只不過那天下午，感覺安娜不會在銀行關門前回來。安娜繼續傳訊息。我可以自己用嗎（現金轉存到妳的帳戶）？這邊有（大通銀行），她說。我打給大通銀行詢問這是否可行，他們說，安娜可以用我的名義存入匯票、銀行本票，或是一般支票，但不能用現金轉存，而且支票清算的過程，可能最多需要七天才會入帳。安娜認為銀行本票是選項中最好的。

好吧，我寫訊息給她，如果妳今天趕不回來只好這樣。我猜今天回不來了？？妳今天會去大通銀行，用妳的名義存入銀行本票吧？

我到大通銀行的時候，會跟妳說，她回答。

一個小時後，我傳訊息關心她。去銀行了嗎？請務必留足夠時間，確定這次會完成。有，她承諾。

現在到什麼階段？銀行本票開了嗎？

我現在在一家分行，她寫。然後，幾分鐘後，他們的現金不夠，我現在要去另一家分行。

沒有足夠現金開銀行本票？？？我問。完全不合理。

現金，是現金，她回答。現金可以立即使用。銀本支票至少需要一天才能完成支票清算……

我不能替清算的時間負責，而且支付這筆錢是我的責任。……我的意思是，如果他們又擱了（支票清算）幾天，妳還是會很沮喪。

我們不是才剛決定要用銀行本票嗎？我不是才剛告訴她，不能用我的名義做現金轉存嗎？是我腦子不清楚？還是她的腦子不清楚？

如果沒有足夠現金，就開銀行本票。我告訴安娜。此時，我寧願等待本票的清算，而不是等待轉帳。至少銀行可以追蹤到這筆交易。

兩個多小時後，我問，現在是什麼情況？安娜沒有回覆。真的感覺妳只是在拖。到底怎麼回事？

將近一個小時後，安娜終於回覆，我確實有到銀行完成要辦的事，抱歉，沒回妳是因為我在車子裡睡著了。

……結果妳用什麼？我問。

她說，花旗銀行的一般支票。

◆

隔天是六月二十二日，星期四，距我離開摩洛哥已經過了一個月又兩天。如果安娜領了那張支票，我希望她在又碰到意外之前，快點把支票交到我手上。是跟她面對面的時候了。

我沒有事先通知，無預警地在上午十一點走進比克曼湯普森酒店。嘿！我在妳的酒店這。

妳的房號幾號？我傳訊息給她。沒有回應。我用手機打電話。沒接。我毫不猶豫走到禮賓櫃台。「你好，可以麻煩幫我用內線打電話到房客嗎？安娜・德爾維。謝謝。」我不緊張，我很生氣。我直白而堅定。

安娜聽起來很昏沉：「妳好？」

「嘿，我在這裡。妳住幾號房？」

這是從馬穆尼亞酒店之後，我第一次跟安娜見面。她看起來很憔悴，剛睡醒的頭髮塌了。沒有化妝，睫毛參差不齊，延長的睫毛到處缺一角。她小小的房間堆滿物品，非常雜亂。精品店包裝紙張散落各處。她的行李箱敞開，東西爆滿。她在摩洛哥訂製的黑色亞麻洋裝包在乾洗店的塑膠袋裡，掛在敞開的衣櫃門上。

「支票在哪裡？」我問，試著簡化。安娜在成堆的文件中翻找，在一堆衣服下搜尋，然後把衣服隨手亂丟，還把每個袋子裡面的東西倒出來，然後說支票留在車子上。安娜解釋，昨天在紐約上州完成工作後，她跟她的一位律師共乘叫來的特斯拉。支票一定是掉在那輛車上。

當然不會這麼簡單。當然又會有問題。

她先是打電話給特斯拉經銷商，接著又致電她律師的辦公室。（她說「他一定有那張支票」。）我拒絕離開。安娜要我放心，說支票會送回來。她先是說支票會送到我的辦公室，但因為她無法給我那位律師的手機，所以我決定不走。我跟著她到Le coucou，安娜在這裡跟另一位男性律師吃午餐，對方介紹了一位男性私人理財經理給安娜。經理似乎很佩服安娜的藝術基金會構想。跟我先前看她描述基金會的方式相比，今天的表現顯得平淡。她說話像是青少年，還一邊說話一邊撥弄頭髮，講得很跳躍。我們吃過午餐後，其中一位男性付了帳單。我跟著安娜回到比克曼湯普森酒店。她告訴我，她需要打一通電話會議。

「無論妳現在要做什麼，」我說，鐵了心哪兒也不去。「我等。」

她沒有打電話。結果我們並排坐在酒店中庭下方的俱樂部酒吧裡。我們的桌子圖案像棋盤。安娜照常點了牡蠣和一瓶白葡萄酒，費用算在房號上。我安靜地坐著，用手機發送工作的郵件，基本上無視安娜，只是緊跟在她的旁邊，每隔一陣子就要求她更新。除了服務生，我沒有看到她和任何人互動，沒有跟酒店員工互動，沒有接聽電話或會議。為了表明來意，我一直待到晚上十一點，當我終於憤怒地離開時，我告訴安娜，隔天上午八點會回來找她，這樣就可以一起去銀行。她同意了。「我希望今天妳至少玩得開心。」她開心地說，臉上帶著頑皮的笑容。

「不，這不好玩。一點也不。」我結結巴巴，對她的態度難以置信。

隔天上午，我準時抵達酒店，並傳了訊息給安娜。

我：嘿，我到了。

安娜：我不在。

我：我不是跟妳說我會來……妳去哪裡？？？

安娜：我去拿所有需要的東西。

我：妳在哪裡，我去找妳。這一切必須在我上班之前結束。

安娜：我以為妳會在出現之前，先傳訊息知會我。

我：我以為妳還在睡覺。要去哪裡找妳？我可以到紐約上州。我不介意。我們需要完成這件事。

安娜：我上午六點就起床處理這件事。

我：那為什麼還沒處理好呢？我會去找妳。

安娜：等一切都處理好的時候，我會馬上傳訊息給妳。

我：不行，安娜。如果妳六點就醒來了，我們現在就把事情處理好。我今天有別的計畫。我必須確定這件事會在今天處理好。我覺得我無法信任妳自己處理。已經拖太久了。來吧。我跟妳見面，會容易得多。

安娜：我會送到世貿中心一號大樓給妳。

我：或者我可以去找妳拿……幹麻這樣鬼鬼祟祟的。

安娜：我出門去拿回支票，哪裡鬼鬼祟祟？

我：那我現在去找妳。我不要在辦公室等。已經等得太久了。

安娜：我一拿到就會傳訊息給妳。

我：我現在就要跟妳見面。妳在哪？我沒辦法等妳傳訊息。我不會進辦公室。我不敢相信妳居然不在酒店。安娜。妳說我們今天早上會一起去銀行。我沒辦法再信任妳了。

安娜：我不在酒店，我在我律師這邊拿東西。

我：那太好了，我現在去找妳。直接告訴我妳人在哪。

安娜：我以為妳至少會在找我之前，先傳訊息。

我：那我去找妳拿支票。我不相信你正在處理。

安娜：我以為妳會先問我。

我：昨天晚上就說得很清楚了。現在妳不說妳到底在哪。所以我不相信妳跟妳說的一樣，在處理這件事。

我：我想找妳，我們可以一起等或者去銀行。妳在拖延。我現在就去找妳，安娜。不要這樣毀了我們的友誼，這他媽的太蠢了。快點處理好嗎。我們去銀行吧。我覺得妳只是在房間裡躲我。妳這種態度我該怎想。妳還有錢嗎？安娜？？？？？？妳到底有沒有拿到支票？轉帳發生了什麼？為什麼我需要這樣追著妳討錢？事情不應該這樣。妳應該拿起電話，跟我好好談談。

安娜：如果妳不相信我人不在房間裡，歡迎妳到那裡等，我東西都拿好了，會去酒店找妳。

我：我還有別的事要做。請妳遵守約定，不要再找藉口了。

第十一章
換檔前進

我受夠了。忍耐這個失誤，還用這麼久的時間幫她找理由，結果，一切荒謬至極。我對安娜失去信心。該去向外找答案了。康泰納仕出版集團的其中一項員工福利，就是享有一定的法律保障，終於在六月二十三日，星期五，我鼓起勇氣索取公司的律師名單。然後我開始調查安娜的真實情況。我聯絡每一個可能認識她的人，想知道我到底遺漏了什麼。

我先聯繫了艾許莉。她和瑪麗埃拉不再跟安娜一起出去玩之後，她跟我說安娜是「瘋子」。我當時以為我懂——安娜確實不太會社交，而我也努力忽視這一點。現在回想起來，我發現我錯了。我應該把艾許莉的話聽進去。

艾許莉。對，我跟安娜狀況有點糟，她欠我錢。妳好像有說過，有人知道她父母的聯絡方式？我不得不這麼做。她已經欠一個多月了，到現在還沒還，而且是超級荒謬的金額（說來話長）……如果不得不，我會考慮訴諸法律，我也不想走到那一步。我陷入超爛的困境。也不能說妳沒有警告我。

艾許莉建議我去找湯米，我第一次遇見安娜的晚上，他也在「喜劇收場」那間時髦餐廳。顯然，他借過安娜錢，可能有辦法聯繫到她家人。我在紐約的派對場合常常遇到湯米，但不算真的認識。我傳了訊息給他，約好星期六下午在威廉斯堡（Williamsburg）一家啤酒屋碰面。

湯米是德國人，跟安娜一樣，安娜在巴黎《紫色時尚》雜誌實習時他們就認識了。湯米也在巴黎生活過。安娜在巴黎住在一個大公寓裡，享受奢華的生活，他說，無止盡的時尚表演和派對。他生動描述出我也知道的那一面，但後來，湯米說了一些我不知道的：安娜每一次在月初拿到大約三萬美元之後，會迅速把錢全部拿去購物、住酒店、吃高級料理。錢一用完，就會開始跟朋友借錢，他說，他就是被借錢的朋友。安娜總是有這種財務問題。

「你有討回來嗎？」我問。

湯米的回應，帶來的震驚與欣慰程度相當。他經過好幾個星期的糾纏，最後威脅要請她的父親出面解決，最後才終於拿到錢了。「她父親是俄羅斯的億萬富翁。」他說：「他從俄羅斯移民到德國。」安娜跟我說過，她父母是在太陽能領域工作。湯米繼續說。安娜可以在二十六歲時，繼承一千萬美元，他覺得是在去年一月——但因為安娜太不會理財，所以她父親就把繼承時間延到九月，距離現在還剩下幾個月。

啊哈！嗯，這可以解釋安娜的拖延戰術，我心想，抓緊最後一絲希望。但安娜剛才為什麼不跟我這樣解釋？她羞愧嗎？我想像她與家人鬥爭，才能儘早獲得繼承的基金。也許安娜的拖拖拉拉，是心理出問題的結果（我開始懷疑她有人格障礙），也可能她的魯莽才是罪魁禍首。

我擔心安娜還在用她的銀行和律師，來解決付款的問題，而不是直接向她的父母求援。難道她看不出來我的身心狀態嗎？或許她這一次太過分，結果對父母開口的恐懼超過了對我的擔憂。她的超支，是否會成為她父親再次延遲給她繼承的理由？他父親會斷絕金援嗎？我不在乎。一切都太過分了！如果這就是安娜的行為模式，那她需要幫助。

我必須說服她：選項只有一個，那就是誠實以對。如果我無法，那我有一份律師名單來說服她。

◆

跟湯米碰面後的當天晚上，我決定告訴安娜我考慮採取法律行動。我真的不想走到這步，找律師耗時又昂貴，我希望用口頭上的警告，就能促使她還錢。

我：安娜，如果下個星期一沒有解決，我就會請律師，走法律程序。我實在沒辦法再接受一再拖延。我不想走到這一步（根本不想），除非我別無選擇。我不知道還能做什麼。妳是不是應該跟妳父母談談，這對我來說是一件大事，不能再這樣枯等。

安娜：好。

我：我真的，真的，很討厭變成這樣。我很抱歉。希望能好好處理。

我：我希望如果妳是沒錢還，或者沒辦法領妳的錢，就早點跟我說。一直找藉口或拖延，會讓我無法相信妳。不論我再怎麼跟妳溝通、跟妳說這對我的嚴重影響，妳依然不為所動，我無能為力。

安娜：我不太懂，妳說我沒有錢又故意把自己逼入絕境。

安娜：我認為大概已經存進去了，我現在要忙很多事。事情一件接著一件，特別是昨天。

安娜：延遲對我有什麼好處？

安娜：妳認為我有那麼蠢？

我：我不是說妳蠢，我不認為這是為了妳個人的好處。我只是想表達嚴重性和急迫性……必須在星期一處理好這件事。

安娜：好。

◆

星期一上午，在世貿中心一號大樓的四十一樓，我坐在辦公桌前，心神不寧。有電話會議（沒錯，從中午到下午三點半），還有電子郵件（妳會參加早上的會議吧？），還有一如往常的攝影業務。我躲過這些，到萊柏維茲的工作室跟凱瑟琳碰面，回顧「新權勢名人峰會」的計畫。我先前在瓦利斯．安嫩伯格藝術表演劇場拍的照片中，萊柏維茲會挑選一組，然後找個地方拍團體照片。

會議即將開始時，安娜打電話來，我決定不接。她的訊息影響我的心情，每一則都讓我心煩，而接她的電話，似乎會讓情緒更糟。安娜如果不是已經處理好，就是沒有處理。我正在開會，不能接電話，告訴她可以傳訊息，她馬上接受了。無視法律的威脅，安娜繼續做空頭承諾，還約我吃午餐。她說比克曼湯普森酒店晚上的訂位滿了，還不確定美世酒店能不能訂位。我無法理解這關我什麼事。我說我忙得不可開交，沒有時間吃午餐，但只要支票準備好，我隨時可以去拿。

我和安娜的關係逐漸惡化。威脅她要採取法律行動，是希望傳達急迫性，我很認真地告訴她，律師可能會介入，但她輕易擊退了我，不痛不癢。看起來不為所動。她沒有懇求或道歉，持續一貫態度。

回到辦公室，我思考下一步，然後向凱瑟琳尋求支持——雖然我跟她求援過無數次，但沒有一次是這種毀滅性的事。

我不記得我跟凱瑟琳解釋時，是在她的辦公桌旁，還是到更隱密的地方，但我永遠不會忘記，當下她立刻說要借錢給我，並堅定地看著我。我淚流滿面，感激地告訴她，我預期隨時會入帳，還不必要借錢。不過知道有另一個選項，給了我極大的安慰，我知道我不是獨自面對。

隔天安娜哭著打電話給我，告訴我錢會從一個德國帳戶匯入我的銀行帳戶。我猜，她哭的原因，可能是因為終於向父母求援。她接下來的舉動，讓我以為自己可能猜對了。安娜傳來一張德意志銀行轉帳確認信的截圖，我轉發給凱瑟琳的丈夫馬克，因為他精通德語，幫我翻譯信的內容。看起來是合法文件。所以，我再一次等待錢進來。

七歲那年，我和家人一起去南卡羅來納州的基窪島（Kiawah Island）。我在海灘上蓋城堡時，發現有個和我年齡相仿的女孩，沿著海灘朝我走來。我害羞且性格內向，低頭默默祈禱她會經過，而不會停留。但這個友善、滿臉雀斑的女孩直接走來，撲通一聲坐在我身旁的水邊。我們肩並肩坐在海浪中，兩個小不點凝視著地平線。我們斜躺著，時而雙腿伸直，時而蜷縮在海灘上。然後下一秒，她突然躺平。整個躺平。她在陽光下瞇眼，叫我也跟著做。

我停下來看她。「可是我的頭髮會沾到沙子。」我說。

她撐起一邊的手肘看著我問：「不然妳來海灘幹麻？」

那天下午我站著淋浴，看著沙子沉澱在浴缸底部。溫水讓曬傷的皮膚刺痛，但我很高興我交了一個新朋友。這些事烙印在我的記憶中：信任、放手、專注、沒有遺憾。

距離那天之後大概二十年，尼克和我駕駛一輛租來的汽車，沿著橡樹成蔭的道路，重回充滿我快樂回憶的基窪島。七月四日的那一週，我們會跟家人在海灘會合。

毫無疑問，我知道跟家人可以說任何事，並得到無條件的支持。但我不願意。我的個性總是如此，我控制自己的情緒，自己解決問題。這種性格讓我不易親近，但這是我性格的一部份，我發現，這是在壓力下保持理智的方式。我在經驗中學到這一點，當不幸的壞事發生了，例如分手或車禍，我還是能有理智，直到愛我的人擁抱我。到了那時，我才會卸下心房、眼淚潰堤。

正因如此，我試著避免這種情況。我對安娜的情緒，被我鎖在內心深處，我害怕跟家人聊到我跟她的問題，會激起想要宣洩的情緒。

更實際的一面是，就算我想跟父母解釋，該從何說起？該如何解釋安娜的行為？他們會聆聽我自己解決的經過，替我難過，然後建議我如何走下一步。這只會讓我更脆弱。告訴他們的那一刻，我也必須隨時更新，我實在是沒有精力。不失去理智地度過每一天，已經耗去我所有精力。

他們夠忙了，我把問題藏在心裡，免得他們替我操心。我的父親正在角逐民主黨議員一席，但他競選的地區在一八五五年美國內戰之前就是共和黨大票倉。他沒有擔任過公職，不過一直投身健康領域，三十多年來，他看到政策對人民生活的影響，所以想推動一些事。至於我的母親，她有競選的全職工作，而且經常來回諾克斯維爾與斯帕坦堡，探望九十多歲的外公外婆——他們仍同住，而且互相扶持。

我的父母已經有很多事情要操心。我知道他們對我奮不顧身，但我還沒到窮途末路。還有其他解決之道。我想辦法控制情緒，持續前進。

我硬是吞下祕密，表現得很正常，跟大家在海裡游泳，在沙灘上玩遊戲，努力平衡。

在海灘活動的休息時間，我偷偷瞄了手機。七月三日星期一，陰天。我漫步在空蕩蕩的海灘，拍下柔軟雲朵的風采。拍完照，走回折疊椅，我登入銀行帳戶。還是沒任何動靜。

妳有辦法追蹤匯款的更新嗎？我傳訊息給安娜。我妹妹看到我拿著手機。「嘿，老姐，來幫我拍張照？」她問。她跟男友一起走到海邊，讓我拍了幾張照片。半個小時後，安娜回答：

可以，今天下午回給妳。

好吧，最好是這樣。在球賽中，我想辦法贏過我弟弟諾亞。他見過安娜一次，當時安娜加入我和諾亞、叔叔大衛（David）在哈德遜街（Hudson Street）韋斯特維爾餐廳（Westville）的家庭餐敘。事後，我的家人雖然一致覺得安娜有些古怪，但整體來說是喜歡她的。摩洛哥之旅後，我告訴諾亞（不是完整版）我和安娜的事，跟我和父母、妹妹說的差不多：「我覺得我們沒辦法當朋友了。」

輸了第二場之後，我躺在大浴巾上，將注意力轉向我在讀的書，《呼喚奇蹟的光》（*All the Light We Cannot See*）。我們把東西留在沙灘，穿上涼鞋、走過熾熱的沙子、踏上木棧道，來到腳踏車旁。接著回去度假小屋做三明治當午餐，最後再塗上一層防曬，騎腳踏車回海灘。

我：我的帳戶還是一點動靜都沒有。

安娜：我正在打電話給妳的銀行和我的銀行。

安娜：已經很久了，所以我要求德國這一方追蹤轉帳，可是妳的銀行看不到，他們會再跟我聯繫。

安娜：抱歉，入帳延遲的時機剛好也太不恰當。這應該是一次就好的事，不應該再次發生。

我：我無法想像我又回到這種狀況，我只想趕快處理完。

回到短租度假小屋，我們把沾滿沙子的涼鞋和沙灘包留在門邊。大家淋浴完後，便一起聚在客廳。我妹妹帶了呼拉圈，所以我們輪流做一些招式（大家都沒有她一半強）。我們一起在客廳玩拼圖，晚餐前吃薯片配莎莎醬當點心。我仍然沒有表現出不對勁。

隔天是七月四日。一大早，整個島上的孩子都用膠帶將腳踏車貼上紅、白、藍的彩帶，參加鎮上的遊行。其他人在海灘上用鐵鍬和水桶，製作美人魚、城堡和海龜沙雕，這些作品會在下午的沙雕比賽中進行評比。我在我的房間，鼓起勇氣迎接另一天的壓力。我一醒來就立刻檢查銀行帳戶，但毫無動靜。

我在中午抵達海灘，並傳了訊息給安娜。

妳有追蹤到嗎？我的帳戶還是看不到，我說。

她告訴我，今天銀行沒有營業。

追蹤不是從德國嗎？我問，想知道為什麼美國獨立日會影響歐洲銀行的營業時間。

是的，她回答，但沒有說更多。

我們很晚才從海灘回小屋，洗完澡後，吃了漢堡和玉米棒當晚餐。我妹妹烤一個櫻桃派。吃完甜點之後，我們到小屋外面看煙火，就寢前玩猜字謎。

星期三，整天都沒有安娜的消息。我上午在海灘傳訊息，傍晚在爾斯頓（Charleston）的時候也傳，安娜都沒有回。星期四一早醒來，我非常不安。我聽見家人在廚房的聲音，我關著房門呆坐在房間。安娜半夜回覆了：抱歉現在才拿到手機。今晚檢查。

她半夜要檢查什麼？合理嗎？我不敢相信我還在等。太誇張了。已經拖了快兩個月。我一開始就對這件事很有壓力。現在已經無法忍受了，我告訴她。

沒有回應。

安娜？

就在那時，我收到凱西的訊息，要我給打電話給她。哈囉凱西，我和家人正在度假中，我告訴她。安娜到現在還沒還錢。我考慮採取法律行動。對我來說，這種情況毀了我和她的友誼。我的壓力非常大，很煩躁。妳還好嗎？

等凱西回覆的同時，我繼續跟安娜對話：已經到了這個地步。我真的別無選擇。

我在傳送了，她說。

傳送什麼？

追蹤轉帳，她回覆。

為什麼妳現在還沒追蹤到？為什麼我得這樣追著妳？如果妳真的羞愧或抱歉，就會每天追蹤進度，直到入帳為止。現在已經拖了兩個月，我還要主動一直傳訊息提醒妳。這對我來說一點也不好受。

我要求他們給我匯款的序號，安娜回答，但他們一直到現在才給我，難道要我自己隨便發明一個嗎？

她腦子進水了嗎？當然不是，我回擊。妳應該繼續問銀行，直到他們給出妳要的資料。

安娜回覆，我會處理，這個星期妳就可以拿到錢了。

妳這樣說很多次了。到現在都沒有兌現。請妳務必做到……今天是星期四。這個星期可以拿到錢的意思，就是今天或明天會入帳。轉帳有生效嗎？妳取消了交易，還是無效作廢？為什麼不能提供序號，為什麼我的銀行看不到？這已經毀了我這幾個月的生活。然後妳又一直不給證明，證明已經有轉帳。妳讓我陷入天大的麻煩，安娜！！！！怎麼會有人讓朋友受苦這麼久。我不管妳要跟家人或銀行怎麼做，**重點是必須馬上解決。我再也沒有耐心，也沒有別的選擇了。**

我從房間出來的時候，尼克已經準備好午餐盒，在廚房裡等我。我們騎腳踏車到海灘跟家人會合。我拉了海灘椅到旁邊，用大浴巾蓋住手機，繼續傳訊息。

凱西回答：一點也不好。她在凌晨一點傳訊息給我，然後來睡在我的沙發上！她還沒還我錢呢！

我說，發生什麼事？！安娜沒地方住嗎？哦，老天啊。這女孩是個噩夢。也許妳可以說服她打電話向父母求助。我有碰過一個跟安娜有金錢糾紛的男生，他認識安娜的家人。說安娜的父親從事石油產業，很有錢，但她父母限制她的財務，因為她顯然有花錢跟透支的問題……他鼓勵我報案，但我知道這會讓安娜被驅逐出境，也不確定如果這樣，她欠我的錢是不是拿得回來……這女孩需要幫助。

凱西寫，我現在有客人，回訊息很慢。我的天啊！我們可能要行動了！我可以跟她說妳告訴我這些嗎？她還在我家，她得離開！她會偷竊還是吸毒嗎？

據我所知，她沒有吸毒：好，妳可以說妳知道她欠我錢，但請不要說我打算找律師。

凱西回公寓的途中，安娜傳訊息跟我保持聯絡。把參考序號或交易序號傳給我，我堅持。打電話給德意志銀行。這應該不用多久。

我正在跟他們通話，安娜回覆。

她剛離開我家了！凱西說。我還沒有多說什麼，想說先讓她離開再說。我會在市中心跟她碰面，再跟她談談。她說她最近都跟妳一起出去玩，真的嗎？

哦，妳在開玩笑，我想。我們沒有一起出去了，我告訴凱西。我之前跟著她一整天，那時是想趕快拿到她說要給我的銀行本票，她說已經開好了。一整天，她編出本票不小心留在某人車上的一串故事，我浪費了一天等不存在的人，以為他要把本票拿來給我！！！

妳覺得她去住酒店嗎？凱西問。她說她會在格林威治酒店。我們要如何聯絡到她家人？

我正在想辦法拿到她父親的聯絡方式，我說。

太好了！凱西回答。因為她需要幫助！她真的想創業嗎，還是只想故意惹毛家人？她好像跟家人不親。

我猜，兩者皆是。我確定安娜與家人不親。我不知道完整的故事，但我認為她有一些嚴重的心理健康問題……

所以她現在不跟妳連絡了？凱西問。

有聯絡，每天互傳訊息……每天都有藉口。

我也是這樣！凱西說。

沒錯。她很擅長拖延。很熟練。

熟練！！！！凱西回答。這讓我不得不猜想……她會不會是騙子？

我嘆了口氣。有可能……但我不知道。事實上，她回紐約之後還是出現在我們的生活中，沒有避不見面。我覺得事情沒那麼簡單。

就在那時，凱西發現安娜的筆記型電腦還留在她家。安娜問她，是否能回去切爾西跟她拿。為了不讓安娜進來，凱西把電腦交給警衛，然後外出一整天。六個小時後，警衛說安娜還在大廳裡。凱西於是遠離公寓，直到安娜離開才回家。

◆

七月七日上午，是我們在基窪島的最後一天，尼克同意替我父親無償拍攝一些用來參選的宣傳照。我也幫忙安排。我們在島上一間會所發現有閒置的會議室，那裡採光充足，加上中性色調的牆壁背景，配起來非常合諧。我盡力溝通拍攝細節並提供意見，同時也忙著跟安娜傳訊息。

我：能不能請妳打電話要匯款的資訊？？

安娜：妳有讀我的訊息嗎？我打電話跟他們問了不下百萬次。

安娜：我現在很多事要做，兩支手機都有無數的保留通話在線上等。

我：……我不在乎妳多忙！我不能一直替妳著想。我只需要妳還錢！……如果妳明知錢還沒到位，我何必多費心力，不停打電話給大通銀行檢查帳戶。這已經浪費我太多時間。

安娜：不然這些資訊怎麼來的？我說很多次，已經完成撥款。

我：那我不明白為什麼還沒收到。這讓我恐慌無助。我在一個很糟糕、緊張的困境，看不到盡頭！！！

我：妳能向父母求助嗎？感覺妳好像沒辦法處理。妳還好嗎，安娜？

安娜：我不知道。

安娜：我被說好的事跳票，結果讓自己看起來很糟。

安娜：過去幾個星期，我一直忙著處理這件事，但好像沒有進展。

隔天，安娜還好意思問我家有沒有人。我忘記我今晚應該在酒店退房一晚才能再續住，她說。

那天我的公寓沒有人，尼克跟我那天很晚才會回紐約，但尼克打算到他在布魯克林的公寓過夜。基於各種原因，我不想讓安娜在我家過夜。

沒有人，但我沒有備用鑰匙，也沒有警衛，我告訴她。這都是事實。如果是真正的朋友，那我會想辦法，但為什麼我還要繼續幫安娜想辦法？我已經受夠了。

她真的無處可去嗎？她何時才會跟家人坦承？我想，如果她告訴父母，他們會讓她回家。

但如果他們願意，我不確定他們是不是也願意還債？

回紐約之後的星期一，我在辦公室裡過了一天，準備星期三拍攝的細節，攝影師加斯帕・特林格爾（Gasper Tringale）將會拍攝女演員凱莉・庫恩（Carrie Coon）。海灘假期讓我重振一點精神，但只要提到安娜，我還是心力交瘁。

每次跟她聯繫，我的精力就會驟降，事後都需要休息一段時間。我傳訊息的長度與頻率也有變化。尤其是這一天，我話很少。我試著延長度假的放鬆，下班後，我買了一顆水蜜桃，沿著西側公路（West Side Highway）向北邊步行，邊走邊吃。我坐在水邊的一處草地，讀著安娜的訊息。內容都差不多。

一個小時後，我回到公寓。手上的東西都還沒放下，就接到安娜的電話。她聲音沙啞且尖銳。「我現在沒辦法獨處，」她啜泣。我說我可以到她住的酒店跟她碰面。「我必須退房了。」她說：「可以去妳家嗎？」我說不行，然後掛斷電話。然後，我的良知戰勝理智，安娜顯然有麻煩。我打電話給她：「妳可以來我家，但不能留下來過夜。」

不到一個小時，安娜就出現在我家門口，憔悴、眼神渙散、垂頭喪氣。這是她第一次來我家。我沒有精力跟她交涉，所以話很少。我的小公寓亂七八糟，反映出精神狀態，成堆的文件、盒子、衣服和其他東西散落各處。我為雜亂道歉。「妳不需要道歉。」安娜說。她說得沒錯。然後她坐在沙發上開始哭泣。「我把一切都搞砸了。」她忿忿地說。安娜告訴我，她欠她的銀行家和律師一百五十萬美元。

「妳得告訴妳的父母，安娜。」我懇求：「妳需要求助。」

安娜比平時更安靜，看起來傷心至極。她衡量著，就像是我建議她跟小精靈求援一樣，但她發現我眼中的真誠之後，回答：「我只確定，他們會強迫我找一份普通的工作。」

我告訴安娜，這很合理，但她依舊自艾自憐，再哭第二輪。我起身離開，大步走進我的小廚房，帶著兩杯水回到客廳。安娜嗚咽地說，她去紐約上城（uptown）想拿回留在朋友家的行李箱，而對方假裝不記得。之前有聽安娜提過。她當時告訴我，那裡面有她母親給她的戒指。

「妳母親給的戒指呢？」我問。

「哦。」安娜大口喘氣，喝了一口水來恢復平靜，「我忘記這件事了」。接著是更多眼淚。我不禁為她難過。我們兩個人都需要好好休息一晚。短時間內，我有意識地決定了接下來的對策。我從街上的餐館點了兩份沙拉，播放《BJ單身日記》以避免談話。安娜一直到午夜，才開始心不在焉地「尋找」住宿的酒店。雖然我已經告訴她不能在我家過夜（早在她來我家之前），但當她要求睡在沙發時，我並不驚訝。我太累了，不想爭論，我心軟了。我家沙發很小，就算是小孩也很難躺直。我看她試了一分鐘想找到舒服的姿勢，然後告訴她：「妳可以睡床上。」我借她睡衣，黑色棉褲和T恤。沒有交談就去睡覺，兩個人背對背，面向床緣保持距離。

接下來的幾天裡，安娜不時傳來訊息，比如：讓妳身陷困境，我覺得很糟，希望妳知道我很感謝妳的幫助，不是每個人都會這樣。我欠妳很多時間，如果未來有什麼我幫忙的地方（除了處理好這個問題），請務必讓我知道。

這種攻勢牽動了我的心，讓我放慢跟她討錢的步調。她是我的朋友，對吧？她顯然不壞，但她拒絕給我明確的答案或是合理的解釋，也確實令人抓狂。我該怎麼做？

我：安娜？？？

我：美國運通每天打電話給我說信用卡的事。

我：我沒錢。

我：我不能每天活在恐懼跟哭泣之中。

七月十七日，離開摩洛哥的兩個月後，我終於打給律師。我依然擔心這樣會失去跟安娜的直接交流，她可能恐慌而消失，但我別無他法，還能如何？我盡了最大努力，卻還是無法聯繫到她的家人。

湯米幫不上忙，我不知道還能找誰。我不想跟安娜的其他熟人打聽她父母的聯絡方式，比如亨特，因為我不知道可以相信誰。找律師感覺是一種必要的賭注。

我在辦公桌前處理公務時，律師回電了。我盡可能簡潔說明。還沒等我說完，他就插話：

「妳學到教訓了嗎？」

「不好意思？」我問。

「我兒子讀醫學院，妳也要幫他付學費嗎？」

真是個混蛋，難道不能停個三秒鐘，想像一下我受傷和迷失的感受嗎？我覺得自己第一輪就被淘汰了。思考了一下，我想重返擂台。後來跟另一位律師討論時，我得知第一個必要行動，是寄一封「警告函」給安娜，將債務、還款期限合法化，若無法履行，就提告。康泰納仕提供給員工的法律承保範圍，只有法律諮詢和寄出警告函，而沒有訴訟。就算我自掏腰包打官司，安娜有權支配她的資產嗎？更糟糕的是，我得知，根據聯邦法律，安娜可以在收函之後的三十天內，對債務提出申訴。我擔心在那三十天內，她的簽證會到期，到時就得出境美國。如果這樣，我還必須到國外打官司，費用可能會超過債務總額。沒人可以幫我嗎？我找不到可以幫忙的律師，也負擔不起聘請費。

我：妳像個騙子！！！！！！！我很恐懼。妳讓我身陷大麻煩，安娜！！！

安娜：怎麼說？

我：怎麼說？？？我所有的信用卡都沒辦法繳、房租也付不出來，沒錢付帳單，生活費！！！妳為什麼不能提供匯款的確切訊息，妳給的每個入帳時間都是假的。而且已經拖了**兩個月**。

安娜：這樣就說我是騙子？

我：我沒有說妳是騙子，我是說妳變來變去和模糊的（說法）是一種欺詐的行為……我驚訝妳還不自知！我在努力保持信念，安娜，真的，但我再也無法這樣欺騙自己，每天去公司上班，我都很不安。我一團糟。

安娜：我試著把處理的方式透明化，也即時跟妳回覆。很抱歉讓妳身陷這種情況，這不是我的本意，我正盡力解決匯款的問題。

安娜：我有錢。只是行政上出問題……。

我：每次妳說會入帳我都相信，我被壓垮了。壓力讓我不時哭泣、失眠、不斷接到催款電話。我當初沒有答應要讓自己變成這樣子。

我：安娜，拜託告訴我這究竟是怎麼回事。

我：妳的活期存款帳戶裡有錢嗎？還是妳有信託基金，只是無法動用裡面的錢？

安娜：是的。

我：是哪一個？

沒有回應。

第十二章
釐清思路

七月的最後一個星期天，我搭地鐵到布魯克林，沿著破損的人行道走向尼克住的大樓。他在樓梯等我，我們一起步行了四個街區，來到我朋友戴夫（Dave）的公寓。他在等我們。

戴夫是我大學時認識的第一群朋友。大學新生的那一年，他住我樓上。我和戴夫在其他同學來學校之前，就已經因為足球季前賽認識了。他有湛藍色的眼睛、洛杉磯陽光給他的小麥膚色，還喜歡說些可愛的蠢笑話。戴夫在凱尼恩學院畢業後，就到紐約大學攻讀法律。他是我的好友，是我信任的人，而且剛好懂法律。在我跟尼克抵達之前，我已經傳訊息告訴他大致情況。該制定策略了。

坐在戴夫公寓的沙發上，我盡力流下最少的眼淚，用最精簡的方式說明來龍去脈。在這之前的幾天，安娜音訊全無，但現在她又透過臉書傳訊息，跟我恢復聯繫，說自己同時弄丟了三支手機。接下來，安娜用一個陌生號碼打電話給我，她說這是她律師的辦公室電話。安娜掛斷電話後，我查了通話紀錄上的號碼，上網用Google搜尋：Varghese & Associates律師事務所，是一家專門處理刑事辯護的律師事務所。真是個該死的警訊。

「先處理重要的事。」戴夫堅定地說：「妳必須先止血。就是現在，妳需要接受親友幫助。」美國運通一直打電話來，催繳我的個人卡和公司卡。

如果我在兩週內沒有繳款，就會被上報至徵信所。七月十七日晚上我打了第一通給律師的電話，同時收到潔妮的郵件。她在六月初的晚餐之後就一直關心我。她跟凱瑟琳一樣，慷慨地表示願意延長借錢給我的期限。戴夫鼓勵我接受。他以專業角度認為，因為就算我沒有財務負擔，要處理這種事已經困難重重，更別提加上負債的壓力，狀況只會惡化——不只有高額滯納金，我的信用也會受損。我需要先止血。

接下來，我會寄一封「友好信函」給安娜，詳細說明還款條款。我希望因為寄出「友好信函」是我，而不是律師，可以讓安娜不拒絕簽字。但不管她簽不簽，我還是會在下列選項中二擇一。

選項一。我主動打電話給安娜，告訴她：「妳的行為已構成詐欺，如果在〇月〇日之前，我的帳戶還是沒有妳的還款，我會跟法院（或者FBI！）告發妳。」我認為，安娜還想留在紐約，所以告發她（可能讓她被驅逐出境）的威脅，應該會讓她有動作。當然，缺點是安娜可能一走了之，如果她逃離美國，我會沒有追索權。戴夫也擔心這可能被視為敲詐勒索。

選項二。既然我相信安娜可能會在九月份繼承家庭信託的遺產，所以給她延期還款的條件。我可以說：「顯然，妳目前無法清償。我提議把清償日延後至九月〇日，屆時妳必須支付原始總金額加上〇〇〇。」我會確保雙方律師妥善安排這個協議。

我們必須決定要哪一種，但在決定之前，我們都同意應該先起草「友好信函」，並發一封郵件給潔妮。為了找到最好的方法，戴夫想跟他一個朋友討論看看，因為那個朋友常常處理這類的法律問題。幾個月以來，我第一次充滿希望，並且稍微放鬆。

隔天星期一，下午一點左右，我發了一封郵件給潔妮。

潔妮，

很遺憾，我無法跟妳說更好的消息。我跟安娜變得更糟了……這個女孩顯然深受困擾，而且她的行為構成詐欺，儘管我還是希望她給我欠款，但我不確定多快可以拿到……潔妮，這筆錢真的不少。我想讓妳知道，如果最後妳無法借我，我完全能理解。天啊，我希望妳讀到這裡的時候，沒有因為過度驚嚇而倒在地上，希望妳還保持正常呼吸。我想當面跟妳說，但我沒有錢到紐約上州去找妳。情況很嚴峻。我想打電話給妳，但這整個磨難，已經讓我陷入極度低潮，我沒有保持鎮定的能力了。

神奇的是，我的父母還是不知道這件事，我妹妹真妮和弟弟諾亞也不知情。就只有妳和珍妮（阿姨）知道而已。我想暫時先保持這樣。這真的壓力很大，我不覺得他們有能力幫助我。所以寧可減少他們的了解。他們也有很多事要忙！

潔妮，請務必對我坦白。千萬不要覺得借錢是義務，拜託別這麼想，拜託。我希望妳明白，無論妳有沒有借我錢，我都非常感謝妳的情感支持，以及妳願意提供建議。如果妳沒辦法，我也完全能理解。

我愛妳

潔妮很好心地表示願意借錢。但不知何故，我還是懷有希望，認為不會真的需要借錢，也認為就算安娜不如期還錢，戴夫提議的選項之一也會奏效。我向潔妮表達真心感謝，並告訴她，向她借錢只是緊急之下的備案。

向外求援，讓我感覺自己脆弱，也感受到情感的強力後盾。終於，似乎有了明確方向。原地打轉了這麼久，現在的發展令人振奮。下班之後，我打電話給戴夫。

「這一般叫作什麼？」我問。

「擬計畫。」戴夫回答。

他跟他朋友談過了，結論跟戴夫一樣，擔心如果我威脅要告發她，可能會被視為敲詐勒索。至於「同意延遲直到繼承遺產」的選項，戴夫的朋友認為我們不該相信她，延期只是拖延。

「其實，妳最好的選項是找警方。」戴夫說：「試著跟調查部門談談。這可能是他們有興趣的一類案件。」

報警？雖然安娜近乎犯罪，但我一直努力避免讓執法機關涉入。可是，眼下這似乎是我最好的選擇了。我接受了。我會去警察局報案，而且有備而去。

當天晚上，我在電腦裡建立了一個資料夾，命名為「採取行動」，我把所有跟這件事相關的訊息、電子郵件和文件都放進去。列印完最後幾頁，已經夜深了。紙張剛印好，還熱熱的。我將文件打洞，小心放入黑色資料夾的金屬環扣中，扣好環扣。我蓋起資料夾，放進背包裡。我已經厭倦了等待——等待安娜的回覆。等待安娜兌現承諾。等待我的律師回電。再過一個晚上，我心想，終於有一個具體的計畫了。我鬆了一口氣。

要上床睡覺之前，凱西傳來訊息。安娜又出現在她公寓的大廳。警衛打給凱西，說安娜正在大廳裡，但凱西的約會對象正好來她家過夜，安娜沒有手機，只說需要跟凱西說說話。安娜用公寓的電話哭著跟凱西說，她可能會自殺。

凱西不想在約會對象面前上演這種鬧劇，所以下樓見安娜，要她冷靜。坐下來聊了一會兒之後，鼓勵她先回去好好睡一覺。凱西說，好好休息之後，明天可以再約見面。安娜接受了，前往市中心，據安娜的說法是要去格林威治酒店。

安娜真的有自殺傾向嗎？很難知道真實性。我讓她留宿在我家時，她也暗示過一樣的事。她藉此操縱別人，還是在求救？或者，對安娜來說，這就是她的低潮？那天晚上，我在整理「採取行動」資料時，注意到一週前在 The Real Deal 網站上的一篇文章：據報導，艾比・羅森的房地產公司簽下了一位新租戶，是 Fotografiska 博物館組織的一位瑞典籍攝影家租下了整個教會傳教所。那正是安娜想替基金會租下的地方。我認識安娜以來，她都一直努力推動這件事。安娜跟她的計畫都在瓦解。

力而堅定。

◆

二〇一七年八月一日，星期二，我穿著白色直筒洋裝，配戴珍珠耳環。我全神貫注、有動力而堅定。

在我踏入警察廣場一號（One Police Plaza）門口時，有個警察攔住我，我告訴他：「我想和刑警談談。」

「妳有報案單嗎？」他問。我搖搖頭。我來錯地方了。「妳得先在當地分局報案。接著，案件才可能會被轉給刑事偵查組。」

就是今天。我要直接到分局報案。我用手機找了最近的分局，然後朝唐人街的方向快步走去。這棟在伊麗莎白街（Elizabeth Street）的建築物並不顯眼。然後我注意到大門兩旁掛著兩盞藍色的燈，門上用金色字母寫著「第五分局」（5th Precinct）。進去之後，我經過雙層門，發現自己正在一個與腰部齊高的木柵欄裡，身後的門自動關上。隔間的另一邊，有個警員問：「需要什麼幫忙？」

噢，跟我想像的不一樣。我以為會在警員的辦公室，或至少在一個小隔間，有椅子可以坐。

我要怎麼站在門口回答這種問題？他們真的要我在這種開放空間，激動地敘述報案內容嗎？該從何說起？也許開始之後，他們就會讓我進去。我開始講的時候，另一個警員也來聽。

我繼續說。過了一會兒，第一個警員離開，留下第二個，接著加入第三個。我繼續說我的故事。最後，一位被稱作「中尉」、頭髮灰白的男子也加入第二個和第三個警員。我講完時，已經上氣不接下氣，依然站在木柵欄裡，我還沒有給他們看我的活頁資料夾呢！我從背包拿出資料夾，明確指出標記的地方。那時，只剩下中尉還在聽我說話。他點頭表示同情，但似乎有點嗤之以鼻。

終於，他開口了。「我很抱歉這種事發生在妳身上。」他說：「但因為發生在摩洛哥，所以我們沒辦法做什麼。」

我的下巴像船錨一樣落下。「什麼？」我叫道。我沒料到這種結果。「但這趟旅行是在紐約計畫的。」我解釋：「她和我都在城裡，這些費用是用美國核發的信用卡支付的。」兩行不爭氣的眼淚流下，我看著中尉。「真的沒有任何辦法，從不同角度切入嗎？真的沒有辦法做些什麼嗎？」

「以妳的外貌。」他說：「妳可以在集資平台GoFundMe開個專案，把錢募集回來。」

我不需要這種建議。他唯一有用的其他建議，就是到民事法庭。「我不知道，也許那裡邊有人幫得上忙。」他說。

回到伊麗莎白街的台階，我站在車站旁，有那麼一會兒，我啜泣了起來。報警處理一直是我的最後手段。我沒想過警方可能無法、或不願意幫助。結果令我驚訝。恢復鎮靜後，我打電話給戴夫，告訴他這個消息。然後再打電話給凱瑟琳尋求精神上的鼓勵，接著繼續奮戰。

我直接走去最近的民事法庭。真的可以找到答案嗎？不，在警局的經驗之後，我幾乎喪失信心，但我仍然嘗試一切可能，確保自己完成清單上的每件事。

民事法庭的建築物很大，格局方正，有金屬質感。建築物兩側都有大片落地窗和入口。內部像是一座小型機場，每扇門都有金屬探測器。我看著背包滑進傳送帶，經過 X 光機。我從金屬探測器拱門進去，到另一側取回背包。然後，在大廳中央，我停了下來。我有點沒有頭緒，我要來這裡找可能幫助我的人，但要怎麼做？就在那時，我發現有個指標寫著「協助中心」。太好了，我心想。在一條長廊的盡頭，是兩個入口，有個人坐在兩面美國國旗之間。我走過去。

「請問協助中心開門了嗎？」我問。他說午間會休息，下午兩點十五分會恢復服務。我在腦中聽見潔妮的聲音：「我知道妳壓力很大。最好記得吃飯！」我於是停下來吃午餐。

巴克斯特街（Baxter Street）有一排提供保釋金服務的店家，那裡的 Whiskey Tavern 酒館看起來很不錯。在裡面，我坐在酒吧的高腳椅上，旁邊有一個警察，以及一名穿西裝的高大男子。

「要幫妳點些什麼？」酒保問。我點了冰茶、炸雞肉條和炸薯球。「妳為什麼來這附近？」酒保送飲料時問我。

「我認為我被詐騙了。」我脫口而出。我旁邊的兩名男子停止交談，轉身看我。酒保傾身，對我伸出他的手臂——我還沒意識到發生什麼事，就已經在激動地陳述自己的遭遇，不過這一次，由於那種前所未有的絕望感，加上我一邊努力維持鎮靜，最後成了又哭又笑的戲劇化表現。我停不下來。哦，情況很糟，好吧，不如笑看一切吧。「午餐算我們招待。」酒保說。油炸物、喜劇般的放鬆，以及陌生人的善意。我不願意再自怨自艾了。

回到民事法庭，我循著標示找到「協助中心」入口。有點像汽機車監理站。我排隊等候。前面的年輕人離開後，我走到一個窗口前，隔著玻璃跟一位女士交談。

「有什麼能幫助妳的？」她問。這本來不該讓我愣住，但我想到要再一次公開說明我的情況，就開始緊張、尷尬地傻笑起來。她說，今天沒有提供這一類幫助，不過，她這時轉身和一名正好從她身後經過的男子交談。男子點了點頭。她說：「他通常星期二不在的，妳來後面這裡吧。」。

我穿過一扇門，跟著那位穿卡其褲、表情穩重的男子進入一個小隔間。「好吧，說吧。」他提醒我可以開始了。我盡力敘述悲慘的經歷，像是把一套新的拼圖倒在桌子上——在這裡，都在這裡了，我想大聲說出來。告訴我，你能用這些資訊做什麼？

我說完時，他偷笑著說：「嗯，哎呀，我是有點羨慕妳去摩洛哥。好玩嗎？」

有沒有搞錯？就這樣說？我心想。「我只能說，不值得。」他試著在手冊上的律師清單找尋免費的服務，但他告訴我，這個案件涉及的金額，已經超過民事法庭可審理的範圍。

走出民事法庭的建築，我打電話給凱琺琳。她提議見面想想辦法。我們在《浮華世界》的人脈與關係，一定找得到有辦法的人。我下午四點前打電話給她，她還在辦公室。我們決定約在我們的中間點，正好是比克曼湯普森酒店。我先到，趁著等待時間在酒店外打電話，跟尼克和潔妮更新狀況。然後傳訊息給凱西，問她有沒有安娜的消息。凱西幾乎是馬上回覆，她說，就在剛才，安娜又出現在她的公寓大廳。我認為我，或是我們，需要跟她坐下來好好談談，試著了解真相，我回答。情況真的很糟。

凱瑟琳抵達之後，我們一起走進酒店裡的酒吧，我不久前才來過這裡——為了等一張安娜編出來的支票。我們坐在靠近入口的位置。我感覺世界已完全顛倒。就在凱瑟琳跟我點餐之前，凱西傳訊息來，問我是否有時間聊聊。「白葡萄酒？」凱瑟琳問，我點點頭，示意要離座打一通電話。

我回座位時，告訴凱瑟琳：「是時候出手了。」凱西有一個主意。她有一位客戶叫貝絲（Beth），是五十歲初頭的離婚婦女，凱西說貝絲很會談判，所以想找她過來，在公寓大廳跟安娜碰面。然後貝絲會告訴安娜，凱西也會去「平底鍋」（Frying Pan）戶外酒吧，就在西側公路旁邊的碼頭附近。我跟凱西先會合，一起到那裡，所有人當面把事情講開。孤注一擲，但值得一試。

「去吧！祝妳好運。」凱瑟琳說。我喝了一小口酒就離開了。

第三部

My Friend
ANNA

第十三章
酒吧談判

跟我一樣，凱西也是一身白。我在她切爾西的公寓前跟她會合。「我們的穿著給我們力量。」她笑著說。我們往西走，朝「平底鍋」的方向去。「這太超過了，事情不太對勁。我們得了解真相。需要聯繫她的家人。」我附和地點頭，因為我也打算這麼做。

我們走經西側公路，找到去酒吧的路。當我們走近安娜跟貝絲那一桌時，我開啟手機的錄音。我知道這是一次重要談話，想保留完整內容。

她們坐在碼頭最左側，一道柵欄的旁邊。酒吧裡擠滿穿西裝的男性，以及辦公室打扮的女性——下班之後，她們把穿一整天的高跟鞋換成平底鞋。安娜坐在對面，與貝絲併肩，我跟凱西走近時她面朝我們。她的洋裝跟幾週前一樣，是她在凱西公寓過夜時借的。她除了看起來更邋遢、更鬱悶之外，其他表現異常冷靜，尤其她現在身陷麻煩。安娜看到我似乎很驚訝，精準地說，她不是嚇到，但有倒抽一口氣。她發現凱西跟我有聯絡之後，看得出她開始備戰，迅速穩住自己，為接下來的質問做好準備。

我直接坐在安娜的對面。貝絲起身向我介紹自己，接著去酒吧點了白葡萄酒和啤酒。凱西坐在我旁邊，在貝絲的正對面。就這樣，我們開始談正經事。

「親愛的，我們不能再這樣下去了。」凱西開始說：「安娜，我們來這裡跟妳坐下來好好談，是因為真的不對勁。我們必須弄清楚到底怎麼了，還有現在發生的事，還有怎麼把事情處理得更好，怎樣又對妳比較好。不這麼做，事情就會越演越烈，雪球會越滾越大。」

「我一直告訴她，她的部份是我最優先處理的。」安娜回答時點頭面向我：「我真的沒管好自己的事。」

「妳說的對。」我插話：「妳說妳沒管好妳的事，是**什麼事**？發生**什麼問題**？妳現在的實際狀況是什麼？」

「因為妳說過的謊太多，太多了，不要再說謊了。」凱西插話：「**別，再，說，謊。**」

「我沒有說謊。」安娜用冷淡、不帶情感的語氣說。

凱西為我抱不平：「已經有多少次？妳說把錢轉給瑞秋？一下說從這裡，一下又說從那裡。妳說太多謊了！」

貝絲回到坐位，轉向安娜問：「她們知道九月會發生的事嗎？」

一開始，我以為貝絲在說繼承的事，但我很快就發現，貝絲另有所指。

安娜看著凱西和我。「妳們有看到他們怎麼寫我的嗎？」她問，同樣沒有太多情緒。我不知道她在說什麼。安娜一邊敘述，一邊穿插著貝絲的評論，繼續描述前一天晚上《紐約郵報》

（*New York Post*）的一篇文章，稱安娜是「假名媛」（wannabe socialite）。安娜開始哭，拿下眼鏡擦眼淚。她抱怨自己被寫得不公平，說自己每天認真工作，不參加派對也不隨便。她只是想被認真看待。

我迫不及待想讀這一篇報導，談話一暫停，我馬上用手機找。馬上就找到《紐約郵報》的那一篇，而且還不只一篇！《每日新聞》（*Daily News*）也在當天上午登了一篇，內容描述安娜在比克曼湯普森酒店賴了幾個星期，隨後又轉往市中心的W酒店住了幾天，最後到黎客艾美酒店（Le Parker Meridien）想吃霸王餐。

她沒有結帳，企圖離開酒店時被逮住，警方逮捕她之後無保請回，現在面臨三項盜竊的輕罪指控，她未付的總金額超過一萬兩千美元。貝絲提到九月份的事，並不是繼承遺產：是上法院的日期。

我很震驚。安娜怎麼會讓事情演變至此？她沒有向父母坦白，也沒有向我們坦承，現在她的名字和相片被指責，印在小報上。

雖然我試著不為所動，但我看著安娜，還是沒辦法不被這些報導影響。我看得出來她很失落。有那麼一刻，我們試著安慰她：「反正沒人在乎這些小道新聞。」

但我們猛然頓悟：她把我們的生活搞得分崩離析，我們為什麼在替她擔心名聲？況且，這種報導為什麼會讓她流淚？

「妳出現在小報上，關我們什麼事？」凱西的音量變大：「妳知道因為妳，她這陣子過了什麼樣的生活嗎？」

「我一直在努力，比如說，在處理這件事。」安娜抱怨：「我不能，像是，好好睡覺。弄得我也什麼事都不能做。我的意思是……」

「妳睡得好不好，關我們屁事啊？」貝絲叫道。

貝絲穿得像是鄉村俱樂部的時尚媽媽，而在跟安娜交手時，她沒有心軟。我很欣賞她強硬的態度。她說出很多我想說的話，讓我能專注於安娜的反應。

「……我要怎麼辦？要自我了斷嗎？我該怎麼做？」安娜嗚咽著說。

哦，不要再演戲了啦，我心想。「妳父母知道嗎？他們知道現在的情況，還是完全不知情？」我問。

「他們不會做任何事。」安娜輕蔑地說。她已經停止哭泣。

凱西打岔：「妳是說，他們無能為力？」

「他們不會想做任何事。」安娜解釋：「他們想要我自己解決。」

貝絲停止談話，直指出我承受的痛苦，跟安娜的痛苦有何差異。「她的痛苦，是他媽的真實存在——但『噢，我的會計師沒把事情辦好』根本不是痛苦。她會完蛋，她的生活被妳搞砸。」她解釋：「說出真相，安娜，因為只要妳跟我們坦白，就可以放下心中的大石了。」

安娜已經完全平靜下來，回應：「我從來沒說謊，事情就是這樣。」

「可是我們還是什麼都不知道！」我怒吼。

凱西打岔：「我有一個疑問。妳為什麼不想讓父母知道？告訴我妳不想讓他們介入的原因，因為現在的妳，很需要一條救生索。」
「他們知道。」安娜說。
「他們生氣，是因為以前也發生過？他們不想幫忙是因為妳花太多；因為他們很小氣？給我一個他們不救妳的理由。」凱西說。
「他們說（我）應該跟銀行兩方解決，而畢竟這是我父母的錢，所以……」這是典型的安娜式回應，一次怪了父母和銀行兩邊。
「這是誰的錢？」凱西問。
「我的信託基金是父母的錢。」
「妳為什麼不能拿妳的信託基金？」我問。
「因為我有……像是每個月的配額。我名下的所有信託基金都被控管，要等到我滿二十五歲的十八個月後，才能自由使用，也就是今年九月。只是他們一直改期。他們沒有說到做到。他們本來，應該在四月之前就設定好解除這些限制的日期，但還沒這樣做。」
安娜說話的方式，像是故障的電腦語音。
「那妳的租約怎麼了？」我問，轉換話題：「現在已經租給別人了。」
「什麼租給別人了？」安娜說。
「公園大道南區啊，已經被租走了。」
「被誰租走？」

「博物館組織的瑞典籍攝影家。」

「才沒有呢。」她難以置信：「是Fotografiska博物館組織？不會的。」

凱西說：「他們才剛宣布……」

「在哪看到的？」安娜沒好氣地說。

「報紙上。」

「四天前。」我補充。

當安娜要求看看那一則新聞時，我拿起手機，按下暫停錄音鍵，然後上網找那一篇報導給她看。有那麼一毫秒，安娜看起來垂頭喪氣。我把手機收回來。

「是假新聞。」她說。

焦點回到安娜的債務。凱西問她為什麼不回家一趟，把錢的事處理好再回紐約。

「回家沒有幫助。」她回答：「我需要處理好這件事。如果我離開，就再也不能回來，是再也不會回來。不是短期，是永遠不回來的那種。」

「還有其他酒店有對妳不利的證據嗎？」凱西問。

「我不知道。」安娜嘆氣：「看看他們寫了什麼，我們就會知道還有什麼新指控。」

凱西說我們根本不關心那些報導——但私底下，我確實關心。那證明她的問題越來越大了。先是我，然後是傑西、凱西，還有她在我家過夜時提到的銀行家和律師。現在又加上酒店的問題。她觸及的一切正在瓦解。「妳可以隨時扭轉形象。」凱西說：「而妳確實有錯。妳揮霍過頭，安娜。妳花了妳沒有的錢，非常糟糕。」
「我有那些錢。」安娜堅持。
「但妳知道自己要住酒店……」凱西繼續說。
「妳花了妳還沒有的錢。」我大膽說出這個結論，大家沉默了片刻。「這樣說對嗎？」
「我花了他們答應今天下午要給我的錢。」又是一堆無意義的話。下午已經過了，天色已黑。
「又說下午會有錢。現在已經拖了幾個月？」凱西問：「妳承諾過多少次？一下說開銀行支票還錢，一下說這個，一下又說那個？」
「難道妳的父母還不知道（這件事）嚴重程度嗎？」我說。
「他們可以做什麼？」安娜聳了聳肩。
「他們可以解決妳的每一個財務問題。」凱西回答：「他們可以告訴妳，『我們現在就給妳（錢），但之後會從信託基金扣掉』，就這麼簡單。」
「對他們來說，不是因為金額，也不是因為錢。」安娜解釋。她現在已經完全冷靜，沒有壓力、沒有戲劇化的表現，也沒有流淚，而且她形容父母的態度，好像父母對她沒有任何意義。
「他們只想要我處理好。」再一次，我心想，要解決什麼？什麼問題？
「他們寧願妳進監獄？如果判決有罪，妳就會入監服刑。不會只是說『哦，罰款有這麼多』。」
「沒有債務人的監獄。」安娜說，彷彿在陳述事實：「沒有人要入監服刑。」
「妳怎麼付全部的酒店住宿費？」我問。

「我的家族辦公室。」安娜說。

凱西打岔說，當她致電格林威治酒店詢問時，查不到用安娜名字的訂房紀錄。

「是家族辦公室處理的。」安娜說：「用他們的名字訂房……我也不知道。」怎麼可能不知道訂房者，就辦理入住手續？

「那麼，安娜。」凱西繼續說：「有什麼辦法能讓我們跟妳父母談談？」

貝絲在安娜回答前就先搶話。接著是混亂的審訊。

「妳從來沒有過這種情況？」她問安娜。

「沒有。」安娜回答。凱西壓過貝絲的聲音，提醒安娜在卡薩布蘭卡四季酒店發生的事，說道：「這已經不是第一次了。」

「妳像在指控我，我不是……我又沒有說謊。」安娜爭辯。

「妳寧願被告上法庭（而不是跟父母商量）？」凱西緩慢地說。

「我別無選擇！」安娜提高音量，尖聲叫道。「選擇權不在我身上，事情就是如此。」她被激怒，但依舊沒有流淚。

「但安娜，妳可以選擇跟父母商量！」凱西說。

「可是安娜，妳根本就滿口胡言。」貝絲強硬地說：「隨妳怎麼說。我們只要真相，才能安排下一步。就這麼簡單。我們不在乎妳的家世。就算妳是塞爾維亞的富二代，也跟我們沒關係。」

「在這個謎團中，我們好像漏了一個關鍵。」我說。

「對……缺了一些東西。」凱西表示同意。
「我們需要真相。」貝絲再次重申。
「缺了什麼？」安娜嘲諷道：「漏了什麼？少了什麼？」
安靜了片刻。
凱西打破沉默：「其實，我認為妳父母應該知道妳的困境。我們需要跟他們談談，不要再管這個爛透的信託基金。」
「我的父母會替我買一張回德國的單程機票，然後要我去找一份工作。」安娜說。
「至少先讓他們幫妳還清，妳才能重新站穩，想下一步。」凱西諷刺地回應。
「他們會叫我找工作，自己付清。」
「如果妳父母發現，有人因為妳的行為而受傷呢？」凱西想讓安娜理解：「因為妳受傷的人就在這，她真的需要拿回錢，而且她還是妳的好友，但妳卻利用她……」
我忍不住插嘴。「妳的家人是誰？就是那種，真實存在的家人？」我頓時結結巴巴。
突然，我想通了。有個天大的謊言。
「有……」安娜輕聲回答。
「妳父親叫什麼？」貝絲問。
安娜遲疑了：「我有真實存在的父親。」
「叫什麼名字？」貝絲質問。

「丹尼爾（Daniel）……丹尼爾。」安娜緩慢地吐出這個名字，還說了兩次。

「丹尼爾……什麼？」

「德克．德爾維（Decker Delvey）。」安娜接著說完。

「丹尼爾．德克．德爾維？」貝絲複述了一次。

「對。」安娜說。

「為何不讓我們直接談？」凱西說：「讓別人跟妳的父母說明，讓他們理解。」

「我都已經做了。」安娜回答，變得激動：「我試遍各種方法。我不是整天坐在那邊數星星。」

「妳說妳想自殺，怎麼回事？是什麼原因？」凱西問。

「因為我找不到有用的方法來解決！」安娜回答。

「什麼沒有用？」凱西緊接著問。

「似乎所有的方法都沒有用。」安娜哀怨地說。

「身為瑞秋的朋友，我們要幫助她脫離困境。」貝絲態度強硬。雖然她是凱西的朋友，而我們才剛認識，但我很欣賞她的仗義直言。

「我每天都跟瑞秋保持聯絡。」安娜回答。

「但這兩個月，妳一直用同樣的話敷衍我。」我反駁。

「那些就是他們給我的回覆。」安娜聲稱：「我，隨便都可以，找到十個人來證明我說的。」毫無意義。

貝絲開始發動攻勢，戳破安娜的藉口跟謊言。貝絲長年與銀行家和律師合作，她認為安娜說延遲應該歸咎於銀行和律師，根本是一派胡言。「你說的，**並**——**不會**——**發生**。」她說：「不要再他媽的給我找藉口，因為我是內行人。」

我看著安娜，研究她的身體語言，看著她想好一個回答，然後眨眼說出來。

「妳們根本不了解我現在的情況。」安娜說。

「所以才要問妳啊。」我懇求。

「因為妳一直不告訴我們。」凱西說：「我們一直問。」

「那是因為妳們只會說，『哦，妳在撒謊』，我沒有撒謊。」安娜說：「這些律師都可以替我作證。」她跳脫、轉移，然後偏離主題。

「妳真的聽不出多麼荒謬嗎。」貝絲說。

「我知道，但我得到的訊息就是那樣。」安娜說。

我提起湯米，想知道安娜的反應。「安娜，妳過去顯然也有財務上的問題。」我開始說。

「像是？」她說。

「像是湯米。」

「我和他沒有過金錢問題。」她聲稱。

「他真的有借錢給妳，而且……」

「沒有，他沒有。」她打斷我。

「……到最後他不得不威脅妳，才順利拿回他的錢。」

安娜繼續否認時，我懇求道：「我寧可知道妳沒有錢，我只要真相，而不是聽這些精心設計的謊言。」

「妳怎麼盤算的？」貝絲問：「出境美國，不回來，然後到另一個國家故計重施？」

「而且妳花錢找律師做什麼？」凱西問：「律師幫不了你，因為妳有罪。」

「她沒有錢付律師費。」貝絲說：「律師沒有收到費用。」凱西和貝絲討論律師的問題。我則跟安娜交談。

「妳父母生妳的氣嗎？」我問。

「我不知道他們有沒有生我的氣。我知道他們會叫我自己解決。」

「你怎麼知道？最壞的情況是什麼，叫妳回家嗎？」

「對，他們會幫我買單程機票，然後叫我去找工作。」她又說了一次。

「但妳在美國不太順利。妳不覺得到某些時候，必須要聯絡他們？」

「可是……我正在努力。像是，我沒日沒夜在處理這些事。」

「都沒有結果。」我說。

「我知道啊，不過……還能做什麼？可以做的都做了。我跟每個人通電話。除此之外，還能做什麼？」

「妳知道可以動用信託基金，是九月的哪一天嗎？」我想要一個相信的理由。這是我最後一次，悲慘而絕望地試著重振對她的信心。

「應該會在九月處理完……妳知道的，不是只有妳的部份。我，還有一堆其他的事情……」

「嗯，我知道。我不否認妳說的。我只是想知道，妳覺得九月的什麼時候可以處理完，有沒有一個日期？」

「沒有日期，但不應該是九月，應該明天就要處理好。」她說。

「那不是重點。九月的原定日期是什麼時候？」我追問，測試湯米給我的資訊。

「不是在九月。」她沒有多解釋，安娜開始說她九月五日要上法庭接受審判，開庭當天，是她的旅遊簽證到期的前一天，表示她從摩洛哥回到美國已將近三個月。我頭暈目眩。安娜完全忽視我的問題。

「她總是能自圓其說。」貝絲說：「好吧，妳知道我怎麼想的嗎？我認為妳沒有坦白。」

「我很坦白。」安娜狡辯。她沒有流淚、沒有痛苦的表現，只有輕蔑的態度。她怎麼會如此淡定呢？

「安娜，妳還有臉說自己很坦白。妳有很多亂編的故事。」

「像什麼？」安娜問，語調有點挑釁：「我說法都一樣。相同也有一致性，我正在盡我所能。我又不是每天晚上都跑出去玩！」

「妳一直這麼說。」凱西說：「這跟出去玩沒有關係。妳不是小孩子。」

「是關於妳必須付的錢。」貝絲說。

「是關於責任。」凱西說。

「她亂說一通。胡說八道。根本什麼都沒有。」貝絲下了結論。

「妳憑什麼這樣說？」安娜反問。

「我知道妳的故事。」貝絲抱持懷疑地說：「妳的故事就是……」

「那妳說說看？」安娜上鉤了，打斷貝絲。

「妳的故事是這樣的……全都不是真的。」貝絲回答。

「能解釋一下，為什麼我說的都不是真的嗎？」安娜反問貝絲，盡量讓自己不用開口。她的語氣挑釁，近乎傲慢。

「他媽的問我幹什麼？」貝絲喝斥。

「好吧，冷靜一下。」凱西緩頰。

「來啊，妳解釋，為什麼我說的都不是真的。」安娜堅持不下。

「妳怎麼去那該死的摩洛哥？這是怎麼做的？那又是怎麼做的？妳的會計師為何不適任？無法解釋，因為根本都不是真的。」貝絲說。

「嗯，但我都辦到了。就一定是真的啊。」安娜露出輕蔑的微笑，更自信了。

「不是的，因為妳就像……」貝絲說。

「我認為貝絲的意思是，全部跡象都指向……」

貝絲打斷凱西：「不，聽好了，我曾旅居東歐。也曾在俄羅斯生活。」

凱西和貝絲蓋過彼此，直到安娜插話：「有人能解釋一下，我的故事有什麼問題嗎？」

「妳的故事永遠都在亂編。」貝絲回答。我知道貝絲是對的。

「她太會操控別人了，我沒辦法這樣跟她談。」我哭著說，但很鎮定：「她沒有像她說的。她兩個月來一直在拖。」

「妳不是在講真的。」貝絲尖銳地說。

「我是德國人，我在瑞士跟一家銀行往來。跟俄羅斯有什麼關係？」

「妳的家族來自哪裡？」貝絲問。

「德國。」安娜迅速回答。湯米告訴過我，安娜的父親是俄羅斯的億萬富翁。兜不起來。

「妳的家族來自德國？」貝絲又問一次。

「是的。」安娜說。

「那妳的父母是來自哪一國？」

「德國。」

「她的生活全因為這樣天翻地覆。」凱西說，把焦點轉回我身上。

「那妳又以為我的生活變得怎麼樣？」安娜問。

「不是在說妳。一切是妳造成的。」凱西提高音量：「妳只得到自己想要的。這不是妳的事，安娜。不是只有妳。這就是癥結點。妳必須走出自我，站在別人的立場。這不是妳的事，無關妳的購物、頭髮、美甲、按摩療程，或是其他事。這是現實生活的事。這個女孩每天努力工作，跟妳說自己努力一樣，但妳借用她的信用卡來刷。」

「我沒有借……我不是登入她的帳戶，然後用那些錢去購物。」安娜說。

「妳他媽的用這張卡去度假。」凱西說。

「我知道，所以我沒有否認——我想還她錢。」

「但這不是只有妳。」凱西重申。

「可是……妳難道看不見全部嗎？」安娜低聲說：「妳看得出來，像是……我的努力嗎？」

「先忘掉妳自己一分鐘就好。」凱西試著重申：「忘記那些妳本該做，或是妳做過的。不要再提狗屁不通的事。要設身處地，不要一直想著自己要什麼。想想別人的痛苦。妳需要跟自己分開，安娜，這樣好嗎？理解別人，因為在那一刻，妳能感覺到別人的痛苦，因為愛，妳會無條件把事情做好，妳自己的麻煩也會好轉。妳必須明白。妳……還是一直把這件事想成，像是……妳已經盡了所有努力。沒有人會讚美妳。因為妳已經越界了。」

這時，我過去兩個月的經歷（錯誤資訊、謊言與欺騙）都被濃縮成真實版——我把報導轉貼給艾許莉、尼克、戴夫、凱瑟琳，還有傑西。他們都還沒讀過。

凱瑟琳回覆：報導說，現在有（安娜的）律師的聯絡方式，她說。我們明天就去找他。

艾許莉回覆：哇。我替妳難過。艾許莉說如果需要一些建議，她有家人是律師，可以給我諮詢。

現在情況很糟，我回艾許莉。（安娜是）一個可怕的人。

傑西傳來的訊息說：天哪。瑞秋。太誇張了。妳跟她談了嗎？

我現在跟凱西，還有凱西的一位朋友跟她當面對質，我告訴他。

跟安娜？傑西問。

對。

天啊。傑西說。她也欠凱西錢嗎？

對。

她是騙子，還是沒辦法動用家產、被寵壞的小孩？

我只花了大約十秒鐘，打完了回覆：我覺得，她是放長線釣大魚的騙子。

不會吧，他說。慘了。

我回頭看安娜，她沒有表現出任何同理。她堅持自己的故事，說一切都是真的，所有的錯都不在她。我看著安娜，話也變少了。我彷彿靈魂出竅，淚水不自覺流下。面對越來越大聲、嚴厲的指責，她還是毫無表情。眼神空洞。我突然發現自己根本不認識她。隨著這個想法而來的，是一種怪異的平靜和解脫。我感覺到凱西和貝絲的憤怒，還有自己對安娜的不信任。這幾個月以來，我一直有這種感覺。我想通了，知道只有一個答案。

兩個小時後，我們已經盡力了。第一個說「到此為止」的是凱西。她花了太多精力在安娜身上，不希望隔天上午上節目時太疲憊。貝絲、安娜和我很快也離開。在夏季的明亮月光下，我們三個人沿著西側公路向南走。貝絲在我身邊，朝她在翠貝卡（Tribeca）的公寓走去，安娜走在我們兩步之前，準備去格林威治酒店。我們漫步在街道上，我專心看著安娜，她把巴黎世家托特包掛在手臂上，太陽眼鏡架在頭上。她只剩下這些嗎？也許對安娜來說，東西和人都是一次性的。她行走的速度之快，動作輕盈，幾乎像是在滑行。為何曾經熟悉的人，如今卻這樣模糊？

直到那一刻，我才想通她這幾個月回應我疑問與指控的方式。我在心裡研究並記下她的解釋，試圖破解其中的真實訊息。但她就是這樣的人：是個謎團，沒有答案。沒有答案就是安娜的答案。

我在克拉克森街（Clarkson Street）停下，等著穿過公路走回公寓。貝絲簡單跟我告別。安娜頭也不回地繼續走。「再見。」我在安娜身後大喊。

她猛然轉身，閃過一絲笑意，揮了揮手。「再見！」她說。

我再見到安娜，已經是很久之後的事了。

第十四章
擲硬幣

隔天星期三。我上午醒來時，還沒從昨晚的刺激平復，這時就收到凱西的訊息，她問大家是不是都平安回家了？應該有吧，我告訴她。凱西也很好奇她離開之後，有沒有重大變化，例如，堅持安娜胡說八道的貝絲，是不是被收服了。絕對沒有，我保證。貝絲完全不相信安娜。就算這樣，一想到貝絲和安娜深夜一起走路回家，我不禁開始懷疑。我知道安娜的能耐。

準備出門上班時，我很煩躁，動作慢吞吞。到公司的時候，已經超過上午十一點。我再也無法思考，且精神低落。安娜的真相越是呼之欲出，我就越喘不過氣。警方對我的黑色資料夾沒興趣。我還有六二二〇九．二九美元未繳，美國運通也一直打電話催。我可以跟潔妮借錢——她立即回覆我，說願意借錢幫助我，但我要如何還她？接著，我開始有糟糕的想法：安娜會不會是故意的？我坐在辦公桌前，悲傷襲來，我痛苦地想躺在地板上。我可以回家嗎？躺回床上？現在還有什麼方向？已經兩個半月了。她一直在玩弄我嗎？七十五天了！早上的憂慮。下午的奔波。夜間的恐懼。都是為了什麼？我一直在等待永遠不會發生的事，對吧？她有半句話是真的嗎？

中午。凱西傳訊息。昨晚，安娜在貝絲家睡著了。

理所當然。太無恥了。我們明知她沒有在格林威治酒店，但她為什麼沒有為了不被拆穿，而跟貝絲分開？她沒有其他地方過夜嗎？再一次證明，安娜難以捉摸。如果她放了一把火，她會留在周圍，看它燃燒。她可能真的無處可去。還是她想挑戰什麼？她會不會是想贏得貝絲的認同，才找機會獨處？是貝絲提議，還是安娜自己開口？我開始懷疑她們早就認識了。

貝絲有給我電話號碼。一想到她有不速之客，我只好傳訊息關心。安娜還在睡覺，貝絲告訴我。貝絲說等等就要叫醒她，請她離開之後會跟我聯絡。不要中了她的毒！我告誡貝絲。不會的，她回答。

我試著專心工作。這麼久以來，我故作堅強。噢，乾脆崩潰。拜託讓我縮成一團，然後消失在辦公桌底下？有人會發現嗎？一切會過去嗎？我努力不哭。但是不論多努力，淚水再也止不住。

我很不舒服，我傳訊息給出去吃午餐的凱瑟琳，我人在辦公室，但不確定還能待多久。我試著打起精神，但完全沒辦法做事。凱瑟琳一小時內就回到辦公室，立刻關心我的狀況。

在「平底鍋」那一晚的精采對決，像是舞台劇一樣。我將劇情重點告訴凱瑟琳，她認真消化這些戲碼。「再說一次，妳因為這樣負債多少？」她問。雖然知道事態嚴重，但她鼓勵我將挫折當成一種可以克服的障礙。她很聰明，也想出一些有幫助的好辦法。「我們可以辦一場照片拍賣。」她提議，她想找一些跟我們合作的攝影師，看看他們知道狀況之後，是否願意捐贈作品。凱瑟琳唸出一長串名字，她提醒我，說我是這個團體的一部份，我不需要獨自背負這種重擔。

在這種保證與支持下，我重新專注在前進。戴夫建議我聯繫曼哈頓地區的檢察官辦公室。凱瑟琳覺得找人會有幫助，於是跟一位同事示意，他以為我們要開會討論拍攝地點，於是指了一間空著的辦公室給我們使用。凱瑟琳要我寫一封電子郵件，然後用她的名義寄出。

親愛的艾米麗（Emily），

有個與我交情甚好的同事……是被安娜・索羅金・德爾維詐騙的受害者。……這個詐騙的主角，昨天出現在《每日新聞》，標題是「野心勃勃的假名媛安娜・索羅金被指控未支付一萬兩千美元的住宿費」。……我希望妳能指引正確的方向，因為我們渴望幫助同事，也認為她可以揭發重要的事實。地區檢察官辦公室是否有人可以與她聯繫、見面解釋情況，並研討最好的處理方式？

先向妳表達感謝

感激協助

凱瑟琳・麥克勞德

等待回覆的同時，我坐在辦公桌前，回顧六個月以來的回憶。我用Google搜尋「安娜．索羅金．德爾維」、「安雅．德爾維」、「安娜．索羅金」、「安娜．索羅金納」。她是德國人，還是俄國人？許多雜亂的舊派對照片，有瘋狂的髮型和奇怪的品味。她的謊言開始多久了？最早她怎麼進入《紫色時尚》的？據我所知，她那時才開始打入社交圈。

目前，我在安娜的朋友圈裡（不包括凱西或傑西），只跟艾許莉和湯米提過這些事。我想聯繫《紫色時尚》的雜誌總編輯札姆，看看能不能給一些有用的訊息（如果他有）。我跟一位共同朋友解釋情況，希望得到札姆的看法。他們當時都在歐洲，因為時差，我希望隔天就能聽到回音。

地區檢察官辦公室回應：他們會把我的訊息，轉給處理酒店住宿費用一案的檢察官。等待貝絲、札姆，以及檢察官回覆消息。這一次我會得到更多真相。

我很早之前就買好那天晚上的演場會門票——吉蓮．沃爾奇（Gillian Welch）在燈塔劇院（Beacon Theatre）的演唱會。這陣子我太沮喪，沒有辦法轉售。我太累了，太沮喪了，坦白說也需要錢。我打算擱著，沒心情去聽。凱瑟琳聽到我這麼說覺得不妥，她認為我需要一些能提神的娛樂。我們於是一起去聽演唱會。

在燈塔劇院的大廳，凱瑟琳買了白葡萄酒和M&M巧克力花生豆。劇院內，所有人對號入座，燈光暗下。二位拿吉他的音樂家，站在明亮的舞台上：吉蓮．沃爾奇穿著一席漸層色的藍色洋裝，頭髮放下中分，與身穿寬鬆夾克，頭戴淺色牛仔帽的伴侶大衛．羅林斯（David Rawlings）

一起出場。他們正在巡演，慶祝二〇一一年的專輯《耙子與收穫》（The Harrow & The Harvest）。演出歌單是完整的專輯曲目，按順序排列。我熟記每一首的歌詞。有一次，我在阿第倫達克山脈（Adirondack），那裡收不到訊號。我只有這張專輯，所以反覆聽了好幾天。歌詞在腦中迴盪好幾個星期。鄉村音樂加上靈魂樂，療癒而優美。「我們通常不會一連串呈現這麼多小調。」舞台上的吉蓮．沃爾奇告訴我們：「但專輯曲目就是這樣排的。」聽到反映出心境的音樂，是一種強大的力量。緩慢。悲傷。疲累但堅強。

貝絲在中場休息時打電話給我。說她已經和安娜的律師談過了，會在吃完晚餐之後，跟我報告細節。演唱會結束後，我在燈塔劇院的大廳和凱瑟琳道別。凱瑟琳送我一件吉蓮．沃爾奇的T恤，是她趁我不注意的時候買的。她真的很用心支持我。她讓我內心充滿溫暖。

我在地鐵市中心站下車後，打電話給貝絲。

貝絲和安娜的刑事辯護律師談過，聽起來是位合法律師，只不過還沒收到兩萬美元的聘請費。我問安娜是如何離開公寓的，貝絲說，她安排安娜到蘇活區的雨果酒店（Hotel Hugo）過夜。貝絲跟安娜的律師談過之後，認為如果能找到辦法付清律師費，說不定就能取回安娜被警方拿走的手機——警方顯然扣留了安娜的手機。這很令人費解，但安娜似乎已經跟貝絲解釋，她需要用手機，才能取得電子郵件和聯絡人。沒有這些，就無法還錢。如果律師收到一部份聘請費，可能會願意談判，以取回安娜的手機。貝絲試著幫助我。安娜試著幫助她自己。

我誠摯地向貝絲道謝，並告訴她，我們現在都不該再跟安娜打交道。我跟自己承諾並大聲說出口：從現在開始，我們必須假設安娜是技術高超的騙子。我一點都不遲疑。安娜顛覆了我的生活，眼睜睜看著我瓦解。現在是貝絲，一個熱心、有衝動的新朋友。她的同理心讓她變得脆弱，而安娜嗅出這一點，立刻抓住這個機會——我現在能分辨這種模式了。

◆

用騙子來思考安娜的時候，不得不驚嘆她紮根的範圍之廣。她的故事細節因人而異，但核心是一樣的。必須佩服她編造的一致性——安娜是雄心勃勃的德國富二代，喜歡藝術和商業。問問其他認識她的人，都會聽到一樣的故事。例如湯米，他真的知道安娜的家人嗎？他給我的資訊像是扳手一樣卡進我的齒輪。

我決定問他：嘿，湯米，我開始覺得安娜根本就是騙子。她好像根本沒有信託基金或有錢的父母。有沒有可能？你確定她有家人嗎？湯米告訴我，安娜跟他說過一個來自慕尼黑的姓氏，但他認為可能也是虛構的。

我挑出的破綻越多，故事就越快崩解。我收到札姆的回覆，但內容含糊而簡短，只說安娜已經不在《紫色時尚》任職。我不怪他未多做說明。安娜很神祕，我不知道可以相信誰，又該分享多少資訊。同樣地，有件事很清楚：她的過去很模糊，也不協調。

現在我只能聯繫地區檢察官辦公室。我認為他們處理的案件，應該跟《紐約郵報》和《每日新聞》上的輕罪有關：比克曼湯普森酒店和W酒店的欠款，還有在黎客艾美酒店吃霸王餐。

檢察官是否知道這只是大謎團中的一小部份？

然後我發了一封郵件：可能的話，我很希望今天跟你們談談。我認為這個女孩是詐欺犯。我很願意見面或用電話談。隨時都可以配合。我在如此失衡的狀態，飽受長時間的壓力，現在完全投入尋找線索，盡可能收集資料。我在訂摩洛哥的機票時，得到安娜的護照影本，以及她轉帳卡的正反面相片，全都保存在我的「採取行動」資料夾裡，列印並歸檔到黑色活頁資料夾。

等待回應的同時，我警告其他人要保持警覺。我傳訊息給貝絲：嗨，貝絲，我希望妳有足夠休息。我還在想辦法努力收集安娜的背景資訊。顯然她以前會跟別人要求代墊，或是不付錢。我真的覺得她是詐欺犯。我強烈建議妳保持距離。妳有一顆善良堅強的心，但她是一個擅於操控、毒害他人的騙子。我建議妳交代警衛，不要讓她進入公寓。

貝絲早就這麼做了。

我的手機響起，來電顯示發話地為「美國」。我離開辦公桌，按下通話。「我們覺得妳說對了。」對方說。

這是檢察官辦公室的地方檢察官助理，他確認過安娜．索羅金（又名安娜．德爾維）是正在進行刑事調查的案件。他們想要我過去一趟。

掛上電話後，我豁然開朗，在腦中重複剛才的對話。我放慢呼吸節奏，把黑色資料夾塞進背包，登出電腦、關掉檯燈。我覺得我的猜測正確，電話那一端帶著肯定的共鳴。如果真的，安娜是詐欺犯，接下來我該怎麼辦？

我不記得有沒有等電梯，也不記得怎麼離開辦公大樓的。我一定是往東邊走，而且走得很快。我過馬路有停下來嗎？街上有沒有車子？世界像被海洋隔開、融化、彎曲、展開。我習慣了腳下地面的起伏。我想找回平衡。

我不記得有寫下地址，還是直接記在腦子裡——因為我的大腦已經被其他緊密排列的名字和數字占據。中央街八十號。我走經紐約市政中心街區的弗利廣場（Foley Square），看見目的地就在轉角。

爬了幾層階梯，進入大門，我走向警衛。「瑞秋．威廉斯已經來了。」警衛對電話說，請我提供駕照，並仔細核對。他還我駕照，給了一張寫著「訪客」的貼紙，面帶微笑地指向電梯。

我循著標示走到金融詐騙部，跟另外三名女子同坐在一張桌子旁，兩位是地方檢查官助理，還有一位律師助理。她們想知道來龍去脈。

終於，我找到一個願意聽我說話的地方，讓我覺得自己有點用處。我把經歷說出來，給願意相信與理解的人。沒錯，安娜自導自演了長期騙局，而且我不是唯一受害者。對我來說最糟的狀況是假設「她似乎身無分文」——其中一位女子這樣說，而這個事實，卻讓事情變得簡單。

此案的主要檢察官麥考（Catherine McCaw）建議我聯繫美國運通，並提出申訴。還有一件事，詭異但重要：我的膚色跟安娜差不多——可能是巧合，也可能不是。所以我必須考慮重新申請信用卡、更換銀行帳號，甚至護照。我趁著與檢查官見面的機會，提出看法。「噢，我覺得她是俄羅斯人。」我說。

「是什麼原因？」麥考問。我告訴她「平底鍋」戶外酒吧的對話，以及貝絲的質疑，還有安娜在面對質問時的強硬態度。

麥考不便告訴我答案，只說：「妳的直覺很準。」

有新方法，我終於看到契機。在我腦中，有一種隨著場景和對話的重播，可以點擊進入觀看片段的模式。我在安娜騙局的最前排，每一段記憶都跟案件相關，我想提供幫助。我告訴他們我所知道安娜的一切。

「妳有沒有考慮當調查員？」其中一位地方檢查官助理問我。好巧不巧，是的。我還真的想過。我在田納西州諾克斯維爾讀三年級時，一直想要長大之後當特務（向我曾在FBI擔任局長助理的爺爺看齊）。雖然現在跟我想像的特務有點出入，但機會來了，所以在安娜的調查中，我會全力以赴。

談話持續了大約兩個小時。結束之後，我起身準備離開。「這個妳要帶回去嗎？」麥考指著我們之間桌子上的黑色資料夾。我低頭看了一眼。

「不用。」我說：「我想，這是為了你們做的。」

◆

我坐在公園長椅上。這裡在檢查官的辦公大樓，以及紐約最高法院之間。我打電話給珍妮阿姨，也打給潔妮，還有前一天出發旅行幾個月的尼克——這時的分離確實很難熬。然後我驚覺，我差點忘記晚上跟凱瑟琳在羅維爾酒店（Lowell）有約。

我們預計參觀羅維爾酒店的閣樓套房（考慮當成之後的拍攝場地），並與酒店公關應酬。

「妳準備好了嗎？」凱瑟琳問我。我說準備好了，等著和她會合。

當我們走過這間五星級酒店的大廳時，我幾乎沒有把注意力放在觀察周遭。我在反省自己，困在思緒裡。我依稀記得那裡有花香，閣樓套房也很不錯。我猜安娜一定會喜歡，或者對她來說太奢華，太有真實感。回到一樓，我們與酒店公關團隊一起去酒店內的酒吧。我是最後走進去的。腳步放慢了，環顧酒吧，這是我的錯覺嗎？馬若雷勒藍、幾何圖案、凸紋皮革加上矮座椅，裝潢的靈感似乎來自摩洛哥。這種巧合與諷刺很有趣，但我發現這觸發了很多情緒，勾起我在馬拉喀什的回憶，尤其在酒店。

一陣頭暈，我溜進洗手間，做了幾次深呼吸練習，然後用冷水洗臉。幾分鐘後，我在酒吧後方找到我們的位子。女服務生過來點飲料。

「妳想喝什麼？」女服務生先望向凱瑟琳。

「哦，我不知道耶……有什麼推薦的嗎？招牌調酒是什麼？」

「馬拉喀什特快車。」

一個默契的眼神、一抹緊張的微笑、一種顯而易見的選擇。

「我們點兩杯。」凱瑟琳說。

第十五章　硬幣的反面

檢察官辦公室的那一場會談之後，我變成記憶的囚犯。每天經過城市，從公寓到辦公室工作，再從辦公室回公寓，卻很少留意四周。我忙著找出關於安娜的每一個細節和場景。幾個月來，我的焦點一直設定在馬拉喀什到「平底鍋」酒吧的時間線之間。現在我重新設定，跳回原點。我在布魯姆街（Broome Street）的「喜劇收場」餐廳遇見安娜。那時可以看出危機嗎？一切怎麼發生的？

曾經微不足道的話語和姿態，突然有了新意義。「錢這種東西，一瞬間就能化為烏有。」安娜當時這樣跟我說。她所指為何？還有什麼我不知道的？還有哪些未爆彈？

一年半的這些片段，在我腦中的捲軸上迴響。每個場景都有內幕。面對回憶的震驚，我理當好好睡一覺，但我還是梳理著它們。謎團曾經讓我的精神遭受極大痛苦，但現在我知道安娜·德爾維不是真的，於是可以思考全新的行動方案。

首先，別讓安娜知道我正在做的一切。我懂了，現在最好不讓她知道我掌握的資訊。最好讓她以為我還在洞穴裡，看著她忙進忙出的影子。所以我思考：如果我沒有找到地方檢查官，那我會怎麼做？

我猜安娜還沒拿回手機，於是在八月四日用臉書傳訊息給她：安娜，我真的需要報銷款項。這讓我陷入大麻煩。我的工作要不保了。拜託……拜託……拜託了。我不敢相信陷於這種情況。我真的很信任妳。她沒有回應。

隔天上午，我致電美國運通，跟一位陌生人闡述我的故事，期待能引起另一端的同理心。首先，我的語氣堅定而誠實，接著敘述在馬穆尼亞酒店開始變調的過程，我的語氣轉成憤怒。最後，我在解釋試圖報銷款項時，失去了所有的鎮定。我指控馬穆尼亞酒店：他們用我的公司卡刷了一六七七〇．四五美元，也用我的個人信用卡刷了三六〇一〇．〇九美元。我提出申訴並上呈，又回到等待——我很擅長等待。

接下來，是時候告訴我的父母了。那天晚上，我一個人在公寓，拿起電話後卻發現辦不到。我覺得可能在戶外的開放空間，會比在室內更好說出這種沉重話題。我的公寓已經容不下這種情緒，步行有助於思考。我在曼哈頓下城（Lower Manhattan）的街上踱步，希望得到勇氣。接起電話的是我母親。

「可以跟我談幾分鐘嗎？爸爸也在嗎？」我父親去參加競選，但現在我準備好了，等不及坦白一切：「我需要告訴你們一些事，不是好事。開始之前，我想讓妳知道，我沒事。」

我從摩洛哥之旅開始。我的母親仔細聽我說每一個字。雖然她知道我去摩洛哥，但這些情節對她來說都是新的。她打斷我。我不怪她。她怎麼會知道故事在哪結束？那就是結局嗎？

「等一下，先聽我說完。」我說，這個要求並不簡單。「所有妳能想到的，我都問過了，所有妳想得到的方法，我也都試過了。」這樣說可能太自信，但我畢竟博鬥了這麼久。「很快會水落石出。」我向她保證。我把事情從頭到尾說了一遍：參觀「綠洲」之後被帶到密室、珍妮阿姨和潔妮、跟尼克借錢、律師、警方、對質，以及真相。

接著是很長的停頓。

「哦，親愛的。」她的聲音沙啞：「聽到妳自己經歷這一切，我的心都碎了，但是我替妳感到驕傲。」

我沒有精力再陳述一次，我請母親代為轉達給父親。幾個小時後，我的父親傳了一則訊息：「妳老爸非常非常愛妳。」

我潰堤大哭。

◆

我去凱瑟琳在布里奇漢普頓（Bridgehampton）的家，度過八月的第一個週末，從那時開始，我把所有事情都寫下來。訊息量太大了，我都不知道自己能記住這麼多事。感覺有記錄的必要。如果沒有好好記錄，細節可能會慢慢消失，永遠迷失在故事裡。為了繼續前進，我必須把這個故事放在別處，放在腦海之外，完好無缺。我發現書寫是一種非常棒的抒發管道。

檢方不願意透露調查：他們接受我提供的資訊，卻沒有給我任何回報。雖然偵查必須不公開沒錯，不過我很難知道我提供的哪些部份有用。所以，保險起見，我給他們所有我記得的一切，從有趣的小事到明顯的事實，再來到牽強的推論（有標記）。畢竟，安娜・德爾維如果只是一個角色，一種祕密行動的稻草人，那一切皆有可能。

從安娜那裡拿回錢的希望渺茫，何苦再多費心呢？那時，我幾乎沒有時間好好思考。我參與的範圍有限，為了弄清楚這個混亂的真相，我積極配合，努力調查。這讓我的消極得以釋放，可以好好用先前的經驗來度過低潮。我內心深處，仍然在跟另一件事搏鬥：如果安娜選擇這樣對待好友，也就是我，那她還做得出什麼事？或者做過什麼？我必須知道。

回顧我和安娜的記憶，並盡可能詳盡記錄之後，我整理好資料，以郵件發送給地區檢查官辦公室。透過交叉比對訊息和 iPhone 照片，我建立了安娜的活動時間線。我列出她提過的名字：她最喜歡的律師、對沖基金的熟人、商人，以及潛在的合作者。

我將名單上的每一個人，附上包括背景資訊的網路連結，以及他們與安娜的關係摘要。

除了活動時間線和名單，我也交出「平底鍋」酒吧的錄音檔。甚至分享我和安娜的訊息歷史紀錄，回溯至二〇一七年二月，從她給我新手機號碼開始的完整PDF檔。開頭是我發給她的第一則，妳好，新朋友安娜，以及她第一次的回覆，陌生人，妳好。

我只要一想到什麼，就馬上記下來，然後給地區檢查官辦公室。我的郵件像是雪片般飛去，成了散亂的資料。我覺得他們可能會追蹤金流，所以說出她把錢都花在哪。安娜在這裡用頭髮、在那裡做睫毛。用這個APP叫車，用那個APP預約健身，在別的APP預約水療。她很喜歡加密貨幣。我認為她在搞一個龐氏騙局，我說。

我打算在所有的社群網站上封鎖安娜，在那之前，我先瀏覽了一遍並截圖她的發文。盡可能記錄下所有找得到的資訊（與安娜合照的人的名字，如果知道的拍攝地點也一併附上）。我列出了她的社群媒體帳號，以防檢查官辦公室沒發現她的動態。感覺上，讓他們知道安娜去過的地方很重要：紐約、柏林、巴黎、威尼斯、邁阿密、杜布羅夫尼克（Dubrovnik）、洛杉磯、舊金山，遍及世界上這麼多城市。我回到一開始，瀏覽安娜最早在IG上的發文，日期是二〇一三年二月二十七日，是我遇見安娜的三年前，貼文是一張黑白大理石棋盤，上面有金色和銀色棋子。遊戲正要開始。

我沒有在整理資料的時候，如果不是獨自一人，就是有凱瑟琳相伴。中間我跟艾許莉碰過一次面，並向她傾訴。我說了事情的一些波折，但沒有提到檢查官辦公室的祕密調查。艾許莉聽完之後，眼睛都沒眨一下，就問我要不要搬到她的公寓跟她同住，這樣我就可以轉租公寓，省下租金。她真誠且溫暖的提議讓我很感動，這是給破碎不堪的我，一種極度的善意行為。

基礎動搖，我向內退縮，沒有精力一直讓別人知道調查進展和推測。就算繼續抽絲剝繭，我也明白，這種荒謬程度一旦公諸於世，就很難維持原貌。這是八卦的一類，你需要知道另一個人的反應才能吸收。你相信嗎？雖然有很多我信任的人會替我守住祕密，但時間越久，就越難守住。圈子越小，我就越不擔心。還有很多其他帶來壓力的原因——總之我決定保持沉默，對我來說一點也不難。
工作是分散注意力的好辦法——我還有日常工作要做。隔週的星期一，我如常到《浮華世界》，忙著安排傑夫．高布倫（Jeff Goldblum）的一場小型拍攝；找人去塞西爾．理查茲（Cecile Richards）辦公室拍攝書籍封面；決定攝影部在布魯克林Cecconi's舉辦年度「夏日狂歡」晚宴時的菜單。
我突然想到，如果沒有安娜的消息，主動找她應該是很自然的。感覺上，保持溝通是最明智的做法，反正還能有什麼損失？像是例行公事，我用臉書傳訊息給安娜：我該放棄嗎？請問妳可以聯繫妳的家人嗎？哈囉？
我不確定會發生什麼，但三十分鐘後，安娜的回答令我震驚：妳已經找遍我所有的聯絡人，還是還沒？
我的心沉了下來。她說的聯絡人是什麼意思？是說我有沒有跟她的朋友和熟人談過？也許她是指湯米，因為在「平底鍋」的時候，我在安娜的面前提到他。但如果不是湯米，那會是誰？是不是有雙面人，在我們中間拿到兩邊的訊息？我前一天才把安娜的名單（聯絡人？）用郵件發送給檢察官辦公室，但安娜怎麼會知道？她竊聽我嗎？駭入我的電腦？我趕緊切斷筆記型電腦的網路，緊張兮兮地度過一整天。安娜的回覆嚇到我。我沒回她。
但就在隔天的星期二，安娜再次出現。我的手機在辦公桌上發出聲音：螢幕上跳出「安娜．德爾維」的名字。

回到這裡說（手機），安娜傳來訊息。她拿回她的手機，還是她用電腦傳訊息？無論如何，我都沒有回應。一個小時後，我的手機有來電。又是安娜。我看著手機不斷振動，像是被邪靈附身。在我心中，安娜已經成為一股無形的力量，比起有血有肉的人類，更像是一種靈體。如果用恐怖電影來類比，安娜就是一直來敲門的惡靈。

我沒有接，安娜又傳來一則訊息：回我電話或趕快給一個方便談話的時間，我們會打電話給妳，是關於欠款的問題。

我們？我們是誰？「欠款」是指報銷款項？何必搞神祕？我對她的看法早就改變。她身上已經看不見朋友的痕跡；她是個陌生人，我很害怕。即便如此，我還是想辦法積極主動。我通知檢查官辦公室，警告他們安娜重新回鍋了。提前布局，有備無患，我用手機下載了記錄通話內容的APP。小心衡量著要說的每個字句，足夠鎮定之後，才回她。

當天晚上，我對安娜的回應是：妳有我所有的銀行資訊。而且妳有這些資訊已經快三個月了。我的人生因為妳而天翻地覆。什麼時候才能看到妳的匯款入帳？

一分鐘後，安娜回覆：妳好像誤解了，也曲解了我對很多人表達的方式。

我的心跳非常快，以致於有點反胃。安娜的權力遊戲具有強烈的攻擊性。她用攻勢，讓我質疑自己。她暗示我寡不敵眾，她真的和很多人談過嗎？她讓我覺得自己孤立無援。完美扭曲事實是她的企圖。雖然我在生理上的反應是恐慌，但在心理上，我可以看清她的操控戰術，理解背後的目的。

這一次，我占了上風：情況很清楚。沒有任何誤解。妳欠我很多錢。這筆債務毀了我最近三個月的生活。如果妳認為我沒有生氣，那妳就錯了。況且妳根本沒有回答我的問題。我沒有其他要討論的了。

◆

就這樣，我跟安娜沒聯絡好一陣子。我們都沒什麼要多說的。我信任檢察官辦公室的助理會好好工作，還有，為了盡一已之力，我繼續寫作提出有建設性的事證。三不五時，會有未知號碼打電話給我。我從來沒有接，我認為是安娜打的。由於她看起來孤單和絕望，我猜她的行為會螺旋式上升。想到她可能突然出現，我很害怕。為了安全起見，我保持距離，只在社群媒體上關注她。

我認識安娜的期間，她一直專注於了解新事物，還有公認很酷的領域，但我也發現一件事——她很少在社群媒體上發布她去過的地方，至少不是馬上。所以我很難知道她的確切位置。不過，安娜雖然沒有透露地理位置，但她八月中的動態揭露了她的精神狀態。

把你榨乾。這是她在八月十日的ＩＧ發文，照片是從水底向水面拍攝的女人。照片上看不見安娜的臉，但主角穿黑色洋裝、彎著雙腿，應該是她沒錯。雖然沒有標記地點，我記得這是馬拉喀什，是傑西在私人泳池中拍攝的照片。是針對我嗎？我截圖，分享給檢查官辦公室，希望讓他們見識安娜無恥的程度。

同一天，她還在ＩＧ上傳另一張照片：她自己的特寫，嘟著嘴唇表現出虛假的脆弱。模仿娃娃圓滾滾的臉龐，帶有女性特徵與空洞的眼神。同時也更新了ＩＧ的個人簡介，寫著：「那就讓他們吃蛋糕呀！」跟她的刺青一樣，是對法國瑪麗皇后的致敬。

我有在Spotify上關注安娜，她播放音樂時，我可以看見歌名。知道她在線上聽音樂時我很焦慮（她現在在幹嘛？），但我相信這些資訊可能派得上用場。

一次又一次，她不斷重覆聽這一首歌曲：超脫樂團（Nirvana）的《把你榨乾》（*Drain You*）。這首歌是關於寄生的關係，由寇特・柯本（Kurt Cobain）創作——這一定是她ＩＧ發文的靈感。感覺太針對我了。

她故意的成份有多少？我覺得她的行為像是掠奪獵物一般蠻橫，而且越來越食髓知味。雖然不安，但我無法移開視線。

我希望看見更多，我觀察安娜的ＩＧ，找出她被標記的照片。於是成功找到安娜前男友亨特的ＩＧ，我也研究了一下亨特。安娜只出現在他的幾張照片上，但我深信，應該還有更多線索。例如，亨特在二〇一四年元旦的發文，地點在德國柏林的社交俱樂部（Soho House Berlin），照片是一張打字的紙條：

享受生活中的
小事

因為有一天
當你回首
會發現
這些都是
大事

陳詞濫調？還是警告？

從亨特的發文裡，我發現他也去過馬穆尼亞酒店。他在二〇一五年六月與二〇一六年四月都分享過瑪穆尼亞酒店的照片。顯然，亨特在旅行、藝術、建築和設計方面的品味和安娜相似。我回顧他最早的發文，這一次，引起我注意的不是棋盤（雖然他也有一些棋盤照片）。他在二〇一一年三月二十一日發了一張照片，是超現實主義大師雷內・馬格利特（René Magritte）的作品《紅模型》（*Le modèle rouge*），沒有附帶任何文字。一幅超現實主義畫作，鏤空的鞋與十隻腳趾融合在一起，沒有繫上鞋帶，就像肉身做的靴子。這恰如其分地反映出我對安娜的看法。她的形體只是容器：她的人類形體，像是她的馬基維利主義戲服。[1]

除了安娜的引力，以及她噩夢般的世界的斥力，我還有另一個問題要面對。美國運通那邊需要溝通，申訴只是第一步。某天下午，因為是陌生號碼，所以我沒有接美國運通的電話。我從語音信箱，得知要申訴還需要其他資訊（因為用了兩張卡，所以有兩個案件編號，必須分別處理兩張卡的刷卡金額）。我回電，經過一系列轉接，終於有個人要問我幾個問題。妳的信用卡遭竊嗎？沒有，我回答。妳的信用卡遺失嗎？沒有，我再次回答。妳本人當時在馬穆尼亞酒店嗎？確實如此。

但怎麼能用一句話回答？整個事件需要冗長的解釋，所以我開始解釋。就像第一次申訴一樣，我一開始很平靜，但越講越激動，等到快講完的時候，我已經處在恐慌發作的邊緣。

另一端的客服聽起來有誠意，對我的遭遇深感同情，希望提供幫助。然而，作為公司員工，他不得不留意公司的規章。以美國運通來說，「信用卡詐欺」只適用於卡片遺失或遭竊之後，仍被收取費用的情況。如此黑白分明，而我的情況則在灰色地帶。雖然這不表示他們駁回了我的申訴，但這也確實代表著，我找錯人了。美國運通的「欺詐調查小組」（Fraud Squad）會把我的申訴轉回客服團隊，後者會先與酒店聯繫，再跟我回報進度。這也表示必須等待更久。未付帳款迫在眉睫，讓我持續浮沉在恐懼的暗流中。我繼續追尋安娜的種種線索。

1 心理學上，馬基維利主義（Machiavellianism）與自戀和心理病態並列黑暗三角人格的特徵之一。

第十六章
日蝕

隔週的星期日，八月二十日，我和奶奶瑪麗蓮、弟弟諾亞，一同租車開到鱈魚角（Cape Cod），在姑姑和姑丈家度過一個短暫假期。我的妹妹真妮會跟男友搭渡輪，星期一來跟我們會合。沒人知道我跟安娜的狀況，我也還不打算說出來。主要是因為，我不想讓自己的困擾變成家族聚會的主要話題。如果說出來，他們會有很多提問，我沒有耐心回應，因為壓力讓我變得脆弱、易怒、有心防，還經常哭泣。再說，如果沒有提問，我也會不自在，因為不敢提問的人會讓我生氣。不，我做不到。太累了，越來越暴躁。我只想維持正常。我需要休息。

在鱈魚角的第一個晚上，諾亞決定去後院門廊的吊床上睡覺。奶奶睡樓上，我一個人睡在一樓。躺著無法入睡，我拿手機看了美國運通的帳戶。先查看個人帳戶，接著是公司帳戶，就在那時，我看到一行令人失落的文字：「**有效收費，上期未繳帳款一六七七〇・四五美元。**」

半夜十二點十五分，但我完全清醒。我拉開棉被。在黑暗中踱步，然後打給美國運通。我沒辦法等到早上。我跟一個客服談話，流著淚重述我的遭遇。

對方重啟了我的申訴。掛斷電話後，我看向後院門廊，想看看諾亞睡得熟嗎。他雙眼緊閉，但我發現有一扇窗戶是開著的。我心想，他或許聽得到我的對話。

隔天上午，我妹妹和她男友來了，當天下午兩點半，我們一起看日蝕。從空中俯瞰鱈魚角，形狀像是一隻彎曲的手臂，正在活動二頭肌。我們齊聚的地方，正好在「拳頭」普羅威斯頓（Provincetown）和「肘部」查塔姆（Chatham）之間的韋爾弗利特（Wellfleet）。姑姑和姑丈家在懸崖上，我們從木製的露台俯瞰鹽沼和海灣。

對我來說，這是一個很好的消遣。我們沒有能直視太陽的特殊眼鏡，奶奶教我們一招，可以用兩張紙來看日蝕。她在紙上打了一個孔，然後把打了孔的紙放在另一張紙上，這樣一來，光線可以穿過孔，在下層的紙上形成的亮點。當月亮從太陽前方掠過，日蝕的影子會蓋過紙上的光環。奶奶的自製工具沒帶來太深刻的視覺效果，但看她自製觀賞工具，並從中得到回饋，過程很令人開心。這種星體的體驗很一致，就像放風箏。幾分鐘後，黃昏在中午時降臨，讓我們想起人類只占據了宇宙的一小角。

星期二，我收到了檢查官辦公室的郵件。沒有透露細節，只告知我安娜的案件正進一步調查。我被介紹給麥卡夫雷（Michael McCaffrey）警官，他與檢察官麥考共事，所以郵件也一起複本給他。幾分鐘後，麥卡夫雷警官回覆了。開頭寫著：「女士，妳好。」他給我電話號碼，告訴我有空談談時，可以與他聯繫。他的屬名寫著「紐約警察局金融犯罪小組」。雖然已經過了晚上六點，我一看到信就打電話給他。我找了隱密的地方說話，先是在屋頂露台，然後又走下樓，赤腳在院子裡繞圈。我把我知道的訊息都告訴麥卡夫雷警官。講述的過程中，他不時會提問。

通話結束後，我把資料都寄給他，包括「採取行動」資料夾的壓縮檔，認識安娜的經過，以及我們「友誼」過程的點滴。

我也用訊息轉發了幾個相關影片。可以跟保護人民安全的警官有即時的直接聯繫，讓我安心許多。我表示隨時有空，並很高興能盡力提供調查所需的資訊，我認為安娜被逮捕，只是時間上的問題。

回紐約之後，我的情緒意外不穩定。原本基於必要，我建立了一個情緒的繭，好在巨大壓力下能保持正常。去鱈魚角度假之前，我沒有意識到有這個繭，但當我回紐約之後，雖然有足夠休息卻還沒處理情緒，於是我突然驚訝地發現這個繭消失了。

星期天晚上回到紐約。隔天上午，一如往常，我查看安娜在社群媒體的更新，她已經好幾個星期沒有動態。我的心猛力一跳。安娜的ＩＧ有兩個新的即時動態。第一則是十一小時前：紅色瓷磚屋頂前方的特寫，有枯黃的香蕉棕櫚葉。安娜不在紐約。因為太多熱帶風情，太多綠色，也太多陽光。

第二則是在第一則的十小時之前：厚實的紅白條紋框架。是泳池躺椅嗎？彩繪牆？在照片的右邊緣，我認出安娜的腳和她的小腿肚。腳指甲塗著血紅色的指甲油，一雙我沒看過她穿的涼鞋：藤條上有圓圈的編織，也可能是貝殼，從她的腳趾延伸到腳踝。這是她預定出庭的前一週，準備去曼哈頓法庭面對三項盜竊服務的輕罪指控。我相信她人在西岸。我截圖，然後用訊息傳給麥卡夫雷警官。為了讓涉入調查的人都知道，我也寄給檢察官辦公室。

安娜的發文讓我有點動搖，但真正讓我失望的，是一小時之後美國運通的回覆。我看到新郵件：「有一封重要郵件，請前往美國運通安全訊息中心查看。」

我立刻登入。內容跟我的個人信用卡有關：「調查過程中，我們代表您與商家聯繫，要求提供解釋，或者提供相關費用的證明。為了回應，商家提供了已簽名的收據副本，連同我們提供給妳的明細參考……因此，審查中的金額已經重新回到帳戶，並將列入下一期帳單。」

恐懼白熱化。我開啟附件，是「預授權」的單據，當時酒店告訴我這只是預授權交易，他們說是形式上的，是暫時的。我在沿著西側公路走往辦公室，路上打電話給美國運通。再一次，我與一堆客服人員交談，重述我的遭遇。當我走到砲台公園城（Battery Park Ciry）時，已經因為太激動而喘不過氣。我望著洛克菲勒公園（Rockefeller Park）百合池裡的金魚，試圖緩和呼吸。聽完我的故事（再一次），美國運通同意重新讓我提出申訴。他們有同理心而且願意幫忙；只是銀行有制式規定，而我的遭遇處於灰色地帶。

那天晚上，躺在家裡的床上，我結束一天的方式跟開始一樣——我上網檢查安娜的社群媒體。她又有新的ＩＧ動態。就在一個小時前，是一張暗示性的照片，照片中的她躺在沙發上，赤裸的雙腿伸直交叉，黑色布料披在大腿上。我檢視細節，看看有沒有透露出她位置的訊息：沙發上的圖案，燈罩款式，白色窗簾上的橄欖綠圖案。

我用手機找線索時，安娜又發布了一則動態。這次是她在全身鏡中的自拍照。照片中的她靠在門口，穿著黑色長袖緊身連身衣，不是穿褲子。照片經過裁剪，看起來偏離中央。閃光燈遮住她大部份的臉。只看得見她的右眼。

知道我們同時在線上，讓我有一種暴露在她眼前的奇怪感受，就好像我們有聯絡，她可能會用某種方式知道我的存在。我也感覺像是有特殊待遇，知道她在做什麼，和誰在一起、在哪裡。

像往常一樣，我截圖傳給檢察官辦公室。任何新訊息，例如ＩＧ發文，總是有某種能量。這些在眼前，我會盡力解讀其中夾雜的訊息，然後給調查安娜案件的人員，我盡力保持這種資訊暢通。

◆

八月二十九日，星期二，曼哈頓陰雨綿綿。是勞動節的前一個星期，也是夏季的尾聲。幸好《浮華世界》不太忙碌，沒有人注意到我下午兩點溜出去，去檢察官辦公室會談。安娜的案件會以「大陪審團調查」(grand jury investigation)進行。主要檢查官麥考在準備聽證會的資料，想問我一些問題。她要我帶一些資料赴約，特別是與馬拉喀什的費用明細。我都準備好了。

會談很簡短。我回答問題、留下預備的資料以供審核。檢察官還沒決定該不該讓我出庭作證，如果我願意，時間會是在隔天下午。麥考說她最晚會在明天早上讓我知道最後決定。就這樣，我步行回家，等候消息。

當天傍晚，我瀏覽從摩洛哥收集回來的雜亂文件時，發現我用來保存所有收據的米色皮革旅行小包。在一堆收據裡面，我發現一張無關費用的登機證——安娜在二月十八日飛回紐約的登機證。這是她再度回到我生活的時間點。「安娜．索羅金」搭乘柏林航空（Air Berlin），自杜賽爾多夫（Düsseldorf）前往甘迺迪國際機場的登機證。杜塞爾多夫距離科隆市至少也要四十五分鐘車程。我不知道該怎麼想。但這麼久以來，直到今天看到這張登機證，才覺得這可能是一塊拼圖。

一樣，我把新的資訊轉給檢查官辦公室。四分鐘後，另一封電子郵件寫道，他們希望我出庭作證。當天晚上，我瀏覽安娜在社群媒體上的動態，發現她瘋狂發文。她的ＩＧ出現大量新照片。前三則都是一樣的圖：廣闊的藍天對應著不起眼的棕櫚樹。

然後是一張棕櫚樹靠在紅瓦屋頂上的照片。但是，其中有一張引起我的注意：文字寫了「死的自然」。她把腳放在一個小碗中，加上木製咖啡桌上的一些物品，以及裝飾性的葉子和李子。就在腳尖之外的地方，有點燃的琥珀色蠟燭。蠟燭旁有一個森林綠流蘇吊飾黃銅製品。我認出來了。

為了確保沒有認錯，我馬上用Google圖片搜尋：瑪律蒙莊園酒店（Chateau Marmont）房間鑰匙。

沒錯，是瑪律蒙莊園酒店的房間鑰匙。我會知道，是因為我去過那裡拍攝。蠟燭是有酒店特色的亞歷山德拉蠟燭——蜂蜜琥珀色的蠟燭，放在磨砂玻璃燭台裡。當我再查看最新的發文時，更證明了她在那裡的事實：燈罩和窗簾都跟他們花園小屋的一樣，還有泳池側牆的紅白粗條紋。我無法知道安娜是否仍在那邊，不過這些照片確實是在洛杉磯拍的。隔天中午我抵達檢察官辦公室，準備出庭作證。到了六樓，我坐在木凳上，等待麥考檢察官。也有其他人在等。每個人都戴著樓下警衛給的訪客證。我瞥了旁邊男子的訪客通行證，認出他的名字。雖然我沒看過他，但我聽安娜說過，所以也把這個名字提供給檢查官辦公室。

他們也可能自己找到的，我不知道。我希望給調查團隊的訊息有幫助，在沒有獲得反饋的情況下，我真的不知道有沒有用。現在，看到這個男子坐在身旁，有一種獲得肯定的感受。我的方向正確，而努力正在收成。

短暫的午休後，我和其他證人跟著檢察官，從檢察官辦公室來到附近另一座市政大樓。在這裡，我們被帶往明亮的等候室。是《上班一條蟲》（*Office Space*）加上主日學，還有部份《法網遊龍》（*Law & Order*）的場景。室內排滿了老舊的教堂靠背長椅，朝向掛著兩幅圖像的牆面：一幅是夜空中的曼哈頓天際線，兩條垂直的光柱代表雙子星大樓，是為了紀念二〇〇一年九月十一日的攻擊事件；另一幅則是九一一紀念噴泉。

有兩株室內植物從牆頭探出：一株直立但歪得很滑稽，另一株掛在圖像之間。在這個沉悶、只有等待功能的等待室裡，這是唯一景象。大陪審團的訴訟程序是私下進行，沒有法官、沒有安娜、沒有辯方。只有陪審團、檢察官（麥考）、法庭記者，還有一次一名進入法庭提供證詞的證人。沒有出庭的確切時間或是順序表。進行的方式，似乎是麥考不定時會傳喚一個證人。我們一小群人，沉默地坐了好幾個小時。最後，我打破了沉默。在沒有透露具體證詞的情況下，我們稍微說說來這裡的原因：安娜。我是最後幾個被傳喚的。輪到我的時候，我笨拙地把手提包放在地上，背靠著牆，然後轉身面對二十幾個曼哈頓大陪審團的團員，有弧度的一排排座位，讓我想起了大學教室。我坐在一張小桌子後面，法庭記者坐在我左側，麥考檢查官站在我右側講台的投影機旁邊。首席陪審員是一名跟我年齡相仿的年輕女生，坐在後排中央，用制式的台詞問我：「妳發誓只說實話，句句屬實，只說實話？」我發誓。

檢查官麥考開始提問：「午安……請說出妳的姓名和居住地，以便列入庭上記錄？」

「瑞秋．德洛奇．威廉斯。紐約市。」

「妳認識一名叫做安娜．德爾維的人嗎？」

「認識。」

「妳怎麼認識安娜．德爾維？」

「她曾是我的朋友。」

在提供完證詞之後，我回到等候室的長椅上坐著，我花的時間比其他證人都久。還有幾個證人在後面等待正式休會。我同情地瞄了他們一眼，知道是我造成的。

麥考告訴我們，這是聽證會的最後一天，所以大陪審團進行投票時，我們就坐在外面等。投完票之後，成員魚貫走出法庭，出現在我們面前。這個經驗有頭沒尾的——我們沒有聽到判決結果。如果他們投票通過起訴，那就會對安娜祭出逮捕令。然後，只有在安娜被傳訊之後，才會知道起訴書的內容。屆時我才能聽到完整指控。如果大陪審團決定不起訴，那我也不知道會怎麼發展。

◆

我已經買好了飛往田納西州的機票——在八月最後一天，也就是我出庭作證的隔天。我選擇九月六日星期三上午回程，也就是安娜應該出庭面對三項盜竊服務的輕罪指控的隔一天。我精疲力竭，覺得這次去田納西州不僅能讓我放鬆，還能讓父母放心。他們小心翼翼地讓我自在些，他們各自都有跟我聯絡，表達一直以來的支持和關心。

去搭機之前，我收到美國運通的電子郵件。他們要求我寫一封申訴的詳細描述。我打算抵達諾克斯維爾之後再開始。

下班後，我回公寓快速收拾輕裝。尼克從八月第一週就開始旅行，我沒辦法在這麼短的時間內找到人來照顧「布仔」，所以我決定帶著牠。我們的飛機在午夜前降落諾克斯維爾。

週末風平浪靜。我補充睡眠、看電影、閒逛。雖然我很高興見到父母，但我表現得臉皮很薄、暴躁，而且敏感易怒。幸運的是，我的家人懂我。除了我自己跟他們報告，其他時間基本上都是「零安娜」。直到星期一，勞動節的上午，我收到麥卡夫雷警官傳來的訊息。他告訴我，他彙整的報告還少了一些細節，希望我可以補充，也問我安娜有沒有回紐約。安娜在ＩＧ發布洛杉磯的照片之後，就沒有更新動態，所以我不確定她在哪裡。

隔天是九月五日，星期二，是安娜出庭的日期。我在上午查看她的社群媒體，看到她在臉書上傳三張新照片。沒有標記位置：只有三張她臉部的特寫，一如往常，是嘟嘴、眼神空洞的照片。其中一張的背景，有一把白色的遮陽傘，看起來有點像是瑪律蒙莊園酒店泳池邊的遮陽傘。雖然不知道拍攝的時間，但我一樣把這個新資訊，告訴麥卡夫雷警官。

麥卡夫雷警官傳來訊息，問了我一個問題：妳說她真的不想在法庭上缺席，對吧？

沒錯，我告訴他，因為安娜在「平底鍋」酒吧時是這麼說的。她說如果錯過這個輕罪的開庭日，她擔心只要一離開美國，就永遠不得再入境。那個詞一直在我腦海中揮之不去：輕罪。意思是做了錯誤或不對的事，不當的行為舉止。那正是安娜。但我從她的口中聽到太多謊言，很難知道該相信什麼，我補充。

所以理論上，如果妳主動聯繫她，她會回妳的電話／訊息嗎？

這個問題對我來說有點不祥，但我告訴他，答案很可能是「會」。

第十七章
急轉直下

手機響起，我走到父母家的後廊接電話。麥考檢查官和麥卡夫雷警官都在線上。

「她沒有出庭。」麥考說。

我早該料到。在兩條路之間選擇時，安娜總是挑更戲劇化的那一條。走在父母家的紗窗陽台後廊，我研究著後院的樹木，看葉子被風吹落。九月，是轉折。

「如果妳傳訊息給安娜，妳認為她會回嗎？」麥考問。

停下來思考這個可能性時，我的心跳加速。

「會。」跟我給麥卡夫雷警官的回答一樣。

這不難，我掛上電話後自我安慰。姑且一試吧。最壞的可能是什麼？完全沒有回應？

將近一個月來，這是我第一次傳訊息給安娜。語氣跟之前一樣，但現在能說的話變少了，也不該去想誰有主導權。我的目標是重新聯絡，並揭露她的所在位置。我在下午兩點半傳了訊息：嘿！安娜。我今天一直在想妳，因為我知道是出庭日。不知道妳的開庭情況如何。我可以跟妳說，我回想一切時，我陷入某種不解。我無法想像妳本來就打算讓事情演變至此。看來妳一定是遇到一些問題。很遺憾，我沒有讓妳覺得能跟我訴說完整的故事，看妳現在的處境我也很難過，但還是發生了。

我說的是實話。

我想，麥卡夫雷警官也許會有什麼建議，所以截圖後傳給他看。他認同這些內容。安娜沒有回應，我這天仍然不時傳訊息問候，小心不揭露背後的動機。我知道不能操之過急。

安娜沒有回應。她缺席的消息出現在《紐約郵報》：「假名媛未出席開庭日而面臨逮捕。」這表示她被通緝的消息已為公眾所知。她自己一定也知道。

隔天上午我飛抵紐約時，只傳了問號給安娜。她的沉默一直到下午快要五點。

安娜回覆，我從星期一就在醫院。這裡收訊很差。

我立刻問了一連串問題：什麼？？！妳還好嗎？妳在紐約嗎？我應該過去嗎？我記得妳感覺自己的健康狀況不是很好。發生了什麼事？

沒有更多回覆，因為安娜已經回答完當天她想答的。在醫院？我記得她酗酒，我也回想起她有自殺傾向，我納悶到底怎麼了。

我照常把這些資訊都寄給麥卡夫雷警官。他樂於接受，但另一方面也擔心我的情緒有沒有受到影響，畢竟我是受害者。我向他保證，就算我不知道真相，還是會跟安娜這樣接觸。沒錯，我很緊張，而我在我的舒適區。如果我不這樣做，還有誰可以？

麥卡夫雷警官跟我預計在這週碰面，再次審查我給的資訊，看看他有沒有遺漏。

隔天上午醒來時，我看到安娜的下一則訊息。

在加州，上面寫著。

範圍太廣。加州是一個大州。有進展就是進步。我截圖之後傳給麥卡夫雷警官。他建議我問她如果要送花，要送到哪一個地址，但我知道太直接會被看穿。

我想起她之前非常想要參觀棕櫚泉附近的「唯美鏡屋」，於是我用一個迂迴的方式：出院了嗎，還好嗎？妳終於去參觀阿提肯的《幻影》嗎？

之後，我等待。

中午，《浮華世界》的員工們收到一封不尋常的郵件，要求大家立刻到辦公室外面集合。空間太小，我們擠滿走廊。幾分鐘後，我們的格雷登．卡特主編現身，宣布自己在《浮華世界》工作二十五年，將在年底卸任。所有人都很震驚和失落。像是聽見噩耗，不只是因為卡特主編，而是我們所認識的《浮華世界》的變化。我們都知道這一天會來，雖然已有心理準備，卻無法減輕衝擊。

話說回來，我的世界已經如此天翻地覆，似乎更多變化是必然。我知道這是老生常談：不雨則已，一雨傾盆。禍不單行。

回到辦公桌前，我又傳了訊息給安娜：需要幫忙嗎？妳在哪，發生了什麼事？還在醫院嗎？我現在很擔心！！！妳在哪裡？我一邊等待回應，一邊跟麥卡夫雷警官確認隔天會面的時間。

傍晚我離開辦公室時，安娜回覆了。

還在這，她說。

我才剛剛截圖給麥卡夫雷警官，就收到安娜的第二則訊息：妳為什麼不跟妳給別人的建議一樣，遠離我的毒害。

她跟誰談過？毒害，我曾多次用這個詞來形容她。是誰跟她說的？我跟安娜開始了一場心理角力。

五分鐘後，我回覆安娜：安娜，我完完全全被嚇壞了。妳不能怪我試著搞清楚狀況。那些金額對我來說是巨額的負債。我很失落。而妳對這件事悶不吭聲。

在這場攻防中，我為什麼要當防禦的一方？兩分鐘後我又發了一則訊息：我不敢相信妳覺得在這種情況下，還可以對我發脾氣。就算妳欠我將近七萬美元，我依然是那個跟妳噓寒問暖的人。

過了十五分鐘。我知道這應該已經開啟她溝通的可能，本能地感覺自己應該要追問。我繼續說：從二月開始，我花很多時間和妳一起處理這件事，但都在原地打轉。當妳停止溝通時，我還是不斷思考要如何解決。我想，也許到了九月，妳可以自由運用信託基金之後，事情就會有轉機。我很遺憾妳的家人、或者妳需要的幫助沒有及時出現。只是把一切攤開來檢視，我很生氣也很絕望，同時也替妳感到遺憾，為妳擔憂。妳為什麼在醫院？

她沒有回應，但我相信她聽進去我要傳達的。

◆

隔天上午十一點，強生街（Johnson Street）和黃金街（Gold Street）轉角處的星巴克人很多。我在三步的距離外看見麥卡夫雷警官，他雖然坐著，但顯然身形高大、方下巴、頭髮整齊，腰間有配槍。他起身和我握手。那天是我們第一次見面。我點了一杯咖啡，坐了下來。我們又重新檢視一次我的遭遇，從頭到尾，我鉅細靡遺地回答問題。他沒有透露調查進度，但感覺這次會很有成效。至少，我終於跟警官面對面談話了。

離開星巴克之後，我再次傳訊息給安娜：安娜？我得重新安排我大部份的人生來處理這一筆龐大債務。我的恐慌症因此不時發作。妳至少能做的就是溝通。聽到妳在醫院的消息，我真的很抱歉。妳怎麼了？

三分鐘後，我收到一名曾在Le coucou當服務生的男子的訊息。他換工作之後，安娜和我去他工作的酒吧找過他一次，他每天都穿夏威夷T恤。他主動聯絡看似無害，但這個時間點不免令人起疑。

嗨！最近好嗎？他問。如果他跟安娜有聯絡，安娜可能把他當誘餌，看我會不會對他吐露出真實的想法和動機。我告訴自己，表現自然一點。

嘿，一切安好，你好嗎？我寫。

我很好！好一陣子沒聯絡了！！他回答。

是啊！！你工作都順利嗎？還在穿🌸🌻🌼襯衫？

當然囉。我想念妳那張漂亮的臉！

有一段時間沒見了，我說。

太久啦！！有什麼新鮮事？

他為什麼要問？是在閒聊還是在挖訊息？

即將來臨的秋天讓我很興奮。日子都差不多。努力工作。你呢？我問。

我愛秋天！！我啊，跟平常一樣努力，但也有玩得開心。妳快來找我。

毫無建設性。完全有可能只是在搞曖昧，但我這時在跟安娜交手，應該假設最壞情況——他是她的間諜。我回答的很膚淺，哦，是嗎？然後沒有繼續對話。

那天下午，麥卡夫雷警官問我安娜有沒有Snapchat。我告訴他，安娜有卻很少用。我拼出他的使用者名稱：**德爾維**，一邊研究這個姓氏。英文唸起來像「delveyed—深入探究」這個動詞，貼切反映出我的經歷。安娜選擇這個姓氏的時候，就已經知道結果了嗎？

◆

一**整天過去了**，安娜還是沒回我。

星期六我傳了訊息給安娜：妳家人知道妳在醫院嗎？

星期天又傳了另一則：希望妳沒事。

終於，在星期日晚上，我收到回覆：我的家族會計師有望在這週安排給妳的款項。

又是老把戲！我以為早就結束了。這是我們兩人都很熟悉的單方面說法。好吧，如果她還是這種語調，那就這樣吧。我陪她玩。我要假裝相信會入帳？還是她想要我默默等待？

我不想嚇跑安娜，所以先擱著。反正那一週剛好在準備年度「新權勢名人峰會」，忙得不可開交。再不到一個月，我就要去洛杉磯，協助萊柏維茲拍攝團體照。安娜也許還在加州。不過她在ＩＧ的上發布的瑪律蒙莊園酒店照片，我也覺得她可能在洛杉磯。

星期一下午，我參加了一場審查拍攝的會議。會議之後，一有時間，我就把注意力轉到安娜，用漸進式的探察，希望得到更多資訊。那真是個大解脫。我回了她上一則訊息。妳回紐約了嗎？現在身體感覺如何？

又過了一天。其實我有一部份，希望在找上檢察官辦公室之前，沒有自己徹底調查過。很明顯，我因為接觸了一些事（或人），讓安娜開始不太信任我。不過，這是任何理性的人都會做的：自己努力解開這個謎。她會多疑，也屬正常反應。

那天晚上，安娜在ＩＧ上隱藏了所有她被標記的照片。她的帳號還在，但其他人標記她的照片——那些證明她曾經參與的照片，全都消失了。我早就把她刪掉的截圖存檔了，所以我瀏覽一遍，想尋找線索。她到底想隱瞞什麼？還是她只是想建立個人「品牌」，知道別人可能去看她的ＩＧ？

星期三我走路上班，剛到辦公室不久，就收到安娜的訊息：我還在加州，他們幾天內會聯繫妳。

我猜安娜的「他們」，是她的家族會計師。她已經第三次告訴我她在加州，此外沒有更具體的回答。好。那什麼時候回紐約？我回答。我已經一個多月沒見到妳了。

我希望進展加速，但安娜又再次拖延。同時，我突然收到凱特的問候。當她詢問我的近況時，我老實回答，就像一般好友的反應。她溫柔地關心，而且想知道更多。我於是說了更多：有點複雜，但我沒事。剛剛才跟那個欠錢的人有些麻煩……而且我不覺得她會還我。再加上卡特主編會在年底離職，工作上會有大變化。尼克跟我也不太好，他已經出國一個多月，（而且）跟我沒什麼聯絡。這幾個月太難熬。看到自己洋洋灑灑寫了一堆，我突然知道厭倦的原因。

凱特給了一系列完美的回應，開頭是，喔！我的天啊！瑞秋！！！！！！！妳必須告訴我這些！！！！！然後結尾是，我會一直支持妳，愛妳。知道有朋友的支持與愛，是莫大安慰。

星期四，我在Pier 59 Studios攝影工作室進行周洪的拍攝工作。掌鏡的是埃里克．赫克（Erik Madigan Heck）。我在拍攝棚；又一天沒有安娜的消息；麥卡夫雷警官和麥考檢查官打給我討論——在這之間，我鼓起勇氣打電話給安娜。其實我害怕聽到她的聲音，所以她沒有接的時候，我鬆了一口氣。我緊接著傳訊息給她，讓她知道：我有打電話給妳。妳還在醫院嗎？妳在加州做什麼？還是沒回應。我用臉書私訊她相同的訊息，也看到顯示已讀。怎樣才能讓她回覆？

擔心她就這樣一走了之，所以我在星期五中午，決定發揮創意。我打開Snapchat檢查她有沒有新發文時，發現了一個濾鏡，我知道她會喜歡。我用這個濾鏡自拍一張黑白照片。頭髮中間出現一個大絲緞蝴蝶結，像是洋娃娃的頭帶。這個濾鏡會把眼睛放大、套上誇張的長睫毛，看起來就像安娜加長的睫毛。我嘟起嘴，將長髮披在肩前。

跟安娜的相似度令人毛骨悚然，我有一種預感，這可能有效。在照片上方，我寫了一則短訊，「這個Snapchat濾鏡很有妳的感覺」，我點擊發送。當天下午，我又傳了一波訊息，五分鐘後，終於安娜回覆了：貝蒂娜或其他人會跟妳聯繫款項的事。

然後安娜傳來另一則：我也知道，妳（已經）把妳給我的訊息轉發給別人了。

安娜完全知道怎麼打亂我。我不禁再次懷疑手機被竊聽。安娜究竟知道多少，又是怎麼知道的？還是這只是她擅長的恐嚇？如果是這樣，放馬過來。

我不知道妳在說什麼，我回答。過了這麼久都沒有還我錢，實在太誇張。妳沒有權力質問我在這種情況的行為。這幾個月來，妳一直沒有給我明確的答案。

我知道安娜不可能告訴我真相，但至少我是進攻的姿態。我緊接著說：妳什麼時候回來／我們可以直接約在銀行碰面嗎？妳為什麼跑到加州？

隔天，我持續追問：還是不給明確的答案？我對妳那麼好，是很好的朋友。我無法理解妳怎麼會覺得這樣可以被原諒。妳可以做到的就是對我誠實。

九月十六日，星期六。佛羅里達大學短吻鱷隊（Florida Gators）在橄欖球賽結束的最後幾秒鐘，在六十三碼處以一記萬福瑪麗亞長傳達陣，打敗田納西大學義工隊（Tennessee Volunteers）。我跟弟弟諾亞在我的公寓看這場比賽，結束之後，我們決定先出去散步，然後去買晚餐。我們沒有目的地，於是先走到蘇活區閒逛。諾亞指給我看他新工作的辦公室，他在一間叫做「第九團」（Group Nine Media）的公司剪影片。在蘇活區的小路上，我們開玩笑吵著誰比較了解這附近：是住了六年的我，還是在這工作不到兩個月的他。

我們想好晚餐的地點前，我收到安娜的訊息，她說會在星期一之前打電話我。一想到安娜，好心情都沒了。我跟諾亞走進位於莫特街（Mott Street）和普林斯街（Prince Street）轉角的Gitane咖啡廳時，我變得沉默，也有些鬱悶。位置靠窗，我焦慮地喝水來穩定心情。當服務生遞上菜單後，我快速瀏覽，發現是法式摩洛哥風格，我知道該告訴諾亞了。葡萄酒一送上桌，我就開始講。從馬拉喀什的事開始，一直到現在的發展。可以從他的臉部表情，看出他需要努力消化。他全神貫注，像是晚餐送上桌時，他想都沒想，就伸手把盤子移到一邊，結果手燙傷了。晚餐的下半場，他雙手各握了一杯冰塊。如果不是我的故事帶來了失落，我們一定會覺得很好笑。我感覺到他替我難過，這也讓我難過。但不知何故，悲傷使我們更親近。

那個週末，我認真收集要給美國運通的申訴文件。我以申訴的立場，寫了一封描述來龍去脈的信件。開頭是：我之前的朋友安娜．德爾維（又名安娜．索羅金）。

我還整理了所有相關郵件的副本、各項費用（連同收據），以及《每日新聞》和《紐約郵報》的報導。此外，也加上大陪審團聽證會的證人身份，希望可以為我的申訴增加可信度。

不出所料，星期一到了、也過了，沒有安娜的消息。長時間跟這件事交戰，我同時努力把精力放在我真正在乎的人身上。對我，以及對我的許多摯友來說，二十多歲到三十歲出頭的這段期間，是重大的轉變期。凱特剛結婚。另一個摯友泰勒（Taylor）也剛訂婚。霍莉（Holly）將在一個月內步入禮堂。麗茲剛買了一間公寓。凱拉（Kayla）是我的好友中第一個懷孕的準媽媽。

我與安娜的經歷，讓我更理解人際關係，反倒提醒我一件事，就是支持、參與所愛之人的人生大事有多麼重要。我有巨額負債，所以在月底買機票去舊金山參加泰勒訂婚，還有參加凱拉的準媽媽派對，變得根本不可能。這些人、這些友誼，以及這些他們人生中的里程碑，是最重要的事，我要透過行動來表現。

這個星期結束時，我已經恢復精力面對安娜的溝通。還是沒消息，我再次主動出擊。

當天下午三點半，安娜回覆，抱歉耽擱了。

已經四個月了，我回答。「抱歉耽擱了」好像很難說得過去。

妳回來了嗎？我問。

沒有，她回答。

我希望我們快點去銀行解決這個問題。我很快就會去加州，妳會在洛杉磯嗎？

我到時會讓妳知道，她回答。

什麼時候？妳現在在做什麼？

我會在這裡再待上一個星期或（更）久一點。她說。

妳的意思是妳在洛杉磯？

對。她確認了我的提問。

麥卡夫雷警官對我的進展表示佩服，就算這樣，我還是有點不自在。有別於安娜，我認為一段關係信任的價值是尊重，而不是剝削——後者像是她對待我的方式，打破我的信任的價值觀，讓我不自在。但我還是決定繼續。

好久沒見到妳了。妳還好嗎？我問。

我八月底都還在紐約，我不記得有看到妳找我的訊息，她回答。

安娜，妳讓我非常沮喪和生氣。我不得不疏遠自己。我經歷了極度黑暗的時期。我厭倦了繞圈子，所以我之前說，如果可以談實際入帳的時間，再找我……然後就再也沒有妳的消息。我找到面對的方法，但過去四個月，我的生活有如地獄。我明白可能有一些狀況無法控制，但這筆負債不是我能負擔的。

三十分鐘後，安娜回覆：我自己也沒好到哪，妳可能也知道了。沒有任何事照我的計畫走，妳卻認定我是故意的，根本就是在侮辱我，我對妳失望透頂。想到我們一起度過的時光，我以為妳可以看透真相，而不是跟不認識我的外人尋求意見。無論如何，我還是希望可以趕快解決妳的問題。

這種方法有種熟悉感。我回顧我們最近的訊息紀錄，她是不是用了我的「我們在一起度過了這麼多時光」策略？

我很絕望，而且無計可施。我很抱歉，我告訴她。這整件事讓我很傷心。

她回答：當然，我不是把這個當成延遲的藉口，那完全是兩碼子事。

麥卡夫雷警官很驚訝安娜如此健談。對我來說，安娜講這些無關緊要的事，證實了我一直以來的懷疑：她天性孤獨。這也像往常一樣，勾起我對她的同情，但這次我堅守目標。現在安娜和我已經處理好信任問題，該採取比較輕鬆的方法了。我跟他提到洛杉磯與紐約天氣。

老實說，我現在最不關心的就是天氣，她回答。我只想試著讓事情恢復正常。

恢復正常？哈。我們都是，我回答。我每天還是為了要不要起床掙扎很久。

其他事情呢？她問。希望這沒讓妳在工作上遇到太多麻煩。她怎麼會不知道？在我的生活中，一切事物都被這個持續壓力給大大影響。顯然，她不了解她造成的損害的嚴重性。某種程度上，安娜對於重新連絡的渴望是真實的，但她似乎少了理解他人感受的要素。

麥卡夫雷警官鼓勵我在對話中，淡化她對我造成的傷害，以免嚇跑她。我告訴安娜，卡特即將離開《浮華世界》，讓她感覺我已經卸除戒心。

接著我把注意力轉回她身上：感覺好點了嗎？為什麼妳去醫院？如果妳不介意我問。

最後我會自己告訴（妳），安娜回答。

我本來想問妳好不好，但妳現在似乎在努力復原中。至少，妳有一個不錯的地方住嗎？她巧妙避開我的問題：是的，遠離紐約稍作休息確實有幫助。

至少洛杉磯有朋友可以一起出去玩嗎？我試探。我覺得妳像個真正的紐約人。總是一身黑色。

是有幾個朋友，她承認。現在也已經幾個星期沒喝酒了。

那一個星期，我恰好收到饒舌歌手布朗森的新書發表會邀請函。我記得安娜非常喜歡他，我和她分享截圖，告訴她，真的很可惜她不在紐約。我跟安娜回到熟悉的話題，像老朋友一樣傳訊息。我們忽略周遭世界，但一切都是時間問題。我們有各自的祕密。我不再天真，但我保持天真，用這一層偽裝來騙過騙子。

妳什麼時候來洛杉磯？安娜問我。是因為「新權勢名人峰會」，對吧？完美開場。是的，不是九月三十日就是十月一日。可能是十月一日。我應該會住四季酒店，也有可能是瑪律蒙莊園酒店。妳在哪一間酒店？

我目前在馬里布市（Malibu），她說。

第十八章
通道勒戒所

馬里布市。安娜會在馬里布市的哪裡？我盡力拼湊出她所在之處的最後一塊拼圖，但一切比我預期的更快。星期一上午，也就是我去洛杉磯的前一週，安娜跟我繼續談話。

妳住哪一間？妳下週會在那嗎？還是會提早回紐約？我問，讓她知道我會在星期日抵達。

我覺得我那時應該還會在馬里布市，她回答。

希望我住的Soho House會員也有包括馬里布市的分店，我說，保持輕鬆。聊得越多，彼此越自在。

安娜回答，顯然只提供服務給房客。

沒錯。廢話。上次我在馬里布市，住的是馬里布海灘旅館（Malibu Beach Inn），就在Nobu餐廳旁邊🍣🍱🍙😜，離海灘這麼近真是太好了。我心想這一次她可能會上鉤，回應我，能暗示她的位置。但經過大概四個小時的沉默，我擔心可能操之過急，所以就只是加上一句閒聊：腦子裡有壽司，所以吃壽司當午餐。👍

安娜一小時內回覆：我們看看下星期能不能在洛杉磯碰面吧。

◆

接下來會如何？跟安娜碰面不就是現階段的目標嗎？目前占上風，但隨著進展，我反而感到不自在。為什麼我要當背叛者？她知道是我嗎？安娜切換開關，瞬間變回摩洛哥之旅之前我所認識的她。這個逆轉搞得我頭昏眼花。

再一次，安娜幾乎讓我覺得自己是她選擇信任的人，就像一開始她選擇把我當朋友。我曾經非常相信她，但這讓我落得什麼下場？此刻的猶豫，表示我還是容易受她影響？知道這些真相後，我還是覺得可惜，我試想其他人如果還不知道真相，會經歷怎樣的遭遇。我依然不想當她的背叛者。我想完全擺脫，但卡住了，背叛她是很該死，可是不去揭發她的位置也很該死。現在，我只能繼續。

安娜打電話給我的那天下午，我剛走出辦公室，打算從華爾街搭渡輪到布魯克林吃晚餐。我隨性地接起電話，時機恰到好處，提早出發的我正沿著東河（East River）朝碼頭走去。她的聲音一如我的記憶，獨特且高音。她語氣也很隨性，聽不出有被我們最近戲劇化的緊張情況影響。進入過往互動的速度令人驚訝：兩個老友在電話裡敘舊。

「我在勒戒所。」她透露。她解釋說自己應該會待上三十幾天，目前已經待了兩個星期。

「很高興知道妳得到幫助。」我回答。沒有問勒戒什麼。也許我認為是酒精，或是我相信她是只是為了躲避通緝，也可能我覺得她在尋找下一個詐欺的目標。「妳在那裡能常去海灘嗎？？」我問，想知道她的位置。

「可以。」她回答：「這裡有提供海灘散步。」這個勒戒所就在太平洋海岸公路（Pacific Coast Highway）的另一側。

她還可以做什麼來打發時間，我問她勒戒所有沒有網球場？

有，她回答，但她說她最近開始打高爾夫。球場正好與卡拉巴薩斯（Calabasas）的一家鄉村俱樂部是關係企業。

跟誰一起打高爾夫，我追問。

她告訴我，她交了幾個朋友。

安娜進入了一個封閉的勒戒所，就在一群瀕臨崩壞的富豪之中，當然，她在那裡交了幾個朋友。

通話不到十分鐘，電話突然斷線，安娜傳訊息說她要去下一個活動了。我研究我在談話時的筆記，開始做研究。

◆

在馬里布市附近，太平洋海岸公路一側的豪華勒戒所不少，但麥卡夫雷警官和我把焦點放在其中兩間，分別是「承諾勒戒所」（Promises）和「通道勒戒所」（Passages），兩者都跟安娜的描述相近。

雖然感覺上，好像越來越可能找到她，但因為醫療隱私受法律保護，所以不容易查證病人身份。勒戒所不需要配合公權力，也不用跟外界確認某人是否在裡面。如果這是安娜的盤算，你不得不承認她真的很有一套。

籌畫「新權勢名人峰會」的最後一個星期壓力爆表。每一個晚上，凱瑟琳的助理艾蜜莉和我幾乎都待在公司到晚上十一點。我們完成預訂的旅程，整理好時程文件。只要去到洛杉磯，星期一就要開始整天準備，拍攝也分割為星期二、星期三——為期兩天進行拍攝。萊柏維茲會替每一位與會者拍攝肖像照，有導演兼編劇艾娃・杜韋奈（Ava DuVernay），藝術收藏家瑪雅・霍夫曼（Maja Hoffmann）、演員安潔莉卡・休斯頓（Anjelica Huston）、華特迪士尼公司董事長勞勃・艾格（Robert Iger）、總統氣候特使約翰・凱瑞（John Kerry）、企業家李察・普萊普勒（Richard Plepler）、編劇兼導演和電視製作人珊達・萊梅斯（Shonda Rhimes），以及其他五十多位與會的名人，艾蜜莉要幫他們分別撰寫一篇簡短介紹，並彙集最新的動態，讓人快速檢索。

我用大頭照，建立了一個視覺呈現的拍攝時程表，接著花了幾個小時拼湊出總結。我們在十月一日星期日下午飛到洛杉磯時，雖然睡眼惺忪，但已經準備萬全。

降落後我們打開手機，發現全公司的人都收到電子郵件，內容是康泰納仕集團名譽主席紐豪斯（S. I. Newhouse Jr.）去世的消息。我找了一張紐豪斯的照片，符合大眾對他的印象——由喬納森・貝克爾（Jonathan Becker）在二〇〇〇年的《浮華世界》年度奧斯卡派對拍攝的。我把照片發到《浮華世界》攝影部的ＩＧ，文字則引用卡特：隨著紐豪斯的逝去，享年八十九歲，再也不會有如此偉大的雜誌界夢想家。我正見證一個雜誌帝國的轉變。

艾蜜莉和我從洛杉磯國際機場直接去瓦利斯・安嫩伯格藝術表演劇場，我們協助這場名為「載入」（load-in）的活動，並開始布置。兩個小時後，我在裝備室跟攝影棚來回穿梭，一邊忙著處理租車、停車、生杏仁、鐵絲籃、裝滿冰塊的冰桶、全體接待人員的飲用水、圖釘之類的事。這時我收到安娜的訊息，她問我到洛杉磯了沒。我在洛杉磯了，我告訴安娜。

嗯，妳住哪一間？

四季酒店，我回答，但是我還沒有到。妳還在同樣的地方？我問。不會是通道勒戒所吧？

是，我就在這，安娜回答。但請妳別告訴任何人。

那個地方應該是最好的勒戒所，我發自內心的說。

妳可以來看我，她似乎放下身段。

她似乎真的很想念我們的友誼。我變回她最喜歡的朋友。今天來看我吧，她接著說，然後主動提議要派車來接我。

有太多事情，安娜就是懶得去理解。顯然我要做的事，對她來說是一種不便。

我不認為我有時間去馬里布市，我回答。妳有空在接下來幾天，找時間來比佛利山莊嗎？

我想知道妳什麼時候有空，安娜說。

約（十月）三日一起吃午餐？

可以。安娜回覆。

這真的不簡單。我們兩人又再度一起想事情，似乎讓安娜由衷開心，不論她有多膚淺，這仍然是壓在我心裡的大石。當然，我們的友誼有一些東西，也有一定程度的真實。但那些東西和真實是什麼，又有什麼價值？據我所知，安娜的一切都是假的，安娜信任我的程度，還不夠她告訴我實話，揭露她的謊言核心。

十月二日星期一上午，萊柏維茲的班機降落在洛杉磯國際機場。她從機場直接來會場，開始了一整天的前置作業。大型團體照將在會場外拍攝，地點是北新月大道（North Crescent Drive）的台階。我們已經做好與會者們到達的時間與資料，萊柏維茲和凱瑟琳就依此擬出拍攝計畫，決定每位來賓在團體照的位置。

我正忙著前置作業，又收到安娜傳來的訊息：妳今天有可能來馬里布市嗎？我需要一些外面的東西。再一次，安娜提議要叫車來接送我。

我整天都在會場，我回答。妳需要什麼？

安娜要我打電話給她。我說要等幾分鐘。

我走出會場，到外面的轉角，先打電話給麥卡夫雷警官。這是我跟安娜約好午餐的第十一個小時，我不是在猶豫她會不會赴約（我知道她會出現），而是我該不該繼續跟她打交道。我幹麻在乎她會被逮捕？不管有沒有被逮捕，損害已經造成。這無法讓時間倒流，也無法消除我的壓力，也不能恢復我的財務狀況。復仇一直不是我一路上的動機。長時間以來，安娜讓我害怕，但仔細看她之後，我好像不再那麼害怕，或者感覺被威脅。我怨恨安娜，但怨恨有多深？

我真的願意供出她的地點，讓她入獄嗎？

將安娜從生活中根除的最好方法，難道不就是切斷聯繫嗎？我有沒有可能原諒她，退一步，再繼續前進？我已經走到這一步，但現在卻猶豫不決，臆測不同的結局與發展。

最難克服的就在內心深處：不理性的誠意、同情、被動——加起來就是一種自我犧牲的形態。這些障礙從何而來？又如何傷害我？讓我保持天真？讓我身心受創？噢，我多麼討厭這種對人情的敏感，我還繼續幫這個故意拉我進地獄的人找藉口。但也正是這種敏感，讓我和她分道揚鑣。即便陷入這種困境，部份原因是我的同理心，我也甘之如飴。這是弱點，也是力量。

我看到的是好友、同事，在安娜的眼中，只有棋子。

「這是她唯一的賺錢方式嗎？」我問麥卡夫雷警官。

據他所知，詐騙是安娜唯一的收入來源。

◆

接著，我打電話給安娜。她問我能不能幫她買一大瓶伏特加，還有幾瓶芙絲氣泡礦泉水（Voss），然後把水倒光，再把伏特加倒進去，最後，把礦泉水外觀的伏特加，帶到馬里布市的勒戒所。

不行，我告訴安娜。首先，我在工作，沒辦法幫她購物，這樣還要花幾個小時從比佛利山莊搭車到馬里布市再回來。於是她想了另一個辦法，說如果她找個快遞員去幫忙採買呢？快遞員可以把東西帶給我，我就在藝術表演劇場依重新包裝她要的東西，然後再轉交給快遞員，最後帶到馬里布市的勒戒所給她。

「是妳自己要喝的嗎？」我問。

「不是，我不喝伏特加。」安娜說。

我不想捲進去。我告訴安娜，目前藝術表演劇場戒備森嚴。隨便找一個快遞員進不來，我也沒有時間在外面等待。就是不可能。我盡量讓自己不要太武斷，我建議，明天再看看怎麼做。安娜一得知我沒有要幫忙，很快就掛斷電話。

回到拍攝團體照的現場，我坐在較低的台階上，身體向前傾，手肘撐在膝蓋上，保持不動。一次一個，另一個替身在旁邊走動並坐定。萊柏維茲和攝影助理檢查現場與燈光時，我們就在位置上伸展筋骨。我塞在後口袋的手機發出震動。我一直到短暫的休息時間，才拿出手機。

妳明天的午餐可以吃多久？安娜問。

一個半小時，我告訴安娜（這不是真的，但不重要）。

好吧，那就約中午吃飯，安娜回覆。地點給妳選。

我建議去一家叫做Joan's on Third的餐廳。

好，安娜說。需要先訂位嗎？

我傳截圖給麥卡夫雷警官。太好了，他回答，如果她想訂位，就讓她訂位。

也許要訂位？我不確定，我對安娜說。

他們不接受訂位，安娜回覆。

我覺得他們就是現場等候，我回答。那裡的沙拉超好吃。

我又傳了一張截圖給麥卡夫雷警官。好極了，他說。

天啊，這樣欺騙，讓我非常難受。我感覺自己正在分裂，說一套、做一套。安娜這麼久以來都如此自然，到底是怎麼辦到的？為了幫助洛杉磯警方確定安娜的身份，麥卡夫雷警官要我提供幾張安娜的近照。用手機瀏覽網頁，眼前閃過一篇遊記。安娜在馬穆尼亞酒店戴著墨鏡微笑，她走經露天市場，轉頭微笑看著我；她IG的嘟嘴特寫；在Le coucou歡笑且滿足的照片。我猜她身高約一百七十公分。她通常是穿全身黑，我補充說明。

那就明天見囉！我到四季酒店的餐廳趕快吃完晚餐，然後回她。

好！安娜回覆。妳能先幫我買那些東西嗎？因為我會搭勒戒所的車。我等不及跟妳見面。超久沒見面了！

我也覺得超久沒見，但實際上，我上次見到她是接近兩個月前的事，那時我們從「平底鍋」酒吧走回家，她轉身向我揮手道別。

她忘記那天晚上的事嗎？像是濃縮的戲劇，跟我以前經歷過的都不一樣。對安娜的一切指責都被她的謊言反彈，粉碎在地面上，都是徒勞，使我破碎，我受的傷可能永遠不會完全癒合。那一晚對安娜有什麼影響？心理健康專家大概才知道答案，但經過那個晚上，我相信安娜有反社會人格。依我對她的了解，她符合每一項反社會人格的條件。

在「平底鍋」酒吧的對質局面，她有碰過嗎？她從中被傷得多深，持續多久？她一定有這種耐受性。假如一切行動都建立在自我依戀，那麼，衝突絕對不可避免。

但是，我不確定安娜能否控制自我膨脹的衝動，這似乎是本性。在摩洛哥，我因為她而收到傷害時，她完全置身事外。不但沒有保護我，反而拿我當擋箭牌。她的自私根深蒂固，也因此她才能置身事外。她為此抱歉嗎？沒錯，但她的抱歉，就像是小孩弄壞了最喜歡的玩具。利用我之後，她抱歉的是我的離開——不是她造成的痛苦，而是她自己的損失。現在安娜住在勒戒所，費用比她欠我的還多，她不但毫無歉意，還叫我幫他買東西。似乎馬拉喀什的事情從來沒發生過。

就在不久之前，我過著自己的生活，還算過得不錯。安娜出現在我的世界，這是突然發生的，而且迅速擴張。她的影響力在我不自覺中擴散。當她請我吃晚餐、邀請我去度假，我欺騙自己，以為這是一種友誼互惠。但她需要的是我的理解、時間，還有關注。同時，她用友誼當幌子，把自己固定在我的生活核心。我們在一起的每一分鐘，她的力量越來越強。我感覺跟她有連結的時刻，她感受到的卻是控制。我意識到這一切之前，都很依賴她。摩洛哥之後，剩下只有空虛，空洞的生活、空洞的承諾。我們的友誼少了意義。

我覺得自己失去安娜，她已經不是我認識的安娜了。

當我失去她的時候，我也失去一部份的自己。友誼破滅的同時，我對於原本人性本善的信仰很失望。

我們最後一次的對話是在二〇一七年十月三日，從早上八點三十九分開始。

安娜：現在方便說話嗎？
我：對不起。現在沒辦法。我會盡快回妳電話。
安娜：我現在要離開這，不確定在我們碰面之前有沒有訊號，到時候餐廳見。
安娜：我可能會提早到。
安娜：如果有機會的話，幫我買三瓶伏特加，然後用一、兩個大水瓶裝伏特加。
我：好的，一會兒見！！抱歉，我這邊時間非常緊。
安娜：或者再幫我買一瓶旋蓋的白葡萄酒，然後買一瓶冰茶裝白葡萄酒。
安娜：謝謝。
安娜：中午見。

◆

團體照的目標，是呈現一張超過六十人的照片，但不是所有拍攝對象都可以齊聚一堂。更難的挑戰是，每個參與者的時間有限，在致詞前或後的幾分鐘內，同時還要有坐車指引路線的人員隨待。為了讓效率最大化，位置都已經預先決定好了。藝術表演劇場外的階梯上，有小霓虹燈加上標記：左腳定位、右腳定位。星期二上午，我們一群人裁了許多小紙，放上拍攝對象的姓名。

我們在階梯上來來回回，小方格紙整齊貼在地面。定位與會者的拍攝的位置，是我其中一項工作。

麥卡夫雷警官上午九點十八分傳來訊息，打電話給我。

我走到轉角處壓低身子，把手機貼在耳邊，撥了電話，屏息以待。

「他們逮到她了。」他說。

安娜上午從通道勒戒所離開時，被洛杉磯警方逮捕。她被警方拘留，正前往馬里布市罪犯的集中所。中午，也就是我原定去Joan'son Third的時候，我當然還在拍攝現場。我傳了一些訊息給安娜：

我：嘿，我可能會遲到十分鐘，我快到了。

我：快到了嗎？

我：我沒有看到妳。

我：安娜？

我：對不起，我不得不離開了。也許妳找錯了？？？

我：晚一點你可以連到WiFi的時候，傳訊息給我，再另外約時間。

◆

我根本沒去Joan's on Third，為什麼要假裝有？我害怕她會發現我參與逮捕行動嗎？這是可能性最大的原因，但不是唯一。正如安娜對待我的方式，我也想讓她相信我說的謊。

◆

星期三，名人拉里．大衛（Larry David）戴著在強光下會變暗的眼鏡。當萊柏維茲在藝術表演劇場外拍攝時，他的眼鏡不斷變暗，遮住大半張的臉。

為了順利拍攝，他把變色眼鏡脫下來，暫時放到西裝外套內層口袋，直到眼鏡恢復透明。然後他快速把變色眼鏡從口袋拿出來，就像牛仔拔出手槍，將眼鏡戴上，並在萊柏維茲按下快門的同時擺出姿勢。但眼鏡還是變暗了，這個過程就一直重複。

現場沒有人忍得住笑意，但我的注意力被手機分散。每隔幾分鐘，我就會接到德州休士頓（Houston）打來的電話。無論忽略多少次，手機一再響起。最後，我接起電話，聽到系統語音：「這裡是電信公司，您有一則受話付費電話——」我掛斷了。

不過，就像安娜一直想聯絡上我，我發現自己也想聯絡上她。我明知道她已經被捕，還是在接下來幾天傳訊息給她。沒有太深入的，只是一些淺白的問候。我們兩個人都試著聯繫對方，只是不知道對方有沒有收到。

一個星期後，我傳給她最後一則訊息：覺得怪怪的，都沒有妳的消息，我寫。儘管很傷心，但我所言不假。

第十九章
恢復平衡

二〇一**七年十月三日**，安娜在馬里布市的通道勒戒所外被逮捕，然後在加州洛杉磯地區看守所待了二十二天。十月二十五日，麥卡夫雷警官從看守所把安娜接走。他後來告訴我這些事。那是他第一次見到安娜，他自我介紹，說自己是來接她回紐約的。

「我為什麼要回紐約？」安娜問。

「因為有妳的逮捕令。」他說，如果安娜的律師沒有在場，就無法提到對她的具體指控——反正安娜也沒有多問。

五個小時的航程中，安娜和麥卡夫雷警官一起坐在經濟艙，安娜悠閒地讀著雜誌，吃了機上的素食餐。

降落甘迺迪國際機場後，麥卡夫雷警官直接將安娜帶去曼哈頓中央拘留所（Manhattan Central Booking），安娜會在那裡度過一個晚上。他準備離開時，安娜開口。「能問一件事嗎？」她說。

他心想，安娜終於要問關於指控的問題了。

「可以幫我買一些隱形眼鏡沖洗液嗎？」

當天晚上，我與凱瑟琳一直傳訊息。《紐約郵報》剛發表一篇報導，標題是「**假名媛被捕，因欠款豪華酒店與私人客機公司**」。內容將安娜描述成一個「用假名，品味高尚的假名媛」，「因為詐騙了多家高端企業，所以被捕，受害者包括一間摩洛哥奢華酒店，以及一家私人客機公司」。

謝天謝地，沒有提到我的名字和馬穆尼亞酒店。報導寫的是安娜在理查德·布蘭森爵士的卡斯巴達馬多特古堡酒店，「欠下在摩洛哥停留一個月，高達兩萬美元的住宿費」。

事實似乎有點混淆（安娜在摩洛哥不到一個月），但這是第一則公開安娜摩洛哥之旅的報導，這讓我很緊張，新聞很快就會挖出我和安娜之間災難性的友誼。我知道自己的社會地位——《浮華世界》的員工，以及國會議員參選人的女兒，我真的不希望被挖出來。我幾乎已經看到我出現在頭條上，讓我自己、老闆、親人也陷入泥濘。

我把這一篇報導用訊息寄給凱瑟琳。謝天謝地，沒有提到我，我寫。

如果被報出來，就讓他們寫吧，她回答。這不會對妳有不好的影響。只會影響到安娜而已。

我突然想到：不管我的名字有沒有上媒體，最後都可能在審判過程中曝光。我只專注在調查、安娜被捕，還有處理我的債務和情緒，對我來說，一切才剛要開始，我可能會變成故事的一部份。

我傳訊息給麥卡夫雷警官。沒錯，他告訴我，如果媒體參與傳喚，就可能知道我的名字。

我把消息轉達給凱瑟琳。我要停用臉書。IG設為私人。刪除全名和公司，但還是很容易被Google找到。我很害怕即將發生的事。我會打電話給父母，讓他們了解可能的情況。也關閉網路上的聯絡資訊。

不會有事的，凱瑟琳回覆。可能會有輿論風暴，但事情會逐漸淡化……就像在蒙托克的好浪，衝完浪後，浪頭總是會平靜下來。

我告訴凱瑟琳，傳喚是在明天上午九點半。我不打算到場。我不想跟她待在同一個空間。同時，我跟安娜認識這麼久以來，生活已經有如此不可逆的變化，我不禁想知道接下來會如何。

凱瑟琳發現了這一點。我想傳喚是公開的，她回答。我會去。

隔天上午，中央街一百號，在紐約州最高法院刑事法庭（New York State Supreme Court）幾乎空無一人的法庭上。安娜身穿拋棄式的黑色連衣褲出庭。當天下午，媒體將照片上傳到網路，我才看到她出庭的照片，她的頭髮散亂，髮根看起來很油膩。有個叫做托德・斯波德克（Todd Spodek）的刑事辯護律師陪同她出庭。我心想，這會不會是跟貝絲談過的那位。我不確定。在傳喚期間，安娜被指控六項重罪和一項輕罪。庭訊結束後，凱瑟琳立即打電話給我，告訴我三個關鍵：是的，有媒體參加。沒有，安娜不得交保後傳喚。是的，她提出無罪抗辯。

起訴書的內容，規模令人震驚。我不了解她被指控的範圍，據稱，她透過各種詐欺所得大約有二十七萬五千美元，更試圖詐取數百萬美元。她最成功的一種詐欺手法，就是「開空頭支票」（check kiting），這是一種詐欺，是利用銀行存款支票正式清算的幾天時間差。首先，安娜在花旗銀行和簽名銀行（Signature Bank）皆開立支票帳戶。接著她將支票從一間銀行存入另一間銀行的帳戶。她其實沒有支票的資金，但是這筆錢會出現在她另一個帳戶裡。她會就在銀行正式清算並發現她沒有資金之前，把帳上的金額領出來。

根據起訴書內容，安娜在四月七日至四月十一日之間（也就是她預約馬穆尼亞酒店的同一個時間點），把十六萬美元的空頭支票存入了她的花旗銀行帳戶，然後在被退票之前，從該帳戶中轉出七萬美元。

在八月，也就是離開馬拉喀什之後，安娜在簽名銀行開設一個帳戶，存入總計十五萬美元的多張空頭支票。她在這些支票被退票前，只成功提領了八千兩百美元。花旗銀行和簽名銀行發現安娜的詐欺之後，立即關閉她的帳戶，並聯繫紐約警方。

安娜還被指控偽造國際銀行的文件，包括瑞士的瑞銀集團（UBS），以及德國的德意志銀行。偽造的文件顯示她的海外帳戶約有六千萬歐元總額。起訴書詳細說明了安娜如何在二〇一六年底，試圖藉此在紐約的城市全國銀行（City National Bank）貸款兩千兩百萬美元，目的是創立藝術基金會、私人俱樂部。但城市全國銀行未核准貸款，她轉而向堡壘投資集團位於曼哈頓中城（Midtown）的分行出示相同文件。堡壘投資集團同意考慮放貸兩千五百萬美元，前提是安娜願意支付十萬美元，這包含法律和盡職調查（due diligence）的費用。

二〇一七年一月十二日，安娜從她的帳戶上獲得十萬美元的信用額度，她向城市全國銀行執行長塞勒姆（Ryan Salem）保證，這筆費用會在幾天內從她的歐洲帳戶轉帳過去。塞勒姆後來出庭作證時說：「我們一直相信她有錢。她像內行人。她很了解在這種環境互動，還有交易上的金融術語……我被她耍得團團轉。」

安娜用這十萬美元支付給堡壘投資集團與她的貸款申請費用，而城市全國銀行的報銷轉帳承諾從未兌現。

一個月之後，也就是二月，安娜回到紐約，也再次進入我的生活。堡壘投資集團這時已經大約花了安娜從城市全國銀行詐騙來的四萬五千美元，進行盡職調查程序，據《紐約時報》報導，堡壘投資集團的常務董事加菲爾後來在作證時表示，安娜很快「就遇到查證財產來源的問題，首先，她聲稱出生於德國，但她的護照顯示出生地是俄羅斯的某個小鎮。」（我認為這代表安娜的護照超過一本，因為她給我用來幫她買馬拉喀什機票的護照影本，上面的出生地是德國。）「當加菲爾先生自願跑一趟瑞士與她的銀行家會面（為了核實她的資產）時，（安娜）突然終止貸款申請，並告訴他，她的父親會直接給她錢。」

我記得安娜跟我說她父親聽說了這一筆貸款之後，對其中的條款很不滿意。安娜退出貸款申請後，堡壘投資集團於是歸還盡職調查尚未動用的五萬五千美元。根據檢察官辦公室的說法，安娜將這筆錢花在生活：在Forward by Elyse Walker平台購買高價精品、蘋果電子產品、在Net-a-Porter網站購物。不到一個月的時間就揮霍了數萬美元。檢查官麥考表示，到了三月份，安娜的銀行帳上餘額為負九千美元。安娜從沒付錢給空中優步私人客機公司（Blade），那是在五月初，也就是摩洛哥之旅前的那一個週末，安娜用三萬五千美元包機飛往奧馬哈。

檢查官辦公室發布的起訴書新聞稿中，也出現了我的故事。「索羅金邀請一位朋友參加全程由她招待的摩洛哥之旅。」發布於新聞稿的起訴書內容寫著：「旅途中，索羅金明知給酒店的信用卡因為資金不足，會被拒絕交易……索羅金一直沒有清償她（朋友）的代墊款項，被詢問時找了各種藉口。」法庭文件包括我的姓名，但奇怪的是，媒體並沒有發現我的工作或其他細節。正如凱瑟琳在訊息中說的：紐約一定有很多叫做瑞秋．威廉斯的人。

儘管如此，我還是高度警戒。當我在LinkedIn收到紐約郵報編輯的「連接」邀請時，我刪除了我的大頭照，並把帳號設為私人模式。接下來的幾個月，我持續遠離各種媒體的雷達。

同時，我還積欠美國運通好幾萬美元卡費，公司卡和個人卡都有未繳款項。（我請公司審查我開支報告的同事，先略過馬穆尼亞酒店這筆費用，他答應我，沒有過問——因為美國運通在審查我的申訴時，檢查的就是帳上那一筆。）潔妮願意借錢給我，而我最後接受了，付清我個人信用卡的部份未繳金額。這包括摩洛哥機票、參觀「綠洲」的捐款、所有酒店外的餐費，以及安娜在梅迪納露天市集買洋裝的錢。潔妮直接把錢匯到我的美國運通個人信用卡帳戶。她和我起草並簽了一張貸款協議，我開始每月還錢。

不過，這並不包括馬穆尼亞酒店的帳單，我還是分別對此申訴。酒店費用分攤在我的個人卡和公司卡，而我向美國運通的申訴還待審核。在等待回應之前，我還不用支付我申訴的酒店相關費用，直到這筆帳又突然出現在我的信用卡月帳單上。美國運通調查了我的申訴，與馬穆尼亞酒店聯繫，最後駁回。我上班時收到回應，立即找了可以私下打電話的地方。我找到一個空蕩的水泥樓梯間，飄散建築材料和灰塵的氣味，我坐在台階上，盯著對面的藍色工業用管子。「請轉接專員。」我對電話說，聲音在牆上迴盪。我聽到語音系統回覆：「出於服務品質保證，此通話可能被錄音。」很好，我心想，最好所有人都聽見。我厭倦了反覆描述。我一直被轉接，一直到他們找到合適的部門。我講述我的故事，過程中我的喉嚨像是突然被東西卡住，然後就情緒崩潰了。

我之前不斷打給美國運通，重新申訴，結果調查再次結束時，費用又重新回到我的帳上。每一次再度發生，我就又打電話申訴。

接著，事情有了突破。

安娜被傳喚兩週之後，我收到了一封關於公司卡的信件。「關於您對摩洛哥馬拉喀什，馬穆尼亞酒店的申訴，我們將止付（一六七七〇．四五美元）信用卡刷卡交易，並通知您，本公司將代表您與該商家聯繫。」我飛快地跳過中間，直接看結尾：「我們先前出帳的信用額度，將保留在您的帳戶上。」

我讀了五遍，然後小心地認為這**可能**是好消息。我把信件拍照後，傳訊息給凱瑟琳和尼克，想看看他們跟我的解讀是否相同。

我覺得這表示美國運通保護我的公司卡免於這筆交易！！！！！！！！我寫。

看起來是真的🙏！！！！！！！！凱瑟琳回覆。

很可能是耶……！！！🤞尼克表示同意。

我一開始不是這樣解讀的，我回覆，可是「額度」是將錢存回我的帳戶的意思。收費本來是錢要付出去的。另外，這筆帳款沒有出現在我的信用卡帳單裡，所以這似乎是一個好兆頭。

天啊！

我不敢置信，但也不敢跟美國運通確認（他們會不會又改變主意？），但隨著時間，我拋去悲觀，轉而愉快地接受這個事實，但我的個人卡的三六〇一〇．〇九美元，是公司卡上免除金額的兩倍，這部份還不知道未來如何。安娜被起訴，加上公司卡的申訴結果來看，一定會有更多的好消息，對吧？我終於比較樂觀了。

這些進展，讓我一度覺得在即將到來的寒冬，我的傷口會慢慢癒合，但事實上我沒有。我還是抑鬱寡歡，在持續性的焦慮中掙扎。曼哈頓灰色調的冬季，只會讓心情變得更糟。聖誕節前夕，我失去了住在南卡羅來納州的外公。享年九十六歲，他過世時，親人陪同在旁，而且他當時自己說「已經準備好要離開」。但我還是每一天都想念他。我覺得自己總是在流淚邊緣，像是呼吸不正常，肺部似乎永遠吸不飽。寫下一切應該會有幫助，所以我盡可能專心寫作。

二〇一八年一月三十日，是我滿三十歲的隔天，是得知公司卡好消息的兩個月後——當時我走出地鐵站，正要前往辦公室，我收到個人卡的消息。「我們將在您的帳戶補回三六〇一〇．〇九美元的信用額度。」上頭寫著：「這個額度會出現在下期信用卡帳單。我們一直致力積極調查、追蹤起訴未經授權交易的案件。如果需要您提供更多資訊，我們將於二〇一八年三月十五日之前與您聯繫，若未進一步聯繫，表示本案件已結案……過程中給您帶來不便，我們深表歉意。感謝您提供我們機會處理。誠摯敬意，全球詐欺保護服務（Global Fraud Protection Services）」。

我站在康泰納仕的大廳一動也不動，喜極而泣、如釋重負地哭了。我立即截圖，傳給我的父母、凱瑟琳，還有尼克。

我簡直不敢相信，我對尼克說，我感覺又可以好好正常呼吸了。

我把這個消息傳給最親密的朋友。我不知道怎麼形容這有多麼如釋重負😭🙏，我寫。我甚至害怕相信，但真的發生了。我努力爭取。我的申訴被拒絕了無數次。我滿三十歲的一整天之後，我的宇宙恢復了秩序。

噩夢終於結束了，我這麼認為。

在沒有解釋的情況下，三月初，這筆費用又出現在我的公司卡帳單。我沒有收到任何相關消息。我是在登入網路銀行時發現的。看見餘額時，我開始顫抖。「我覺得系統出錯了。」我在電話裡說：「我已經對這些費用申訴，而且案件已經結案。」

客服人員告訴我，系統上看不見撤銷這個決定的紀錄，能看到的資料，跟我在一月份收到的資料相同——我將免於總計三六〇一〇．〇九美元的酒店費用。

這一次，我聽見我一直害怕的事。美國運通確實在我申訴之後，再度聯繫馬穆尼亞酒店，對方再次回溯我簽署過的信用卡預授權單。

「你們一直都知道有那張預授權單。」我爭辯，堅持那是在壓力、哄騙之下簽署的。美國運通要求的書面資料中，我已經清楚提到這一張單據，也描述我申訴的一系列事件。「當判決對我有利時，你們就已經知道這件事了，為什麼現在又提出來？」

客服人員對此表示同情，但因為系統沒有進一步解釋，所以也不能多告訴我什麼。她建議我最好再一次提出申訴。我一直在這麼做。我重新申訴，又回到原點。

不幸的是，申訴逆轉不是唯一的大事。二〇一八年三月，我在準備搭機前往洛杉磯參加《浮華世界》舉辦的年度奧斯卡派對時，收到了一位新聞工作者的LinkedIn訊息。她名叫普絲勒（Jessica Pressler），正在為《紐約雜誌》（*New York Magazine*）撰寫一篇有關安娜．德爾維的文章，想藉此跟我聊聊。

我氣自己沒發現LinkedIn還可以收到陌生訊息。我慌了，不知該如何反應，我花了二十四小時還是想不出該怎麼辦。自從「平底鍋」酒吧跟安娜對質後的隔天，我就一直努力用文字寫下自己的遭遇。對我來說，我的文筆太冗長也太複雜，無法濃縮成一篇報導。但如果是注定，我還是想用自己的文字來說我的故事。

《浮華世界》在二〇一八年四月發表我的文章，我在敘事文中，描述跟安娜友誼的開端和決裂，刊登在《浮華世界》網站的Hive版（隨後出現在夏季紙本版）。普絲勒撰寫的一篇綜合調查報導，在五月底刊登在《紐約雜誌》。

我知道安娜的迷人之處，但我沒料到她也能引發媒體的大轟動。文章星期四刊登後，我幾乎立刻就被大量有關書籍、電影、電視版權的訊息轟炸。接下來的星期二，我收到一名創新藝人經紀公司（CAA）經紀人傳來的訊息，他讀過我的文章後，因為在LinkedIn跟我有共同連接而取得我的電子郵件，然後跟我聯繫上。我當時感覺很脆弱、頭重腳輕，確實需要明智的建議，於是欣然接受經紀人的提議，讓他在這個陌生領域中指引我。

不久之後，HBO將我的文章選為潛在改編成電影或影集的劇本，Netflix也選了普絲勒撰寫的一篇綜合報導做為參考。整個夏天，世界各地許多跟我有類似經歷的人主動與我聯繫。這讓我更加確信，勇敢說出自己的故事是正確決定。經驗類似的我們並不孤單，可以互相安慰。朋友給我持續的支持和鼓勵，陌生人激勵我繼續寫作，因為我知道還有很多細節。

我用整個夏天的大部份時間記錄我的故事，同時也繼續《浮華世界》的日常工作，我需要這份工作，而且我樂在其中。

但這個故事的成功，也引發了匪夷所思的現象。二〇一八年秋季，我經過曼哈頓的格林威治鎮，看到一名穿著時髦的三十多歲男子，身上穿了白色T恤，正面斗大地寫著「Fake German Heiress——德國假名媛」。我像是瞬間停止呼吸，在現實中看見這個奇怪的情節，難以置信地看著，像是掉進了一部反烏托邦的驚悚影集。也許我會在下一個轉角，發現一群戴著安娜·德爾維面具的陌生人。

我快速用Google搜尋，看到一系列受安娜啟發的特製T恤，其中一件寫著「我的另一件上衣將會為你轉帳三萬美元」。知道有人在嘲弄一些曾讓我苦惱的事情，我心裡不太好受。

還有更多人把安娜當成反建制（anti-Establishment）的英雄。在刻板印象中，紐約藝術界、銀行和投資集團相當自負，而有一個人利用制度將他們玩弄於股掌間，我能理解有人為此喝采的衝動。但一個出身田納西州諾克斯維爾的努力年輕人——我搬到紐約時只有一份入行的工作，我認為安娜的行為和罪行，並不能用反建制行為去解釋。對於安娜，人們似乎只想看到自己想看的那一部份，而不是真面目：高度自戀、手段卑鄙、恣意妄為的騙子。

社群媒體上匿名的使用者吶喊：「釋放安娜。」如果安娜是英雄，那我又是什麼呢？

◆

我整個冬天都在寫作。即便再難熬，也覺得這是非常有效的抒發方式。雖然緩慢，但我有信心，天翻地覆的生活會重新回到正軌。

但就在一月初，我在《紐約郵報》讀到安娜拒絕以認罪換取三到九年監禁的協議。

安娜詐欺的證據堆積如山，她的拒絕讓我想不通（詐騙銀行也留下了白紙黑字的證據）。所以我認為，在進入真正的審判程度之前，她會重新思考。

兩個星期後，二〇一九年一月的某個星期四下午，我坐在辦公室，用耳機聽著妮娜．西蒙（Nina Simone）的音樂，一邊整理電腦，我的收件匣跳出了一封新郵件，主旨是「公眾與安娜．索羅金」，寄件人是麥考檢察官。審判日期已經定好了，我很可能以證人身份被傳喚。我還沒做好接受的準備。

事情過了這麼久，我一想到要見到安娜，就感到一陣反胃。當我走過人多的地方時，有時會莫名害怕遇見她，這種不安總是讓我一身冷汗。我不想再見到她。

我試圖理解「以證人身份被傳喚出庭」的意思，那表示我得在滿屋子陌生人面前講述經歷。會有媒體在現場嗎？我有辦法形容得合適嗎？如何才能不在法庭上落淚？不，我不可能忍住。如果昏倒了怎麼辦？有發生過嗎？

安娜會怎麼看我？還會把我當朋友嗎？我知道這聽起來很怪，但安娜確實會這麼想，雖然多數人如果跟她做一樣的事，早就會自知這段友誼已經結束。她為什麼不接受認罪協議就好？我認為安娜已想好計畫。這麼做一定有原因。她是不是貪圖審判給她的惡名？我也發現Netflix除了選用普絲勒的報導之外，也附加了安娜的生命權。難道安娜接受審判只是為了戲劇效果？為了宣傳？這是這一直都是她的計畫？

二月五日，我在辦公桌接到公司內線，但我不認識對方。我依要求，走到辦公室走廊，然後才知道自己因為公司重組被裁員。這是一大打擊，但我待在出版業的時間夠長，知道這些決策通常無法預知。近年，康泰納仕的流動率很高。將近一年前，凱瑟琳就離開了康泰納仕，跟她同時期被裁員的還有十四位資深員工，在卡特主編卸任後就被解僱。

事實上，我是卡特在任主編時仍留下的少數員工之一。我平靜地收拾物品，沒有哭，直到副主編打電話給我，親切地提議要幫我聯絡她在其他出版集團工作的一些前同事。我突然覺得解僱變得真實。我清空辦公桌時，凱瑟琳已經開車到樓下等我，幫我搬東西，還有這八年半我在辦公室累積的垃圾。我們去喝酒，為這苦樂參半的結局舉杯。

接下來的兩個月，我大多在處理日常瑣事，例如健康保險、手機合約，以及申請稅務延期。儘管很多事要處理，我還是用很多時間寫作。寫了很多。我的生活發生許多變化，用文字的力量，幫助我在混亂中找到意義，也緩解我的焦慮。

陪審團的遴選在二〇一九年三月二十日開始。最初，我盡量避免閱讀新聞上的相關內容，但朋友和家人持續轉發新消息，我無法抗拒。在開場陳述中，安娜的律師斯波德克給了陪審團一句法蘭克．辛納屈（Frank Sinatra）名曲《紐約，紐約》的歌詞：「如果我能在那裡成功，我會在任何地方都會成功。」斯波德克說：「紐約的機會是無窮無盡的。辛納屈先生和索羅金女士一樣，都在紐約有一個美好的新開始。兩者皆創造了一個千載難逢的機會。」

一個美好的新開始？我心想。冒充假身份進行詐騙和偷竊？

「安娜必須無所不用其極，才得以獲得生活權。」斯波德克繼續說：「正如辛納屈先生必須依他歌手身份的方式去做一樣，安娜也必須依她的方式。」

我覺得斯波德克塗上一層糖衣在安娜的犯罪行為上，讓這看起來更迷人且更容易被接受，不僅是對陪審員，而是對大眾輿論，以及可能改編上映的電影、影集的觀眾群。此辯護的關鍵是「安娜必須一直矇騙到她達成目標」，對我來說，這聽起來等於是明確的認罪。像是在說，安娜不得不矇騙（犯罪）直到她達成目標（避責）。就連斯波德克也不得不承認，這位曾經是我朋友的人，她的行為「不正規」也「可能不道德」。

「透過她的獨創性，她創造了她想要的生活。」他辯解：「安娜沒有機會等待，所以安娜創造。現在，我們都能理解這一點。每個人身上都有一小部份的安娜。」

根本就是在狡辯，我心想。但話說回來，如果你是一個辯護律師，然後你的委託人犯罪還留下鐵證，例如支票詐欺，你當然也必須發揮一些創意。所以我猜，他只是在做好份內工作。

多數的媒體報導，焦點都是在安娜的穿著。她穿一件黑色Miu Miu低胸洋裝，配戴黑色短頸鍊出庭後，媒體就開始迷上了。安娜的出庭照片在網路上像野火般蔓延（例如《W》雜誌的標題：**安娜・德爾維出庭戴的短頸鍊超級時尚**）。《GQ》雜誌隨後發表一篇，稱安娜・德爾維是「蘇活區騙子」，僱用時尚造型師安娜斯塔西亞・沃克（Anastasia Walker）替她打理出庭衣著。這將社群媒體使用者迷得神魂顛倒。

我覺得自己在鏡子另一邊，看著一種黑暗的社會實驗。據《紐約郵報》報導，Netflix派員工至開庭現場。我還了解到，斯波德克除了替安娜進行辯護，也代表她處理娛樂媒體之間的交易。所以從外在角度來看（媒體大肆報導，加上社群媒體助長知名度），我倒認為安娜把自己的訴訟視為商機。

媒體大肆報導她出庭身上穿的每一件衣服，以及她的舉手投足。我仔細審視這些照片，想找到她對犯行內疚或悔恨的跡象。安娜確實有流淚，但報導對此的注解是「**時尚崩潰**」。跟我在「平底鍋」酒吧看見的安娜一樣，當時她說她哭泣的原因，是《紐約郵報》將她描述為「假名媛」。據我的了解，她的情緒表現，多少是取決於外界對她的看法。

《ELLE》雜誌描述，當安娜喜歡身上的衣服時，她會用無恥的姿態走進法庭，先是對著媒體的鏡頭靦腆微笑，然後從被告桌轉身掃視，吸引群眾注意力，一天穿邁可・寇斯（Michael Kors）直筒洋裝，另一天是聖羅蘭純黑透明上衣配上維多利亞・貝克漢（Victoria Beckham）的褲裝。

如果安娜不喜歡當天穿著時，她的表演就不一樣了。據《紐約郵報》報導：「嚴酷考驗從星期五上午開始，二十八歲的索羅金身穿紐約雷克斯島（Rikers Island）監獄的橘色制服抵達法院，拒絕穿上當局提供的一般衣物。紐約州最高法院法官基瑟（Diane Kiesel）被她拒絕配合的理由惹怒，基瑟法官請她的律師跟她講理，準時出庭應訊。斯波德克跟安娜談過之後，回來告訴基瑟法官，說安娜正在哭泣，而且抱怨感覺噁心不適。索羅金說，對她懷恨在心的監獄人員，破壞她的設計師套裝『來煩她穿這些衣服』。」

據《紐約郵報》報導，基瑟法官向斯波德克說：「恕我直言，你的客戶擔心出庭衣著似乎過於離題。這是審判。她是刑案的被告。我很抱歉她覺得衣服不如她的標準，但她必須準時出庭。」

對我來說，媒體忽略了一個更大的問題：安娜哪裡有錢來找辯護律師，還買昂貴的衣裝？誰為了安娜的造型師買單？（根據《ELLE》，造型師「不願對她與索羅金合作的細節多作說明」，但確實透露她「獲得報酬」，且「會繼續合作」）Netflix是否與此有關連？在法律上，安娜不得從她的罪行中獲利。但Netflix可以從中獲利。我不禁納悶Netflix鑽了哪些法律漏洞，花錢來擴大並提升安娜的審判格局，進而獲益，作為對安娜・德爾維現象的投資。

還是安娜有什麼不具名的金主，資助她的律師費和造型師費用？我在被傳喚至證人台上作證之前，這些疑問已在我腦中占據了一定空間。

出庭作證的前幾天，我發現了一份俄羅斯的《共青團真理報》（*Komsomolskaya Pravda*），上面有一篇報導關於安娜的文章。該文章寫道，安娜的本名是安娜・瓦季莫夫娜・索羅金娜（Anna Vadimovna Sorokina），出生在離莫斯科三十英里的小鎮，多莫傑多沃（Domodedovo）。她父親曾是卡車司機，近年轉行賣空調；母親經營過一家商店，但在她弟弟出生後，便成為全職主婦（我心想，所以安娜真的有弟弟，但也想知道他是不是西洋棋好手）。安娜一家在二〇〇七年離開俄羅斯到德國，移民到一個科隆往西三十英里的小鎮，埃施韋勒（Eschweiler），當時安娜十六歲。

這篇文章還引用安娜以前在俄羅斯的同學的評論。「（安娜）和我……是最好的朋友。」有個名叫阿納斯塔西婭（Anastasia）的女子說：「確實，大家都很怕她。安娜很強勢，不是每個人都受得了。她的嘲弄很容易讓人受傷。但她總是不留痕跡地這麼做。」這讓我想起安娜跟我說過的一個童年往事。她說她班上有一個女孩每天放學回家都會有新的瘀傷，這讓老師們很困惑，而安娜告訴我，自己就是那個捏她的人。我聽了無法認同，但也不知道該如何看待她口述的這段往事。

我繼續閱讀。另一個同學娜斯佳（Nastya）記得安娜當時最喜歡《辣妹過招》這部電影。娜斯佳說，她和安娜都認同電影中很殘酷卻很「受歡迎」的主角，認為是「反派女英雄」。對我來說，這解釋了很多安娜想模仿的角色類型。

文章的最後，我讀到瓦迪姆．索羅金（Vadim Sorokin）的說法，他是安娜的父親，顯然不是她說的丹尼爾．德克．德爾維。「這件事沒什麼特別的……很多人想從我這裡了解我女兒的一些事，但完全跟我沒關係。」

「她在俄羅斯上學到八年級。」他告訴記者：「她在學校……是榮譽榜上的好學生。她被逮捕前，我們完全不了解她在美國的生活。我的女兒從來沒有給過我們錢。相反地，她從我們這裡花掉很多！想當然，我們很擔心她。她就是這麼自私；我們也無能為力。我們給了她正常的成長過程。我不知道，這是她的天性。」

我注意到「天性」這個詞。我認為可能是翻譯的原因，這個「天性」居然感覺如此正式。而依我的理解，這非常貼切。安娜的以自我中心和貪婪是天性。

「某種程度上，是的。」安娜的父親表示：「當然，她是有罪的。」

◆

四月十七日，星期三上午，距我離開摩洛哥一年十一個月又兩天。我抵達檢察官辦公室對面的弗利廣場。下計程車時，我笨拙地把車門大力撞在膝蓋上。疼痛的瞬間我緊閉雙眼，痛覺讓我無法動彈。現在終於輪到我出庭作證，我只需要仔細聆聽問題，用自己的步調，穩穩地據實以告。膝蓋的疼痛提醒我放慢腳步，並專注在法庭現場。

檢查官威廉姆斯（Kaegan Mays-Williams）與麥考一同進行此案審理，她跟我一起走進紐約州最高法院。

威廉姆斯已經為我的證詞做好準備，她進行直接訊問（在陪審團前問我問題）。法庭位於七樓。我們搭擁擠的電梯上樓，我發現旁邊很可能就是陪審員或記者，將要聽到我說的任何話。我很緊張。但必須堅強，也必須準備好——我一直在腦中這樣告訴自己。

威廉姆斯檢察官和我走出電梯，走進一條短走廊，盡頭是一條長廊的中央，兩旁有木製長凳。我馬上看見尼克和凱瑟琳。他們起身給我大大的擁抱，威廉姆斯檢察官離開之前，我向她簡短介紹了尼克和凱瑟琳，接著我坐在法庭外的長凳上，等候傳喚。我們三個人坐在長凳上，看著陪審團團員和記者們走進法庭。有幾個拿著長鏡頭的男子，拍下我在走廊等候的照片。我感覺暴露，非常注意自己的一舉一動，對周遭極度敏感。

等候大約一個小時，一名法庭人員走過來說換我了。

我點點頭，望向朋友們尋求慰籍，然後起身步入法庭。帶路的是一名年約五十的金髮女子，和藹可親。我沒想到她非常健談。

「妳是攝影師嗎？」邊走的時候她問。

「只是業餘的。」我回答：「我在一家雜誌集團工作。」我沒說已經被解雇了。她說她兒子是攝影師，或至少我記得她那麼說。我當時心煩意亂。快到盡頭時，她停下腳步轉向我。

「準備好了嗎？」她說。

「沒有這麼好過。」我回答。

然後她打開門，喊道：「證人進入！」

在法院人員護送下，我沉著臉走過廊道，身上穿著平庸的海軍藍真絲鈕扣襯衫、黑色休閒褲和黑色尖頭鞋。你可以想成是跟婚禮相反的穿著。在左、右兩側，教堂般的長椅上坐滿了注目我的人。有一些還拍了我的照片。但這些人之中，沒有人真的認識我，而我也不認識他們。他們都不是我的朋友或親人——除了凱瑟琳和尼克，我原本希望他們不要來，是為了保護他們，降低曝光的可能，最重要的是，我不想讓他們被安娜看到。當然，安娜已經就坐在辯護律師旁，但除非不得不，否則我絕對不看她。

「小心台階。」法庭人員說，我往前爬上幾階到證人席，站在空的陪審席和法官空位之間。我照指示站著，舉起右手，發誓在法庭上說真相。接著，十二名陪審團員進入，共六男六女，年齡、族裔各不相同，他們走過我身邊，在陪審團席坐定。我已經準備好，要正式說出我跟安娜友誼無效的宣言。威廉姆斯檢察官問我，這裡有沒有在對我犯下罪刑的人。

「她在那裡。」我指向安娜，朝她的方向看去，第一次在法庭上對視。她在偷笑，她的嘴角微微上揚，眼神閃過一絲嘲諷。她是想讓我不安？她現在的態度讓我覺得她非常幼稚。

這種態度堅定了我的決心。我被法庭要求描述她的穿著，於是說她戴著黑框眼鏡。

「請法庭記錄，證人已確認被告。」威廉姆斯檢察官說。

在那之後，我沒有多看她一眼，幾乎完全無視。令我驚訝的是，在法庭上，她對我的情緒影響居然如此微小。我認為，部份原因是她似乎不再神祕，現在我已經知道她的真實身份。更何況，早在二〇一七年夏天，我就已經跟她當面對質這一切，所以也不是在做新的指控。

我比較擔心陪審團，迫切希望他們能理解，明白我句句屬實。我試圖保持鎮靜回答每一個問題，但當我被要求描述二〇一七年五月十八日，安娜說服我提供信用卡給馬穆尼亞酒店當天的事發經過時，我克制不住開始哭泣。很快地，我收拾好情緒，盡可能鎮靜回答。

當我不得不在法庭上唸出訊息和郵件內容時，我流了更多淚，大聲描述安娜的欺騙對我的種種影響。我無法抑制再現的無力、焦慮，以及被背叛的感受，這些已烙印在記憶中。

我事先就被告知我的證詞可能需要一整天，但檢查官在法庭上的直接訊問比預期久，結果當天安娜的辯護律師只剩下十五分鐘可以交叉訊問。所以，我被要求隔天再度出庭作證。

第二天上午，我傳了訊息至家人群組。為第二天出庭作證做好準備。我說今天的是交叉訊問。我給心靈套上盔甲。感覺很堅強。準備好了！要好好呼吸。好好說話，不要急。說實話。這樣就對了。

給他們好看！！比爾（Bill）姑丈回答。

現在就告訴他們所有事實，珍妮阿姨說。

主的合唱團正在熱身，而且陪伴在妳的身邊。愛妳，我父親說。

沒錯！不要讓他們亂帶風向！吉姆（Jim）叔叔補充說。

是的，（吉姆叔叔）說得很對，貝琪（Becky）阿姨表示同意。回答之前先停頓一下，這能讓呼吸順暢，也讓妳集中精神。妳的正直會在妳的回答裡閃耀！我們愛妳。

交叉訊問是最令我擔心的，這也不是沒理由。我知道交叉訊問的重要，但在上午十點到下午一點，我將獨自坐在證人席上為自己辯護，而且不能說出貌似攻擊被告的說詞。安娜的辯護律師斯波德克，企圖將我描繪成機會主義者，因為我欣然接受安娜請客的晚餐、培訓課程和一個頹廢的假期——當然安娜沒有付旅費。

斯波德克一邊說話，一邊踱步，激動地用胳膊比出手勢，跟我在電視上看到的律師沒有太大差別。他每次問我問題時，我都先深吸一口氣，在腦海裡複誦一遍問題，然後盡可能給出確切答案。我每一個決定和動機都受到質疑，對我來說，這是耐心和精神敏銳度的大考驗。情緒化的反擊會讓我看起來很糟，所以我集中精力，盡可能冷靜、簡潔地敘述真相。

我板著臉，鎮定了很長一段時間，但他最後還是挑動了我的敏感神經。斯波德克說他知道我有一份出版合約，而且我的故事已經被HBO選上，他指控我有部份利用審判來從娛樂產業中獲益。我感覺先前壓抑的攻勢和憤怒開始爆發。我語氣堅定，再也抑制不住怒火。「我不希望這場審判或是我的證詞，被誤解成是個人謀利的手段，因為事實不是這樣。」我大聲說。

我是詐欺的受害者。這不是我選擇的。他的指控讓我頭痛，因為我知道他和安娜打算把審判當作一場表演。我的眼神游移在斯波德克和安娜的同時，也在席上看到普絲勒——我知道她已經跟Netflix合作。這是超現實的一幕。

不過，尼克和凱西也在坐席中，支持我的方式令我感動。這裡沒有HBO的人，也沒有出版社經紀人，沒有公關或造型師。我沒有把法庭當成走紅的機會。我連續兩天穿著同一套衣服。我出庭作證的第一天，網路上就出現了我在法庭上哭泣的醜照。

這不是要吸引目光，也不好玩，更不是娛樂，這是我因為我曾經的朋友安娜是個騙子，還有我的財務重擔，她利用了我，也利用了許多人。

我看向法庭外，害怕自己會發現其實這只是一幕電影。我感覺一切都在旋轉，就像夢中的景象，再變成黑夜裡的非現實。我感覺到每個人都需要回到現實的急迫性。斯波德克繼續用那個理由追擊。我不記得他用了哪一個詞，我耳邊是自己憤怒的聲音。他的意思是：「妳想要這個結果，這對妳有好處，不是嗎？」

「這跟娛樂無關。」我堅定地說：「這是關於法律和秩序，以及犯罪……這是關於我經歷的事情。」

我看著法庭裡的安娜和人群，我想尖叫，你們難道不明白嗎？

我聽到斯波德克繼續說：「但那是娛樂事業。這對妳來說很有用，不是嗎？」

這跟安娜的罪行有何關係？我想吼叫。沒錯，我是找到擺脫破碎生活的方法。如果我不這麼做，對安娜的指控就會更有力嗎？我的生活就應該迷失又破產？這會讓我成為更好的受害者嗎？

「這是我人生中最痛苦的經歷。」我說，聲音已經啞掉：「如果時間可以倒轉，我希望我從來沒有遇見過安娜。我不希望我經歷的事情發生在任何人身上。」

幾分鐘後，交叉訊問結束。法官一宣布我能離開證人席，我就快速起身，絲毫沒有停頓，怒氣沖沖走下廊道，走出法庭大門。當我在空蕩的走廊等尼克時，我閉上眼睛、握緊拳頭、下巴緊縮，用鼻子深吸一口氣。沒多久，尼克出現在我身旁。

「我不想待在這。」我急躁地說：「我要出去，我需要出去。我受夠了。」

尼克跟我毫不猶豫地大步走向電梯。我已經盡最大努力，待在那個有安娜和許多媒體的地方。還必須承受律師質疑我的動機與性格。很慘的經驗。我受夠了。

我們安全走出大樓到半個街區之外，然後我終於潰堤，在人行道上大哭。我需要大哭。我不得不釋放一路抑制的壓力和情緒。所以我讓情緒透過淚水釋放了好一陣子，尼克給了我一個擁抱，說我表現得很好。平靜下來後，我們走到幾個街區之外的 Odeon 餐廳吃午餐。等待食物送上桌時，我到外面打電話給焦急等待消息的父母。我告訴他們，我盡力了，但過程很難熬。他們說自己為我驕傲。

隔天，我搭機回諾克斯維爾跟家人一起過復活節週末。當我抵達機場時，媽媽、爸爸和弟弟擁抱我，也帶了一大束鮮花來。回家的感覺真好。我妹妹在我到的隔天也回來了，我們五個人在屋外閒逛。外面，山茱萸樹開花了，春天的空氣很溫暖。我想在這多待幾天，但我知道安娜的審判快結束了，我覺得判決時應該留在紐約比較好。我在諾克斯維爾的時間，剛好能讓我在陪審團做出判決之前喘口氣。

星期二下午我返回曼哈頓，花了一整天關注推特，我認為安娜的新聞會先在那曝光。從機場回到租屋處時，我已經累到癱坐在沙發上。就在那時，我看到一則推文說結案陳詞已經結束。現在只能懷抱希望了，我心想。能做的也只剩這樣。接下來就看陪審團的結果。

雖然我試著看電影、跟朋友聊天來分散注意力，但還是忍不住每隔十五到三十分鐘就去更新網頁，這樣才能看到安娜．索羅金相關的最新報導。

當天晚上，我在網路上看到一篇文章，是由檢方麥考，以及安娜的律師斯波德克製作的結案陳詞。據《滾石》（*Rolling Stone*）雜誌報導，斯波德克將我的證詞，稱為「奧斯卡」等級的「表演」。他的說法讓我很生氣。表演的人是他，不是我。

陪審團審議的時間比所有人預期的都久。到了星期三，還是沒有消息。我剛從諾克斯維爾回來時，可以平靜看待即將宣布的判決結果，也可以接受什麼都可能發生。但隨著時間，我越感焦慮。

星期四晚上，又經過了一整天的陪審團審議，我看到一名《紐約時報》記者的推文。安娜．索羅金案件的陪審團在下午四點五十五分表示：「我們，也就是陪審團，想通知法官我們因分歧而無法達成一致裁決。您會如何建議？」法官再次請他們繼續審議。

我的心沉了下去。我在網路上爬文，做了些研究，想知道這種狀況的意思。在紐約州的刑事法庭案件中，必須由陪審團達成裁決，才能判定被告有是否有罪。

如果其中一名陪審團團員堅持安娜是無辜的（或至少在排除所有合理懷疑之後無罪），其他團員也必需同意她「無罪」才行，否則就必須說服那一名堅持的團員。同時陪審團對安娜每一項罪行，還需要分別達成一致裁決。

如果真的陷入僵局，法官會宣布懸案陪審團（Hung jury），導致無效審判。那麼紐約州政府將可以選擇：完全放棄起訴，或是改期並由新的陪審團重新進行刑事審判。毫無疑問，檢方會進行第二次審判，我心想。但如果這樣，我是不是又要再次站上證人台，再經歷一遍整個過程？

然後就在兩個小時內，我看到另一則推文：陪審團已經在**#假富家女**審判中作出一致裁決。**#安娜．索羅金 #安娜．德爾維**。

推文只有寫這樣。我盤坐在床上，不斷更新推特和網頁，希望得到更多資訊。我緊張地打給尼克，開始過度換氣。

「不管結果是什麼，瑞秋。」他說：「妳都會沒事的。」

◆

二〇一九年四月二十五日，紐約州最高法院陪審團對安娜．索羅金的八項指控（五項指控來自起訴書，另外三項是更早的積欠酒店住宿費和吃霸王餐事件）做出有罪的裁決，包括一級重大竊盜罪、二級重大竊盜罪、三級重大竊盜罪，以及竊盜服務。

安娜曾用手機與電腦的程式來創造虛構的銀行家的語音信箱，還有偽造銀行文件。她用Google搜尋「如何發送無法追蹤的假電郵」，並從中創造一些角色，例如在德國的家族會計師

「貝蒂娜・瓦涅」。

不過，陪審團沒有認定她對我以及堡壘投資集團的行為有罪。第一次聽到判決消息時，我感覺被壓垮。他們怎麼會弄錯？但後來，我調整了看法。麥考檢查官、威廉姆斯檢察官，以及麥卡夫雷警官（此時已升為刑事探員）都在宣布結果後特地打電話給我。他們告訴我，陪審團審議如果比預期中還久，有時表示意見強烈分歧，那麼這時，就會用「所羅門的審判」（split the baby）來取得妥協。這種狀況下，可能有些罪名會給予安娜「無罪」的裁決。

在審議過程中，陪審團向法官提出一些問題，希望做為指引陪審團確認犯罪定義的參考。安娜在五月提出旅行邀約時，她剛在銀行帳戶存入一堆空頭支票，還從中提領了七萬美元，這筆錢的用途是什麼？她用一部份支付霍華德11號酒店的花費，而剩下的呢？她本來就想要我付錢嗎？她怎麼知道我的信用卡額度有這麼大？當然我本來沒有那麼高。安娜真的想還我錢嗎？這就是她轉帳給我五千美元的原因嗎？如果安娜從某個地方得到數百萬美元貸款，我認為她會還我錢嗎？或許會。可能會。前提是安娜真心希望我當她的朋友。

但當她給我一張無法使用的轉帳卡時，一切都變了調，因為她明知道卡片無效，就是賭上我會自願代墊機票錢。如果她沒辦法，大可以找個藉口取消旅行。不過當時她的旅遊電子簽證確實快到期，必須出境美國。而且去附近國家，例如加拿大、墨西哥，或加勒比海島嶼都是行不通的。為了簽證，她必須從更遠的國家申請入境才能申請。所以安娜選擇摩洛哥，但在她決定騙局中的下一步之前，有人必須幫她付這些費用。

判決結果並不會改變真實發生的事。我的故事依然跟以前一樣。安娜面臨四到十二年的刑期，她在二〇一九年五月十五日星期三，至紐約威斯特徹斯特郡（Westchester County）的貝德福德山女子懲教所（Bedford Hills Correctional Facility for Women）入監服刑。我參與逮捕和司法，從來都不是只為了自己，也是為了防止安娜有機會對其他人故計重施。在這方面，我認為我成功了。

在裁定的幾個星期之後，安娜入獄的同一天正好是我們在馬拉喀什旅行的整整兩年後，我發現自己身處霍華德街和拉斐特街（Lafayette Street）的轉角處。我抬頭望著霍華德11號酒店，過去那些不愉快，讓我有好長一段時間都刻意避開曼哈頓這一區。陌生人走出Le coucou；客人走進霍華德11號酒店的前門。我曾經花了很多時間扮演的角色已經不存在。我決定與這段遭遇共處，繼續前進。

幾分鐘後，我朝陽光明媚的格蘭街（Grand Street）向東走，就在介於茂比利街（Mulberry Street）和巴士特街（Baxter Street）之間。我的電話響起，傳來女性的聲音，她是美國運通的客服。她告訴我，美國運通將保護我免於馬穆尼亞酒店未經授權的收費。我站在路邊，破涕而笑，是前所未有的解脫和感激。

噩夢終於結束了。

終章

問題是，我不後悔。對我自己，如果我說我為任何發生的事感到抱歉，那我就是在對自己、對你、對其他人撒謊……我的動機從來就不是錢。我是個權利飢渴的人。我不是一個好人。

——安娜．索羅金，《紐約時報》，二〇一九年五月十日，被判處四到十二年有期徒刑後的隔天

◆

許多與我談過的人，都是直接受騙於安娜，或者有認識的人受騙。信任，是人性當中健康和正常的一部份。不過這種經歷卻很難開口述說，因為人們很快就會論斷，責怪受騙的人而不是騙子。受騙的人常被貼上標籤，是典型的天真、貪婪、愚蠢性格——作家瑪莉亞．康尼科娃（Maria Konnikova）在《自信遊戲》（*The Confidence Game*）中這樣解釋。但談到現實生活中哪些人會受騙，她寫道：「任何人都可能陷入騙局。因素之一是環境：無關於身份，而在於你在人生階段

中置身於該處。你如果感覺孤立或孤獨，又會更加脆弱……在這種情況下，任何人幾乎都可能是受害者。」我相信這適用於我，也適用於其他人跟我聊過的受害者。

詐欺犯和反社會人士的許多手法，都比我的經歷還要糟。受害者每一天的損失都比我多，而且內容還不是享用美食、桑拿或入住五星級酒店。一些人被詐騙的結果是一無所有，永遠無法復原。情況甚至更糟。

我非常尊重一些人，他們經歷長期有害關係，然後找到力量，從心理傷害中恢復。我不是要把自己和他們相提並論。我和安娜的有害關係相對較短。安娜並不在我最親密的朋友圈，我的周圍都是支持我的朋友和家人。

最重要的是，我現在重拾生活。安娜在服刑。我賺回損失的錢，也還清了潔妮和尼克借我的錢。我身體健康。我愛的人平安。看看我完成的這些重要的事，例如，這本書。

我知道自己很幸運，被愛、被支持，還擁有資源，但這不代表我沒有過難以抹滅的傷害。在安娜被捕後，仍有很長一段時間，我每天都很煎熬。安娜讓我的經濟負擔壓力持續了一年多，情緒壓力也使我不堪負荷。在陷入憂鬱那麼久之後，憂鬱成了我的新日常。我一直焦慮。喘不過氣、流淚、掉髮，幾乎都沒睡。我帶給我所愛的人和自己一段黑暗時期。直到今天，我有時依然因為狀況不好而無法踏出門。有些夜晚，我失眠又消極，想找出為什麼自己不安，而無論在哪裡，我都發現自己非理性的不安是真實的。我很幸運有朋友陪伴，他們耐心告訴我那些不安並不是真的。

我從中走出來，蛻變。我明白傾聽自己、並大聲說出來的重要性。我明白話語只是話語，唯有透過行為，才能可以看出一個人的真實樣貌。我當時相信安娜是德國富家女。我沒有留意眼前許多不符合富家女的跡象，我合理化她的怪癖，也忽略了她行為中的複雜。這都是可以揭穿她的細節。

我花了那麼久乞求她說出真相，但事實上，全都只有謊言而已。

雖然不知道會不會成功，我還是會試著把學到的東西，運用在生活中：我必須一次又一次的牢記，不再擔心別人的眼光。我提醒自己，偶爾狀況不好沒關係，內在療傷需要時間。我對我所愛的人更加敞開，分享一切的美好和難熬，因為這才是真正的友誼。我不希望給其他人那種體驗，但我確實從中得到一些有價之物。我沒有失去對他人的信任，更發現了相信自己的力量。

致謝

如果沒有同事、朋友和家人的幫助、鼓勵和支持，我不可能寫出這本書，我欠他們太多了。

我很感謝我在Gallery出版社的編輯，她同時也是我在《浮華世界》的前同事Aimée Bell，幫助我找到自己，在前期給我非常多支持。感謝Quercus出版社的Katy Follain，提供精闢的見解，也感謝Max Meltzer的耐心和敏銳的編輯技巧，也要謝謝有眼光如老鷹般銳利的Adam Nadler。很榮幸與Jennifer Bergstrom、Elisa Rivlin、Jennifer Weidman、Jennifer Robinson，以及全體Gallery團隊合作。

我誠心感謝創新藝人經紀公司的Mollie Glick與Michelle Weiner給我的建議。我還要感謝John Homans和Radhika Jones對本書的支持，在我最喜歡的雜誌上，找空白頁中刊登書摘。也感謝卡特、加勒特和Susan White，感謝他們讓我學到的一切。

我想表達我對麥考檢察官、威廉姆斯檢察官與麥卡夫雷探員的欽佩，他們對案件的敏感度、奉獻與專業，貫徹至終。

我由衷感謝凱特不厭其煩的提醒有時狀況不好沒有關係；麗茲對我無私的愛和誠意；泰勒

不斷的慷慨；霍莉、艾許莉、Alicia、Olivia、Natalie、Sarah和Lacey在艱難時期對我付出的愛和善意；Mary Alice, Lindsay和艾蜜莉的團結；特別感謝Ariel Levy在關鍵時刻的傾聽，並為我指明正確道路，以及Kacy Duke帶給我的正向力量和同理心。

我最誠摯感謝潔妮在我感到恐懼、孤獨時相信我，感謝戴夫提供我建議和堅定的友誼。

文字不足以表達我對凱瑟琳的感激之情，她在我認識她的十年裡，教了我很多事。凱瑟琳，非常感謝妳的指導、友誼和對我的支持，為我赴湯蹈火。也感謝Mark Schäfer和Ilene Landress。

當我寫這本書時，尼克讓我保持清醒和活力，並在我走不出難關時，提醒我改變想法。尼克，我永遠感激你這麼多年來的愛、耐心和支持。

對我充滿愛心的大家庭，我想在此表達無限感激。珍妮阿姨，感謝妳優雅的坦率和激勵；還有叔叔、姑姑、姑丈、叔叔、阿姨、姨丈們，感謝你們分享智慧；還有奶奶，感謝妳給我地方住，讓我的紐約夢成真。媽媽、爸爸、真妮、諾亞，謝謝你們，我對你們的愛超乎一切。

新版後記

螢幕上的「夢想家」

二〇二二年二月十一日，安娜・索羅金從紐約州北部的阿爾比恩懲教所（Albion Correctional Facility）假釋出獄，此前她被判四至十二年徒刑，服刑三年。

我下週需要七億兩千萬美元。有個堡壘投資集團的人直接傳訊給我。她當天下午在推特上發文，她的帳號剛回復，簡介上寫著：我回來了。

我相信每個人都有隱藏面，但從遠處看，安娜沒有變，就像她保持原貌出獄，帶著她的新舊計畫。她毫不猶豫地住進曼哈頓中城時尚的NoMad酒店，還僱了一個電影拍攝小組來追蹤自己——據《星期日泰晤士報》（*Sunday Times*），用的是Netflix給她的錢。

她接受Insider採訪時解釋：「我只是把我現在做的一切拍下來，然後看看以後有什麼想法。」「我剛出獄，大概兩天前吧。所以我從絲芙蘭拿到那些化妝品，也是我在得到假釋官許可之後，就馬上開一個賬戶……」

化妝，金錢，還要做門面。

「我不過是堅持。」她在ＩＧ上一個回覆寫道。

似乎不假。在被揭露為罪犯後，她要給自己鼓舞，還要讓她臭名昭彰的形象更突出，那她還有什麼選擇？

但《我的朋友安娜》出版了兩年，對我有不同的影響。除非超越，否則就難以理解。有足夠的金錢與消遣，只有如此，你才能回頭看見一件事的真實樣貌。當我反思自己和安娜的友誼以及決裂時，我明白了這給我上了多少課——這讓我知道，將心力花在積極、健康的人際關係上很重要，還有如何設定底限，何時該放手。我知道這如何讓我更有力量。有時，會有人問我是否對此心懷感激，這當然是否定的。但我很自豪，因為我已經看似合理地克服了這個問題。我並不感激安娜，如果全部都照她意思走，我會完蛋再完蛋。諷刺的是，這還可能讓我變成更有同理心的受害者。我也不樂見她的背叛。不過，我很感激能有被傾聽、發聲的特權和機會，一路上有無數善人，我發現內在的堅韌——但我希望從來沒有這樣做的理由。

現在我找到一種平靜感，這很大程度上，歸功於我寫這本書的抒發，以及出版後得到的支持。多年來，我感覺自己像是個空殼，在向前的同時不斷往回看。我花了幾天、幾個月把這些事情、記憶縫合成一個敘事線，然後送往世界，這讓我覺得自己趕上了當下，終於可以展望未來了。本書出版的那一晚，我在親友的建議下參加了上市派對，慶祝人生其中一章的結束，以及下一章的開始。當有人（我猜是我的前老闆凱瑟琳）敲擊杯子，用手肘催促我致詞時，我感覺平靜之中湧出一股感激，從胸膛涌向喉嚨，然後充滿雙眼，這種感觸難以言表。

如果是幾年前，你告訴我我會寫一本書，然後開始巡迴活動，我不會相信。如果你告訴我，有一天，我這個跟小孩一樣害羞的人（需要妹妹幫忙點餐），不會再害怕在公共場合發言，我會說你瘋了。不過，我經歷低潮、走上證人席的壓力確實很大，而與之相比，採訪對我來說已經很輕鬆。這不是說我沒有被大眾的關注嚇倒，也不是說再次曝光讓我很緊張。我當然緊張，但跟世界各地的記者交談的過程——從紐約的《早安美國》（*Good Morning America*）和《晚間新聞》（*Nightline*），到倫敦的《天空新聞》（*Sky News*）和BBC，再到愛爾蘭的播客，還有澳洲的晨間節目——我開始收到鼓勵的文字，這很令人振奮。我知道我的故事可能會有警世效果，可以幫助經驗類似的人，讓他們感覺不孤單，這使我更加勇敢。

那年八月的某個星期日，我沿着家鄉熟悉的街道，開車去諾克斯維爾市中心一間當地人開的書店——聯合大街書店（Union Ave Books）。裡面擠滿了人，大家都坐在門口，還擠到隔壁去了。我的家人、兒時朋友和許多認識的人都在那。我很緊張（可能是最緊張的一場簽書會），但那種感覺不同。如果準備跟一屋子陌生人說話，我會想，他們會喜歡我嗎？會理解我嗎？聽得懂嗎？但跟一屋子見證了我成長的熟人、家人，還有同鄉面前演講時，我會想，這會改變他們看我的方式？我還會是他們認識的我嗎？我準備好接受尷尬的安慰，得到部份的理解加上禮貌的支持，但我看到的卻是眼淚和微笑，他們認同地點著頭，擁抱和鼓掌。我在簽名處待了一個多小時，最常聽到的話是：「妳爸媽一定很驕傲。」

關於這段旅程最深遠的影響，我花了許久才有頭緒。那就是辯護律師，他試圖破壞我的可信度，把分散的事實扭曲成虛假，這告訴我，人的一舉一動都可能被斷章取義，被貼標籤，被片面解讀。為了回應，我由於害怕別人的想法，所以形成了反彈的自我意識，成了自己最大的批評者。但這本書出版後的幾個月，有無數人發送電子郵件、訊息、留言和電話給我，緩解了這種新的焦慮。

來自心理健康專家：

我是一個資深的心理學家，我很欣賞妳能體貼前朋友的病徵，以及所有人都可能變得脆弱這件事（誰不知道屈服於別人惡行的感覺？因為我們從小就被教育，要正視自己對別人的影響）。

來自司法系統的工作者：

我是一個前獄警，我甚至知道反社會人格者如何做事的，因為我被其中一個騙了……他們很狡猾。我能理解被他們騙有多容易。

來自他人分享的看法與思考：

我想跟妳連絡。首先，我想告訴妳我有多喜歡這本書，我已經讀了兩遍。其次，我第二次閱讀時，我發現這本書不是關於安娜的騙局和妳金錢上的損失，而是關於一段關係的破裂……我感受到妳的情感、心碎和被背叛，我由衷希望妳已經恢復了信任其他人。謝謝妳分享故事給這世界。

嗨，瑞秋，我想我把這段文字刪了又寫了重複一千次，因為我沒寫信給陌生人過。但我覺得有必要告訴妳，我真的很喜歡妳的書。當我第一次讀妳在《浮華世界》的文章，我想：好吧，我猜這是她應得的，誰叫她去那個旅行之類的。（很糟糕，我知道，抱歉。）但讀完之後，我終於知道為什麼妳會變成她的朋友，知道妳心地善良，只是希望陪伴朋友。這讓我反思，自己判斷一個人時是如何道聽途說，我會努力改善。所以，謝謝妳，請繼續寫作。我很高興看見妳把一件壞事變成好事。:)

來自他人的鼓勵：

妳把債務纏身的苦水變成引人入勝的特調，碧昂絲也會為妳驕傲。🍋🍋

還有許多有類似經歷的人：

當然，有許多其他被騙的人已經跟妳連絡了，我也是其中之一……謝謝妳有發表經歷的勇氣。這讓我們這些被傷害過的人感覺自己沒那麼愚蠢，或許說是天真，當然也不那麼孤獨。

這些聲音平息了我的自我懷疑，讓我找回自我，也讓我覺得分享經歷是正確的，並且重新相信人性本善。

快樂的平靜持續了幾個月，直到二〇一九年十月。我的貝琪阿姨來紐約工作。我們在Odeon吃晚餐之後，我陪她走回酒店。六個月前，我作證之後也去了這間餐廳。我看了看手機，發現一個朋友發給我一篇關於《創造安娜》（*Inventing Anna*）的連結，這是Netflix的迷你影集，由珊達・萊梅斯（Shonda Rhimes）創作和製作，根據普絲勒寫的《紐約雜誌》文章〈安娜・德爾維如何欺騙紐約的派對人士〉（*How Anna Delvey New York's Party People*）改編。我一句話也沒說，立即點擊等待網站載入，我感覺脆弱，但又振作起來。因為我想讓阿姨知道我沒事，看到我堅強、快樂、健康，並準備好面對困難。

我沒有參與這節目，而我同時發現凱蒂・洛斯（Katie Lowes）飾演了一個叫做「瑞秋」的角色，Netflix接著介紹：「安娜的天生追隨者，她的盲目崇拜幾乎摧毀了她的工作、她的信用與她的生活。雖然她和安娜的關係是她最大的遺憾，但她因為安娜而變成的那個女人，卻可能是安娜的代表作。」

我再次重讀，這次是大聲讀出來。她因為安娜而變成的那個女人。簡單幾個字，一下子就能成就妳的一生。安娜的代表作。這剝奪了我的身份、成就和真相。貝琪阿姨也看出了我的痛苦，她從我出生之後就很愛我。我感覺憤怒被喚醒，想尖叫。何種世界，可以把現實中的人描述成別人的創造物？我們難道要認為以前那個女人（我）的家教，她給親友的愛，還有個人的成長努力全都不算數？只因為安娜，這個我三十二歲人生交往不到一年的朋友？

我決定出售我的故事的電影和電視版權（不是Netflix，是HBO）時，我有想過，有些戲劇化的改編會讓我不舒服。我知道，聚光燈下有一定風險。但Netflix的敘述令人驚訝。我跟貝琪阿姨道了晚安，決定繼續走，去抒發一下情緒。對我來說，我在萬聖節那天聽見消息，已經勾起了過去的焦慮。我已經準備好，在曼哈頓下城散步時可能會遇到許多安娜的假髮和黑色頸鍊。我避開教堂街（Church Street）上的人群，看著陌生臉孔，感覺自己在他們的歡樂中格格不入——貧乏、洩氣，被困在了不屬於我的地方。我想起了自己最近讀到的一篇演講，那是珊達・萊梅斯一年前發表的，當時她在《ELLE》主辦的好萊塢女性盛會（ELLE's Women in Hollywood Celebration）上接受傑出獎（Luminary Award）。她無須解釋的粗暴態度，讓我無法釋懷。「我獲獎是因為激勵了其他女性，」她說：「如果我躲起來，怎麼能激勵任何人呢？……我們需要榜樣……我很了不起，我們也很了不起，這是『我們有權力，是有權力的女性』的另一種說法。當我們說我們有權力，其實是在說我們應該要有權力。我們無論得到什麼好東西都值得。」

沒錯，我想說，我確實有權力——不是因為安娜，而是排除她。那不是她的權力，而是我的。我有選擇相信誰的權力，有犯錯的權力，有崩潰的權力，也有重新振作的權力。我沒有躲藏。我抬頭挺胸地走進光下，傷口依然清晰可見。

◆

一年多以後，二〇二一年二月十二日，也就是安娜獲釋的第二天，那時我在田納西州父母的家中。沒有預告，我父親從朋友那裡聽說之後，委婉地告訴了我。她獲釋對我的影響非常小，我又驚訝又欣慰，但很快就有美國和海外的記者想採訪我。一開始，我忽略了他們，不想重提那些已經在我後視鏡裡的受害細節，而且也覺得，如果不給安娜一個機會，就去猜測她有沒有變，或者她之後會怎麼做，或許太自以為是。她已經服刑完畢，就這樣。我祝福。

但我拒絕媒體時，我看到媒體給了安娜一個平台，而沒有讓她承擔責任，在採訪中，她試圖將罪行喬裝成一種高雅的藝術。有一個美國的晨間節目，強調了安娜對監獄改革的看法，就像在為自己辯護一樣。這個問題很緊迫而複雜，需要嚴肅看待以及批判性的分析，卻被截取成一個膚淺的片段。安娜知道該說什麼來打開大門，但直到她要付諸行動，她可能會說：「支票就在信箱。」

空談沒有價值，而騙子們擅長空談。我想強調的是，我們為什麼要遞上麥克風？但後來我發現，這只不過是因為安娜——一個無恥的女騙子，品味高雅但道德低俗，而且做事明顯不考慮後果。這給了媒體他們想要的東西：流量。

我讀了一些新聞頭條：冒牌女繼承人安娜．索羅金說，她覺得被貼「反社會者」的標籤是一種恭維……她表示刑期「超級浪費時間」……她通過一系列新的影片博客，將目光投向了有力人士。我明白這類報導的意義，明白對犯罪的美化，並好奇有人會出來說話嗎？我不想要是我。我覺得安娜，作為一個人，已經證明了她值得我們的注意，但不是我們的關注。然而，就在我想在屋頂上大喊這句話時，我承認在這些我與前朋友的經歷紀錄中，我所注意的很容易被誤會，而這在現實生活中，卻是比我過去跟安娜的慘劇更大、比安娜本身更大，也比任何故事都更大的整體問題。

安娜獲釋四十二天之後，被美國移民和海關執法局拘留，有個法官注意到她的採訪和古怪行為，並宣稱她「對社會構成威脅」。

在紐澤西州哈肯薩克（Hackensack）的卑爾根縣監獄（Bergen County Jail），安娜接受了《每日電訊報》（*Telegraph*）的採訪。她說，如果同意離開美國，她可能會獲釋，但她寧願被拘留在美國，也不願在德國自由。「我一輩子都在紐約，」她說：「如果我必須在監獄裡待上一兩個星期來解決，我認為很合理。如果把這看成一行算式，就只是加減的問題。」

如果把這看成一行算式。我注意到這句話。作為個人，我們做決定時是否應該參考大公司判斷風險收益的標準？例如Netflix。如果他們決定改編上市的利益，大過資金有限的個人所提出的毀謗的財務風險，那麼哪一方才可能會想糾正錯誤？這對人類有什麼影響？現在性格的力量指的是企業家精神（他們精心塑造的人格的市場價值）而不是道德嗎？在什麼情況下，娛樂的價格會更高？

我算過了。根據BBC報導，Netflix通過《資訊自由法》的要求得到了一份《創造安娜》合約，並在審判前付了三萬美元給安娜，作為預付款。跟我懷疑的一樣，《紐約郵報》（New York Post）援引法庭文件報導，這筆錢「直接去了斯波德克律師那邊，以支付部份費用」。之後，他們付了更多錢，除了諮詢安娜，也買下改編她人生的權利。她已經有三十二萬美元的報酬，但被凍結了，這樣她的受害者就能提出索賠，其中有些確實受惠。但剩下的都用來付律師費，以及安娜自己花用。《星期日泰晤士報》寫道：「索羅金在出獄前用監獄的電話瘋狂購物，買了Celine太陽鏡、一件七百二十美元的巴黎世家連帽衫、Alexander McQueen和Nike運動鞋。」有人問她錢從哪裡來，安娜回答：「我還有一些Netflix的錢。」之後還大略提到一些其他未具名的案子。

◆

一九七〇年代中期，有個連環殺手因為犯案而受到大量媒體關注，為了應對這一情況，「山姆之子法」（Son of Sam laws）應運而生，以防止罪犯從他們的故事中獲利。在現代，罪犯賺得的利潤是否該轉移給受害者，該法律將責任交給紐約犯罪受害者委員會（New York Crime Victims Board）評判。但利潤該如何定義？而在裁決之前的那一段時間呢？

當安娜被問到犯罪是否會有收益，她對BBC說：「某方面來說，是有的。」

我們是否更在乎「發出聲明」本身，而不是聲明的真實性？

如果你的犯罪夠吸睛，媒體可以搶到審前報導的權利，這樣你就能請得起頂級律師，將你的刑責降到最低。而這些錢在被凍結、償還給受害者之後，你還能得到很多，還有現金。不僅如此，如果你想追求名聲，那就為自己打造了一個「品牌」，創造了平台，找到一些受眾。這是賭博，但多虧了Netflix，安娜．德爾維向我們展示了賭贏的可能。

「Netflix拒絕向BBC透露他們的付款是否影響了司法，」我在一篇文章中讀到：「負責執行『山姆之子法』的受害者服務辦公室已經澄清，是Netflix先自請調查的，無須追捕，在美國的所有規定都有落實。」這是為了讓我們安心嗎？更糟糕的是，這些事實都合乎規則。

合法並不表示正確。

在開庭陳詞中，安娜的律師試圖把她描繪成一個「像許多人一樣、帶著很多理想與衝勁來到紐約」的人。他說，在這「開創一個新起點」的想法，「引起了全世界的共鳴」。如果他是對的呢？我們用這種例子來引起全世界共鳴嗎？他說：「千禧一代的年輕人都會告訴你，有誇大的錯覺並不罕見。」我也是千禧一代，我認為這是錯誤的，但我擔心的不是千禧一代，而是Z世代與之後的，因為他們會根據社會的回饋來模仿「網紅」的行為。「她是一些人的榜樣，」她的律師接受澳洲的《六十分鐘》（*60 Minutes Australia*）採訪時說：「她顯然很有名。人們喜歡她。她的社群媒體很熱門。所以，我希望她藉此做一些積極的、有用的事，並從中獲利。我希望她可以真正做一些事業。」

安娜的榜樣真的是我們的美國夢嗎？

目前她推特的個人簡介是：我的生活是一種行為藝術。

問問自己：幕後發生了什麼？

她告訴BBC說：「我一直都是安娜．德爾維，」

一個偽裝者難道就會是全貌嗎？

她的律師對《星期日泰晤士報》說：「我認為這是她計謀的一部份。」

我最後的觀點是：人就如同想法，我們賦予他們多少力量和影響力，他們就擁有多少。我甚至自己都沒有意識到，我給了安娜對我的巨大權力和影響力——這是我花了好幾年努力爭取的。安娜很聰明，也很有趣。我以前覺得她有趣，跟現在的其他人一樣，我曾經很驚嘆她的大膽、自我，以及宏大的夢想，以及荒謬的極度自信。人類很容易被不符合預期的傳奇人物吸引，尤其是在自認為沒有危險的時候。

但我從這次經驗中學到的是，注意力就是一種投資。不管你當下有沒有發現，把注意力給某人就是一種被影響的行為。尤其是在這個不斷接受刺激的時代，有無數的人事物在搶占你的點擊、讚、關注和時間，而你的注意力是有價值的，有力量，也是值得的。付出的時候要小心，也要去了解背後的成本。

一起來　光 011

我的朋友安娜
德國假名媛的幕後真相
My Friend Anna: the true story of a fake heiress

作　　者　瑞秋・德洛奇・威廉斯 Rachel DeLoache Williams
譯　　者　連緯晏 Wendy Lien
主　　編　林子揚
編輯協力　林杰蓉

總 編 輯　陳旭華 steve@bookrep.com.tw
社　　長　郭重興
發行人兼出版總監　曾大福
出版單位　一起來出版／遠足文化事業股份有限公司
發　　行　遠足文化事業股份有限公司 www.bookrep.com.tw
23141 新北市新店區民權路 108-2 號 9 樓
電話｜02-22181417　傳真｜02-86671851
法律顧問　華洋法律事務所　蘇文生律師

封面設計　倪旻鋒
內頁排版　宸遠彩藝有限公司
印　　製　通南彩色印刷有限公司
初版一刷　2022 年 4 月
定　　價　390 元
I S B N　9786269539673（平裝）
9786269539680（EPUB）
9786269566402（PDF）

Copyright © 2019 by Rachel DeLoache Williams
Published by arrangement with Creative Artists Agency and Intercontinental Literary Agency through The Grayhawk Agency.
All rights reserved, including the right to reproduce this book or portions thereof in any form whatsoever.

有著作權・侵害必究（缺頁或破損請寄回更換）
特別聲明：有關本書中的言論內容，不代表本公司／出版集團之立場與意見，文責由作者自行承擔

國家圖書館出版品預行編目（CIP）資料

我的朋友安娜：德國假名媛的幕後真相／瑞秋・德洛奇・威廉斯（Rachel DeLoache Williams）著；連緯晏譯 . -- 初版 . -- 新北市：一起來出版：遠足文化事業股份有限公司發行, 2022.04
面；14.8×21 公分 . --（一起來）
譯自：My friend Anna : the true story of a fake heiress
ISBN 978-626-95396-7-3(平裝)

1. CST: 詐欺罪　2. CST: 個案研究　3. CST: 美國紐約市

585.48　　110022602